Zwischenbilanz zum Glücksspielstaatsvertrag für Lotterien und Sportwetten

SCHRIFTENREIHE ZUR GLÜCKSSPIELFORSCHUNG

Herausgegeben von Tilman Becker

Band 8

PETER LANG

Frankfurt am Main · Berlin · Bern · Bruxelles · New York · Oxford · Wien

Tilman Becker (Hrsg.)

Zwischenbilanz zum Glücksspielstaatsvertrag für Lotterien und Sportwetten

Beiträge zum Symposium 2010
der Forschungsstelle Glücksspiel

PETER LANG
Internationaler Verlag der Wissenschaften

Bibliografische Information der Deutschen Nationalbibliothek
Die Deutsche Nationalbibliothek verzeichnet diese Publikation in der Deutschen Nationalbibliografie; detaillierte bibliografische Daten sind im Internet über http://dnb.d-nb.de abrufbar.

Gedruckt auf alterungsbeständigem,
säurefreiem Papier.

ISSN 1861-759X
ISBN 978-3-631-63137-9

www.peterlang.de

Vorwort des Vorsitzenden des Beirates und des Kuratoriums

Dr. Wolfgang G. Crusen

Das alljährliche Symposium der Forschungsstelle Glücksspiel an der Universität Hohenheim fand am 11. und 12. März 2010 statt – und zwar zu dem Thema Zwischenbilanz zum Glücksspielstaatsvertrag für Lotterien und Sportwetten.

Mehr als 200 Fachleute – auch aus mehreren europäischen Ländern – befassten sich mit dem neuesten Stand der Forschung zur Prävention der Glücksspielsucht und den Erfahrungen mit der Umsetzung des Glücksspielstaatsvertrages für Lotterien und Sportwetten. Dabei wurden auch Erfahrungen anderer europäischer Länder mit Lizenzsystemen bei Sportwetten vorgestellt.

Der Glücksspielstaatsvertrag koordiniert seit 2008 die Gesetzgebung zu Glücksspielen in den einzelnen Bundesländern und stellt den gesetzlichen Rahmen dar, auf den sich die einzelnen Länder geeinigt haben; er läuft Ende 2011 aus und befand sich zum Zeitpunkt des Symposiums noch in der Evaluationsphase.

Am ersten Tag des Symposiums stand die Regulierung von Lotterien im Mittelpunkt; dabei kamen Vermittler und Veranstalter von Lotterien zu Wort. Übereinstimmend wurde angemahnt, dass die Vermittlung der staatlichen Lotterien zwar explizit erlaubt ist, die Praxis der Erlaubniserteilung jedoch einem Verbot nahe kommt. Dies betrifft vor allem die Lotterie „6 aus 49“ und die anderen Lotterien, die von den Lotteriegesellschaften der Bundesländer angeboten werden, sowie die Klassenlotterien. Die Vermittler sehen sich im Erlaubnisverfahren von Bundesland zu Bundesland unterschiedlichen Anforderungen gegenüber, die sich zum Teil widersprechen und nicht alle gleichzeitig eingehalten werden können. Das föderale System erweist sich an dieser Stelle nicht als Vorteil, sondern absolut als ein einheitliches Hindernis.

Auch die staatlichen Veranstalter der Lotterien sind von Teilen des Glücksspielstaatsvertrages negativ betroffen. Zwar hat sich die staatliche Lotteriegesellschaft eines Bundeslandes nur mit der Aufsichtsbehörde des betreffenden Bundeslandes auseinander zu setzen, doch werden auch hier Anforderungen besonders an Werbekonzepte gestellt, die nur schwer zu erfüllen und sachlich nicht gerechtfertigt sind. Hinzu kommt, dass in den Aufsichtsbehörden teilweise unnötige Doppelstrukturen zur Überwachung und Genehmigung aufgebaut wurden.

Letztlich handelt es sich bei Lotto „6 aus 49“ um ein bundesweit angebotenes Produkt, das 16 Mal unterschiedlich verpackt wird. Steuerungs- und kosteneffiziente Systeme sehen anders aus.

Weitgehende Einigkeit bestand darin, dass der Glücksspielstaatsvertrag das Suchtgefährdungspotential von Lotterien viel zu hoch einschätzt und die Regulierung entsprechend unverhältnismäßig überzogen ist. Während in Deutschland etwa fünf Millionen Bürger nikotinsüchtig und knapp zwei Millionen Bürger alkoholsüchtig sind, ist bei Lotterien nur von etwa 1.000 Personen mit einem pathologischen Konsumverhalten auszugehen. Aus wissenschaftlicher Sicht kann daher nicht ernsthaft von einer Lottosucht gesprochen werden. Doch auf der anderen Seite ist aus Gründen der Suchtprävention die staatliche Regulierung der Werbung bei den Lotterien sehr viel strenger als bei Alkohol und Tabak.

Die Teilnehmer waren sich einig, dass eine bessere Differenzierung der verschiedenen Formen des Glücksspiels angebracht wäre und dass es unverständlich ist, ungefährliche Formen des Glücksspiels – wie die Lotterien – genau denselben Restriktionen und Anforderungen zu unterwerfen, wie sie für Glücksspielautomaten in Spielbanken und andere Casinospiele gelten.

Aus der Sicht der Suchtforschung stellt der Gesetzgeber derzeit die Welt auf den Kopf. Die wirklich gefährlichen Formen des Glücksspiels – wie die Spielautomaten in Spielhallen und Gaststätten – werden kaum reguliert, während die ungefährlichen Formen wie Lotterien überreguliert werden. Hier ist ein erheblicher Korrekturbedarf der Gesetzgeber angebracht.

Am zweiten Tag des Symposiums stand die Regulierung von Sportwetten im Mittelpunkt. Das Land Schleswig-Holstein hat hier für die anderen Bundesländer eine unerfreuliche Initiative im Hinblick auf eine Liberalisierung des Marktes ergriffen, mit dem das derzeitige Monopol abgelöst werden und durch ein Lizenzmodell abgelöst werden soll. Maßgebliches Motiv sind hierbei fiskalische Hoffnungen auf einen deutlichen höheren Mehrertrag für den Landeshaushalt – auch zu Lasten anderer Bundesländer. Dass ein solcher Alleingang angebracht ist, ist leider bis heute nicht durch differenzierte wissenschaftliche Studien belegt.

In vielen anderen europäischen Ländern werden – im Gegensatz zu Deutschland – Sportwetten getrennt von Lotterien reguliert. Die Teilnehmer waren sich weitgehend einig, dass eine solche Trennung aus europarechtlichen, politischen und auch aus sachlichen Gründen sinnvoll sein könnte.

Der Universität sowie insbesondere Herrn Professor Becker und seinem Team möchte ich an dieser Stelle nochmals besonders für die Organisation und Durchführung dieser erfolgreichen Veranstaltung danken.

Vorwort des Geschäftsführenden Leiters der Forschungsstelle

Prof. Dr. Tilman Becker

Im Jahr 2010 verfolgte das Symposium Glücksspiel das Ziel, eine „Zwischenbilanz zum Glücksspielstaatsvertrag für Lotterien und Sportwetten" zu ziehen. Rund 200 Experten beteiligten sich an dieser Bilanz und diskutierten in Hohenheim unter anderem die gegenwärtigen Regelungen des Glücksspielstaatsvertrages und deren Konsequenzen für Anbieter, Spieler und Politik, die Regelungen anderer europäischer Länder sowie aktuelle Forschungsergebnisse zur Messung, Bewertung und Prävention von pathologischem Glücksspiel. Dieser Sammelband stellt die wichtigsten Ergebnisse dar.

Im ersten Beitrag gibt Dr. Jens Kalke vom Zentrum für Interdisziplinäre Suchtforschung der Universität Hamburg einen Überblick zu neuen Maßnahmen des Spielerschutzes, basierend auf aktuellen internationalen Forschungsergebnissen. Er unterscheidet dabei zwischen verhaltenspräventiven Maßnahmen wie Beratungsangeboten, Warnhinweisen und Selbstsperren, und verhältnispräventiven Maßnahmen, zum Beispiel Änderungen der Spielstruktur und Angebotsdichte, die hinsichtlich ihrer Bedeutung und Wirksamkeit hinterfragt werden. Die Ausführungen können als Ausgangspunkt für die Diskussion über eine bedarfsgerechte und effiziente Glücksspielsucht-Prävention in Deutschland dienen.

Passend dazu stellt der nachfolgende Beitrag von Prof. Dr. Karl Mann (ZI Mannheim) Ergebnisse der Baden-Württemberg-Studie vor, die sich u. a. der neurobiologischen Erforschung von pathologischem Glücksspiel und verwandten Störungen widmet. Leider liegen von diesem (und einigen weiteren) Vorträgen nur Foliensätze vor. Diese können auch auf den Internetseiten der Forschungsstelle Glücksspiel eingesehen werden.

Prof. Dr. Thorsten Quandt vom Kommunikationswissenschaftlichen Institut der Universität Hohenheim eröffnet mit seinem Beitrag zu exzessiven und pathologischen Formen des Computerspielens einen anderen Blick auf das Thema Spielsucht. Neben zahlreichen empirischen Ergebnissen werden auch typische „Biographien" von Extremspielern hinsichtlich Persönlichkeitstypen, Alltags- und Spielerleben und Lebensphasen erläutert.

Den Abschluss des forschungsorientierten Themenkomplexes zu Ausprägungen, Messung und Prävention von Glücksspielsucht bildet der Beitrag von Chantal P. Mörsen (Charité Berlin). Sie stellt das Mess- und Bewertungsinstrument AsTE-RiG vor, mit dessen Hilfe sich das Gefahrenpotential einzelner Glücksspielformen einschätzen lässt (als Foliensatz).

Der Nachmittag des ersten Symposiumstages beschäftigte sich mit dem „Zwischenstand zum Glücksspielstaatsvertrag". Seit seinem Inkrafttreten im Jahr 2008 war dieser Gegenstand zahlreicher Gerichtsverfahren. Einen Einblick in den Stand der entsprechenden Rechtsprechung geben Prof. Dr. Jörg Ennuschat und Stephanie Klestil (Lehrstuhl für Öffentliches Recht und Europarecht mit Schwerpunkt Verwaltungsrecht an der Universität Konstanz).

Auf einen dieser strittigen Punkte – die Werbeverbote und -einschränkungen nach § 5 Abs. 1 bis 4 des Glücksspielstaatsvertrags (Kap. 5) – gehe ich in meinem Beitrag „Werbeeinschränkungen bei Produkten mit einem Suchtgefährdungspotential" ein. Der Gesetzgeber beschränkt die Werbung für Tabak-, Alkohol- und Glücksspielprodukte, um den besonderen Gefahren, die mit dem Konsum dieser Produkte verbunden sind, zu begegnen. Diese Gefahren – insbesondere die Folgen für die körperliche und psychische Gesundheit – fallen bei den hier angesprochenen Produkten unterschiedlich aus und unterliegen daher unterschiedlichen Beschränkungen. Dennoch besteht hier noch Nachbesserungsbedarf.

Zu den beiden nachfolgenden Vorträgen auf dem Symposium – RD Ulrich Pelzer-Müller, Leiter des Referats für Lotterie- und Glücksspielrecht im Regierungspräsidium Karlsruhe, gab einen „Erfahrungsbericht aus Sicht der Glücksspielaufsicht"; Norman Faber vom Deutschen Lottoverband zog eine „Zwischenbilanz aus Sicht der gewerblichen Spielevermittler" – liegen leider keine schriftliche Ausarbeitungen vor.

Angela Rieck von der Lotto Bezirksstelle und Lotterieeinnahme Kempten zieht anschließend eine „Zwischenbilanz zum Glücksspielstaatsvertrag aus Sicht bayerischer Lotto-Annahmestellen". Insgesamt, so ihr Fazit, mussten die Annahmestellen zwar mit einigen Änderungen im Geschäftsablauf zurechtkommen, haben die Vorgaben jedoch gut umgesetzt und die Notwendigkeit der Maßnahmen erkannt. Daran schließt sich eine „Zwischenbilanz aus Sicht der Lotterieeinnehmer" von Christiane Paetsch-Friese vom Fachverband der Lotterie-Einnehmer der Nordwestdeutschen Klassenlotterie e. V. an (als Foliensatz).

Der zweite Tag des Symposiums begann mit einem Überblick in die rechtliche Entwicklung in verschiedenen europäischen Ländern. Den ersten diesbezüglichen Beitrag liefert Nele Hoekx von der Universität Leuven (Belgien). Sie stellt den Gambling Act von 1999 vor sowie die seither vorgenommenen Änderungen und Ergänzungen.

Valérie Peano vom Studio di Consulenza Societaria e Tributaria geht in ihrem Beitrag „Recent developments in the Italian remote gambling market“ auf die seit 2010 für Online-Glücksspiele in Italien geltenden Bestimmungen und Vorschriften ein. Sie stellt die italienische Lösung als ausgeglichenen Weg zwischen Monopol und Liberalisierung vor.

Der nachfolgende Beitrag von Pascal Blyau von Française des Jeux betreffend den „French Online Regulation Bill“ kann als Foliensatz in diesem Konferenzband oder auf den Internetseiten der Forschungsstelle eingesehen werden.

Dr. Alan Littler von der Universität Tilburg (Niederlande) beschreibt in seinem Beitrag „Sports Betting in the United Kingdom“ detailliert den britischen Gambling Act von 2005, insbesondere im Hinblick auf Sportwetten.

Den letzten Vortrag in diesem Themenkomplex hielt Friedrich Stickler von der European State Lottery and Toto Association (EASG). Die „Erfahrungen aus Österreich“ liegen diesem Konferenzband leider nicht bei.

Den nächsten Themenkomplex, die „Liberalisierung des deutschen Sport- und Wettenmarkts“, eröffnete Hans-Jörn Arp, MdL Schleswig-Holstein, mit einer Vorstellung der „Initiative der Schleswig-Holsteinischen Schwarz-Gelben Koalition“. Leider liegen hierzu keine Unterlagen vor.

Dr. Manfred Hecker (CBH Rechtsanwälte) stellt anschließend in einem Foliensatz die „Konsequenzen der Liberalisierung“ vor. Im Gegensatz zu Hans-Jörn Arp ist er der Ansicht, dass ein Alleingang Schleswig-Holsteins letztlich auch finanzielle Nachteile für das Land mit sich bringen würde.

Den Abschluss des Konferenzbandes bildet Joachim Brückners Rückblick auf die wichtigsten Entwicklungen des deutschen Glücksspielrechtes im vorangegangenen Jahr 2009.

An dieser Stelle möchte ich allen danken, die zum Gelingen des Symposiums 2010 als Referenten, Teilnehmer und Mitwirkende beigetragen haben. Auch den Autoren und Mitwirkenden des vorliegenden Konferenzbandes sei herzlich gedankt. Für die große Unterstützung bei der Zusammenstellung und Bearbeitung der Beiträge gilt mein besonderer Dank Andrea Wöhr und den Mitarbeitern der Forschungsstelle.

Inhaltsverzeichnis

WERBEEINSCHRÄNKUNGEN BEI PRODUKTEN MIT EINEM SUCHTGEFÄHRDUNGSPOTENTIAL
(TILMAN BECKER)

ZWISCHENBILANZ AUS SICHT DER LOTTOANNAHMESTELLEN
(ANGELA RIECK)

ZWISCHENBILANZ AUS SICHT DER LOTTERIEEINNEHMER
(CHRISTIANE PAETSCH-FRIESE)

RECENT DEVELOPMENTS IN BELGIUM
(NELE HOEKX)

Verhaltens- und verhältnisbezogene Maßnahmen der Glücksspielsucht-Prävention: Neue Evaluationsergebnisse

Jens Kalke[1]

1 Einleitung

In Theorie und Praxis der Gesundheitsförderung wird zwischen Verhaltens- und Verhältnisprävention unterschieden: Maßnahmen, die auf eine Veränderung im Verhalten von Individuen oder Gruppen abzielen, werden in der neueren sozial- und gesundheitswissenschaftlichen Literatur unter dem Begriff *Verhaltensprävention* subsumiert. Unter Verhältnisprävention ist hingegen die Veränderung sozial-ökologischer Einflussfaktoren zu verstehen, die zumeist außerhalb der individuellen Handlungsmöglichkeiten liegen. Sie steht also für eine Strategie, die auf die Kontrolle, Reduzierung und Beseitigung von Gesundheitsrisiken in den Umwelt- und Lebensbedingungen setzt.

Darüber hinaus können Präventionsansätze hinsichtlich ihrer Zielgruppe klassifiziert werden: Von *universeller Prävention* wird gesprochen, wenn sich die entsprechenden Aktivitäten und Programme an die gesamte Bevölkerung oder bestimmte Personengruppen richten, ohne dass dabei besondere Risikogruppen berücksichtigt werden. Die *selektive Prävention* zielt auf bestimmte Einzelpersonen oder Gruppen ab, die einem erhöhten Risiko ausgesetzt sind und dadurch Gefahr laufen, problematische Verhaltensweisen zu entwickeln. Die *indizierte Prävention* richtet sich an Einzelpersonen, die bereits problematische Verhaltensweisen zeigen, die aber noch nicht erkrankt sind bzw. noch keine Störung entwickelt haben.

In diesem Beitrag werden verschiedene verhaltens- und verhältnisbezogene Maßnahmen der Glücksspielsucht-Prävention und zu ihnen vorliegende aktuelle Evaluationsergebnisse vorgestellt. Da der weit überwiegende Teil dieser Studien aus dem nordamerikanischen Raum (Kanada, USA) oder aus Australien stammt und von daher in der bundesdeutschen Fachöffentlichkeit weniger bekannt sein dürf-

---

1 Dr. Jens Kalke ist wissenschaftlicher Mitarbeiter am Zentrum für Interdisziplinäre Suchtforschung der Universität Hamburg. Glücksspielsucht und Suchtprävention bilden Schwerpunkte seiner Tätigkeit.

te, soll mit ihrer Vorstellung ein Beitrag für die laufende Diskussion über eine bedarfsgerechte und evidenzbasierte Glücksspielsucht-Prävention in Deutschland geleistet werden.

Es wurden Evaluationen (Originalarbeiten) in diese Literaturauswertung mit eingeschlossen, in denen die Wirkung der entsprechenden Maßnahme auf Wissen, Einstellung und Verhalten der jeweiligen Zielgruppe untersucht worden ist. Wissenschaftliche Arbeiten, in denen mit empirischen Befunden aus anderen Bereichen der Suchtforschung (Alkohol- und Nikotinforschung) präventive Maßnahmen für den Glücksspielbereich hergeleitet werden, wurden nicht berücksichtigt.

Die Literaturanalyse basiert auf Artikeln aus peer-reviewed Journals. In die Recherche wurden Veröffentlichungen aus den letzten fünfeinhalb Jahren (2005 bis 2010) einbezogen. In diesem Zeitraum hat die Anzahl von Veröffentlichungen von Evaluationsergebnissen zu glücksspielbezogenen Interventionen deutlich zugenommen. Trotzdem ist einschränkend anzumerken, dass es sich bei der folgenden Darstellung um keinen vollständigen Überblick des Forschungsstandes zu den genannten Maßnahmen handelt, weil sich aus arbeitsökonomischen Gründen auf neuere Veröffentlichungen begrenzt werden musste.

Im Folgenden werden aktuelle Forschungsbefunde zu insgesamt neun verschiedenen Maßnahmen der Prävention der Glücksspielsucht präsentiert. Die meisten dieser Maßnahmen spielen in der Diskussion über eine bedarfsgerechte und effektive Glücksspielsucht-Prävention eine wichtige Rolle und sind teilweise – je nach politischen Vorgaben eines Landes bzw. Region und freiwilliger Selbstverpflichtung der Glücksspielanbieter – auch schon realisiert. Darüber hinaus gibt es noch weitere Präventionsmaßnahmen im Glücksspielbereich – z. B. Personalschulungen, Früherkennungsinstrumente, Selbsttests –, auf die hier aber nicht weiter eingegangen werden kann.

Entlang der oben erläuterten Klassifizierungsmerkmale handelt es sich bei den hier vorgestellten Interventionen um sechs verhaltens- und um drei verhältnispräventive Ansätze, die jeweils im Sinne eines universellen, selektiven oder indizierten Ansatzes auf unterschiedliche Zielgruppen ausgerichtet sind. Übersichtlich ist dies in der folgenden Tabelle dargestellt.

Tab. 1: Verhaltens- und verhältnispräventive Maßnahmen und ihre Zielgruppen

	Verhalten	Verhältnis	universell	selektiv	indiziert
Schulbasierte Programme	x		x	x	
Informationsprojekte Spieler	x			x	x
(elektronische) Warnhinweise	x			x	
Telefonische Beratungsangebote	x				x
Selbstsperre	x				x
Spielerschutz Onlineangebote	x			x	x
Eingriffe Spielstruktur		x		x	x
Rauchverbot		x			x
Beschränkung Angebotsdichte		x	x	x	

2 Verhaltenspräventive Maßnahmen

2.1 Schulbasierte Programme und Projekte

Schulbasierte Unterrichtsprogramme oder Projekte zielen auf Verhaltensänderung oder einer Bewahrung einer gewünschten Verhaltensweise ab. Sie richten sich in der Regel an alle Schüler (universell). Es kann aber auch eine näher definierte Zielgruppe geben – z. B. ältere männliche Schüler –, so dass Ansätze selektiver Prävention zum Tragen kommen können.

Weltweit existieren nur wenige Beschreibungen und Evaluationen von glücksspielbezogenen Präventionsmaßnahmen im schulischen Bereich. Diese kommen vor allem aus Kanada, das in diesem Bereich mit Abstand führend ist.

In Quebec (Kanada) angesiedelt ist ein französischsprachiges Projekt. Mit Hilfe des 20-minütigen Videos „Lucky" sollen falsche Vorstellungen von Jugendlichen über das Glücksspiel korrigiert werden. Die Effektivität des Projektes wurde bei Siebt- und Achtklässlern (11- bis 15-Jährige) in vier verschiedenen Experimentalgruppen evaluiert. Es konnte gezeigt werden, dass das Wissen über Glücksspiel gesteigert und die falschen Vorstellungen über Gewinnmöglichkeiten korrigiert werden.[2] Die Autoren betonen aber auch, dass das Video in einen größeren Rahmen eingebettet werden sollte, da 20 Minuten zu kurz seien, um längerfristige Ergebnisse zu erzielen.

Ein anderes Pilotprojekt der gleichen Forschergruppe beinhaltet drei 60-Minuten-Einheiten zu den Themen Wissensvermittlung, Problemlösungsstrategien („coping skills") und Konsequenzen von problematischem Spiel, wobei auch das Video „Lucky" gezeigt wird. Die Teilnehmer der Experimentalgruppe wiesen bezogen auf das Ziel der Wissenszunahme und Einstellungsveränderung signifikante Unterschiede zur Kontrollgruppe auf, während der Unterschied für das Ziel Problemlösungsfähigkeiten nicht signifikant war.[3] Ob das Ziel der Reduktion der Spielhäufigkeit erreicht wurde, kann aufgrund des hohen Anteils von Nichtspielern nicht gesagt werden.

Ein weiteres Präventionsprogramm wurde von Turner et al. ebenfalls in Kanada entwickelt. Als theoretische Grundlage dienen kognitiv-behaviourale Beratungstheorien und Erziehungsmodelle. Die Prävention soll in den schulischen Lehrplan integriert werden, anstatt einzelne Stunden anzubieten, und beinhaltet drei Bereiche: Wissen über Wahrscheinlichkeiten, coping skills Training, Meiden von problematischem Spielverhalten durch Selbstbewusstsein und Selbstbeobachtung. In Bezug auf das Wissen um Wahrscheinlichkeiten, Problemspielen und coping skills schnitt die Experimentalgruppe gegenüber der Kontrollgruppe signifikant besser ab.[4]

Die interaktive Internetseite www.youthbet.net, die auch im Rahmen schulischer Präventionsarbeit eingesetzt werden kann, wurde von Jugendlichen konzipiert und besteht aus Spielen, Information und Hilfeangeboten. Regelmäßige Evaluationen der Seite beziehen sich auf die Nutzerfreundlichkeit der Seite, jedoch nicht auf mögliche Konsequenzen zum Spielverhalten. Generell wird das interaktive Design der Seite von den Nutzern gelobt, sowie vorgeschlagen, die Maßnahme in die schulische Präventionsarbeit zu integrieren. Zudem hatten die befragten

2 Ladouceur, R. et al.: Modifying youths' perception toward pathological gamblers. In: Addictive Behaviors 30(2), 2005: S. 351-354.

3 Ferland, F. et al.: Efficacite d'un programme de prevention des habitudes de jeu chez les jeunes. In: Encephale 31 (4 Pt 1), 2005: S. 427-436.

4 Turner, N.E. et al.: Life skills, mathematical reasoning and critical thinking. In: Journal of Gambling Studies 24(3), 2008: S. 367-380.

Jugendlichen das Gefühl, etwas auf der interaktiven Internetseite gelernt zu haben.[5]

2.2 Informationsprojekte und Trainingsprogramme für Spieler

Im Rahmen der Literaturanalyse konnten drei Studien über spezielle Informationsprojekte und Trainingsprogramme gefunden werden, die sich an Spieler oder an Personen mit einem riskanten Spielverhalten richten. Damit sind diese Maßnahmen der selektiven und indizierten Verhaltensprävention zuzurechnen. Auch diese Studien stammen aus Nordamerika.

In einer neueren Studie wurde ein Informationszentrum für verantwortungsvolles Spielen evaluiert (Boutin et al. 2009).[6] Ein derartiges Informations- und Beratungsangebot besteht in einigen nordamerikanischen Spielbanken. Die dreimonatige Follow-Up-Untersuchung (N=67) ergab einerseits eine hohe Zufriedenheit der Nutzer mit dem Angebot sowie eine Modifikation ihrer falschen Vorstellungen über die Zufälligkeit von Ereignissen, andererseits konnte keine Veränderung ihres Spielverhaltens festgestellt werden.

Ferner konnten zwei evaluierte Informationsprogramme gefunden werden, die speziell für Automatenspieler konzipiert worden sind. Dabei handelt es sich zum einen um das „Stop & Think Programm“ (Kanada), das sich an Nutzer von Geldspielautomaten mit riskantem Spielverhalten wendet. Es besteht u. a. aus einem Video, Textteilen und Audio-Training-Tapes. Damit sollen das Wissen und die Problemlösungsfähigkeiten von riskanten Spielern verbessert werden. Das Programm wurde in Form eines randomisierten Kontrollgruppendesign überprüft. Als Ergebnis konnten die Autoren festhalten, dass die Experimentalgruppe nach Ablauf des Programms weniger empfänglich für die Entwicklung eines Spielproblems war als die Kontrollgruppe.[7]

---

5 Korn, D. et al: Engaging youth about gambling using the internet. In: Can J Public Health 97(6), 2006: S. 448-453.

6 Boutin, C. et al.: Impact of visiting an Onsite Casino information centre on perceptions about randomness and gambling behaviours. In: Journal of Gambling Studies 25(3), 2009: S. 317-330.

7 Doiron, J.P./Nicki R.M.: Prevention of pathological gambling. In: Cognitive Behaviour Therapy 36(2), 2007: S. 74-84.

In einem anderem, animations-gestützten Video wird erklärt, wie Geldspielautomaten funktionieren, wie man sich vernünftig Limits setzt und welche Strategien es gibt, um persönliche Spielprobleme zu verhindern. Um die Wirkung dieses Videos zu untersuchen, sind nicht-problematische Automatenspieler (N=242) per Zufallsprinzip in zwei Gruppen unterteilt worden (Video versus Kontrollvideo). Die Experimentalgruppe berichtete von einem größeren Nutzen der empfohlenen Spielstrategien und erhöhte ihre Limits während der späteren Spielsessions weniger häufig als die Kontrollgruppe.[8] Einige der festgestellten Effekte verringerten sich jedoch während des Beobachtungszeitraumes von 30 Tagen, so dass eine inhaltliche Verstärkung der Maßnahme empfohlen wird.

2.3 (Elektronische) Warnhinweise

Da in Studien festgestellt worden ist, dass Spieler häufig falsche Vorstellungen über die Zufälligkeit des Ausgangs von Glücksspielen haben, werden Warnhinweise während des Spielens als eine geeignete Methode selektiver Verhaltensprävention angesehen. Es gibt aus Kanada und Australien einige Evaluationen, die die Effekte solcher Warnhinweise untersucht haben:

In einer experimentellen Studie wurden die Effekte von Warnhinweisen untersucht, bei der 120 Studenten mit imaginärem Spielgeld computerbasiertes Roulette spielten.[9] In der Experimentalgruppe erhielten die Teilnehmer während des Spielens kurze und präzise Hinweise zu irrationalen Annahmen über Glücksspiele (z. B. zu den Gewinnwahrscheinlichkeiten), in der Kontrollgruppe nicht. Als Ergebnis der Untersuchung konnten in der Experimentalgruppe eine Abnahme von Kontrollillusionen sowie ein weniger riskantes Spielen als in der Kontrollgruppe festgestellt werden.

In einer anderen Studie (N=40) wurde geprüft, welche Effekte beim Automatenspiel (video lottery terminals) Pop-Up-Messages mit Hinweisen zu Kontrollillusionen im Vergleich zu technisch integrierten Spielpausen auf die Einstellungen zu Gewinnwahrscheinlichkeiten und das Spielverhalten haben.[10] Dabei stellte

---

8 Wohl, M.J.A. et al.: Animation-Based Education as a Gambling Prevention Tool. In: Journal of Gambling Studies, 2009.

9 Floyd, K. et al.: Use of warning messages to modify gambling beliefs and behavior in a labaratory investigation. In: Psychology of Addictive Behaviors 20 (1), 2006: S. 69-74.

10 Cloutier, M. et al.: Responsible gambling tools. In: The Journal of Psychology 140(5), 2006: S. 434-438.

sich heraus, dass beides zu einer Abnahme des Irrglaubens („erroneous beliefs") über die Zufälligkeiten des Spielausgangs führen, bei den Warnhinweisen waren jedoch die größeren Effekte zu verzeichnen. Bei der Anzahl von Spielen konnten dagegen keine Unterschiede zwischen beiden Gruppen festgestellt werden.

Die Ergebnisse einer erst kürzlich veröffentlichten Studie bestätigen und erweitern die vorgenannten Ergebnisse.[11] Dabei wurden die Effekte von Warnhinweisen auf Spielautomaten (Video Lottery Terminal) in einem 6-Wochen-Zeitraum untersucht. Hierzu wurden jeweils 27 Problem- und Nicht-Problemspieler in Bars rekrutiert. Nach den Selbstberichten der Studienteilnehmer ist im Untersuchungszeitraum ihre Spielintensität zurückgegangen. Darüber hinaus haben bei den Problemspielern die irrationalen Annahmen über das Glücksspielen abgenommen. Die Autoren schlussfolgern daraus, dass das rückläufige Spielverhalten moderiert wird über die Korrektur von falschen Annahmen über das Spielen. Bei allen aufgeführten Studien ist einschränkend ihre geringe Fallzahl zu beachten.

2.4 Telefonische Beratungsangebote

Telefonische Beratungsangebote stellen eine etablierte Form der indizierten Verhaltensprävention und frühen Hilfe im Glücksspielbereich dar. Inwieweit mit einer telefonischen Beratung ein messbarer Effekt hinsichtlich des Spielerschutzes erreicht werden kann, blieb bislang weitgehend unbeantwortet. Die einzige Ausnahme stellt hier die Studie von Shandley & Moore[12] dar. Diese soll daher im Folgenden kurz beschrieben werden: Die Anrufer einer Spielerhotline in Australien (Victoria) wurden nach ihrem Gespräch mit dem Berater von einem Wissenschaftler gebeten, noch weitere Fragen (zu Person, Erfahrungen mit dem Hilfesystem, Motiven des Anrufs, Erwartungen der telefonischen Beratung, Funktionieren in verschiedenen Lebensbereichen und Zufriedenheit mit der Beratung) zu beantworten. 90 Personen nahmen an dieser ersten Befragung teil. Vier Wochen später erfolgte eine Nachbefragung insbesondere zu dem „Funktionieren in verschiedenen Lebensbereichen" (u. a. Familie, Finanzen, Sozialleben, Beruf, Gesundheit) (N=56). Die Anrufer zeigten sich insgesamt zufrieden mit dem Beratungsangebot. In allen untersuchten Lebensbereichen war eine signifikante Verbesserung festzustellen. 100 % der Anrufer, die eine konkrete Empfeh-

---

11 Gallagher, T./Nicki, R. et al.: Effects of a Video Lottery Terminal (VLT) Banner on Gambling. In: International Journal of Mental Health and Addiction, 2009.

12 Shandley, K./Moore, S.: Evaluation of Gambler's Helpline. In: International Gambling Studies 8, 2008: S. 315-330.

lung zur Hilfe zum Zeitpunkt des ersten Anrufs bekamen (z. B. Aufsuchen einer Selbsthilfegruppe oder Schuldnerberatung, Selbstsperre), zeigten diesbezüglich eine positive Veränderung. In der Kontrollgruppe (ohne konkrete Handlungsempfehlung) waren es 67 %. Die Autoren folgern daraus, dass das Aussprechen konkreter Empfehlungen zur weiterführenden Hilfe den Effekt, den ein telefonisches Beratungsangebot (nach den Ergebnissen dieser Studie) grundsätzlich schon aufweist, noch erhöht. Des Weiteren hat ihre Studie gezeigt, dass Anrufer von Problemhotlines bereit sind, ein telefonisches Beratungsangebot mit mehrmaligen Kontakten in Anspruch zu nehmen. Die Autoren empfehlen daher die zukünftige Implementierung eines solchen Angebotes.

2.5 Selbstsperre

Sich bei auftretenden Spielproblemen selbst vom Spielbetrieb sperren lassen zu können, ist insbesondere in den Spielbanken ein häufig angebotenes Instrument des Spielerschutzes. Es richtet sich vorrangig an problematische und pathologische Spieler. Da der zuerst genannte Personenkreis eine wichtige Zielgruppe darstellt, kann die Selbstsperre als eine verhaltensbezogene Maßnahme der indizierten Prävention klassifiziert werden. Zu den Effekten der Selbstsperre liegen einige Evaluationen vor; die Ergebnisse von zwei neuen seien hier vorgestellt:

Ladouceur et al.[13] ging im Rahmen einer Längsschnittuntersuchung der Frage nach, welche Auswirkungen die Selbstsperre auf das Spielverhalten, die Spielprobleme und die Lebensqualität der gesperrten Spieler hat. Hierzu rekrutierten sie Casinospieler der kanadischen Provinz Quebec, die sich sperren lassen wollten. Die Personen, die sich bereit erklärten an der Studie teilzunehmen, wurden über einen Zeitraum von zwei Jahren halbjährlich befragt (N=161). In den ersten sechs Monaten nach der Sperre kam es zu einer deutlichen Reduktion des Spieldrucks, einer Steigerung der empfundenen Kontrolle über das Spielen, einer Zunahme der Lebensqualität und einer Abnahme von Kriterien problematischen oder pathologischen Spielverhaltens (nach SOGS bzw. DSM-IV). Allerdings haben während dieses Zeitraums mehr als 50 % wieder mit dem Spielen im Casino begonnen bzw. verletzten die Sperrvereinbarung anderweitig. Den Verbesserungen im Spielverhalten und der Lebensqualität steht somit der hohe Anteil

---

13 Ladouceur, R. et al.: Self-exclusion program. In: Journal of Gambling Studies 23, 2007: S. 85-94.

von Rückfälligen gegenüber. Hervorzuheben ist jedoch, dass diese meist weniger spielten als vor der Sperre.

Auch Nelson et al.[14] untersuchten die Langzeitwirkungen der Selbstsperre in Bezug auf das Spielverhalten, die Spielprobleme und die Lebensqualität der gesperrten Personen. Stratifiziert nach Jahr der Sperre, Geschlecht und Region wurden per Telefoninterview 113 ehemals gesperrte Casinospieler aus Missouri (USA) befragt. Der Zeitpunkt der Spielersperre lag seit dem Interview zwischen drei und zehn Jahren zurück. Abgefragt wurde das Spielverhalten vor und nach der Sperre, Spielprobleme vor und nach der Sperre, Veränderungen in der Lebensqualität sowie die Inanspruchnahme von Hilfe bis zum Zeitpunkt der Sperre und danach. 25 % beendeten nach der Sperre das Glückspielen vollständig (zumindest für eine kurze Zeit). Weitere 18 % spielten seitdem zumindest nicht mehr in Casinos. 58 % gaben hingegen an, dass sich ihr Spielverhalten – bezogen auf die Art und Anzahl der Glückspiele, an denen teilgenommen wurde – durch die Sperrverfügung nicht geändert habe. In den Casinos, für die die Sperre ausgesprochen wurde, spielten 8 % trotzdem weiter. Von 21 Personen, die vor der Sperre nicht außerhalb der Missouri-Casinos spielten, taten dies 62 % nach der Sperre (Verlagerung auf andere Spielorte bzw. -formen durch die Sperre). Die Anteile von Personen mit pathologischem Spielverhalten haben sich bezogen auf alle Befragten von 79 % vor der Sperre auf 15 % in der Zeit danach deutlich reduziert. Diese Verringerung des Problemausmaßes findet sich auch dann, wenn nur die Personen betrachtet werden, die trotz der Sperre weiterspielten (78 % vs. 25 %). Die Sperre ging einher mit einer Verbesserung der Lebensqualität insbesondere in Bezug auf Beziehungen zum Partner und zu anderen Bezugspersonen, des Selbstbilds und der emotionalen Gesundheit. Die Anteile derer, die seit der Sperre Hilfeangebote in Anspruch nahmen, haben zugenommen. Diese Inanspruchnahme steht in Beziehung mit höherer Lebensqualität und Spielabstinenz. Da der überwiegende Teil der für die Missouri-Casinos gesperrten Spieler an anderen Spielstätten das Spielen fortsetzt, liegt das präventive Element der Spielersperre, so das Fazit der Autoren, weniger in der Unterbindung des Spielens. Vielmehr scheint es eine Art Initialzündung für eine Veränderung des problematischen Spielverhaltens und der Inanspruchnahme von Hilfe zu sein. Angebote zur Betreuung und zur Selbsthilfe sollten daher immer ein Sperrprogramm begleiten.

---

14 Nelson, S. et al.: One Decade of Self Exclusion. In: Journal of Gambling Studies 26, 2010: S. 129-144.

2.6 Spielerschutz bei Glücksspielangeboten im Internet

In den letzten Jahren ist es zu einem starken Anstieg von Glücksspielangeboten im Internet gekommen. Einige Online-Anbieter haben Spielerschutzkonzepte entwickelt, die verschiedene verhaltenspräventive Elemente, wie Selbstlimitierungen und Selbsttests beinhalten. Damit sollen präventive Effekte bei allen Kunden (selektiv), aber insbesondere auch bei Kunden mit einem riskanten Spielverhalten (indiziert) erreicht werden.

Bei dem staatlichen schwedischen Onlineanbieter „Svenska Spel“ wurde vor einiger Zeit die elektronische Kundenkarte „Playscan“ für verantwortungsvolles Spielen eingeführt. Sie besteht aus mehreren Modulen: individuelle Budgetverwaltung (Festsetzung von Limits), Darstellung des eigenen Spielerprofils, Selbsttest und die Möglichkeit zur Selbstsperre. Mit Hilfe einer Befragung der Onlinespieler wurden Akzeptanz und Nutzung der Playscan untersucht.[15] Danach benutzt etwa ein Viertel aller Onlinespieler von Svenska Spel die Playscan. Sie wird als „einfach zu bedienen“ eingestuft und die verschiedenen Module werden als nützlich beurteilt. Von den Nutzern der Karte haben sich weit über die Hälfte Spiellimits gesetzt und 40 % haben schon einmal einen Selbsttest gemacht.

Zum Spielerschutzkonzept des weltweit operierenden Onlineglücksspielanbieters „bwin“ gehört auch die Möglichkeit der Selbstlimitierung. Dabei vereinbart der Kunde einen bestimmten Betrag, den er innerhalb eines bestimmten Zeitraumes maximal verspielen kann. Eine Erhöhung des Limits wird erst 72 Stunden nach deren Beantragung freigeschaltet. Eine Evaluierung der Selbstlimitierung zeigt, dass 1,2 % aller Kunden von dieser Möglichkeit Gebrauch gemacht haben.[16] In dem Auswertungszeitraum von 18 Monaten wurden bei diesem Personenkreis verminderte Spielaktivitäten (Häufigkeit) festgestellt, der eingesetzte Betrag pro Wette blieb dabei gleich hoch. Die Autoren bewerten diese Ergebnisse – dass weniger Zeit mit und weniger Geld für das Spielen ausgegeben wird – als einen Erfolg der Selbstlimitierung und schließen daraus, dass diese eine wichtige Option für (gefährdete) Onlinespieler darstellt.

---

15 Griffiths, M.D. et al.: Social responsibility tools in online gambling. In: CyberPsychology & Behavior 12(4), 2009: S. 413-421.

16 Nelson, S.E. et al.: Real limits in the virtual world: self-limiting behavior of Internet gamblers. In: Journal of Gambling Studies 24(4), 2008: S. 463-477.

3 Verhältnispräventive Maßnahmen

3.1 Eingriffe in die Spielstruktur

Bei technischen Eingriffen in die Spielstruktur und -abläufe handelt es sich um eine Form der Verhältnisprävention, die darauf abzielt, das Gefährdungspotential von Glücksspielen zu minimieren: für alle Spielteilnehmer, aber insbesondere für Problemspieler. Bei den in diesem Bereich in den letzten Jahren durchgeführten Studien wurden strukturelle Veränderungen an Geldspielautomaten oder ähnlichen Geräten (VTL) in experimentellen Forschungsdesigns untersucht.

In einer aktuellen Untersuchung ging Choliz[17] der Frage nach, ob die Verlängerung des Auszahlungsintervalls bei Geldspielautomaten zu einer veränderten Spielweise der Spieler führt. Spieler mit pathologischem Spielverhalten wurden gebeten, an einem am Computer simulierten Spielautomaten zwei Mal – im Abstand von einer Woche – zu spielen. Beim ersten Spielen betrug die Zeitspanne zwischen Gewinn und dessen (fiktiver) Auszahlung zwei Sekunden. In der zweiten Spieleinheit war diese Zeitspanne dann 10 Sekunden lang. Die Spieler wurden aufgefordert, jeweils so lange zu spielen, wie sie Lust dazu hatten. Die Veränderung des Spielverhaltens durch die Verschiebung des Auszahlungsintervalls wurde anhand der Anzahl der gespielten Spiele bis zum Verlassen der Spielsituation gemessen. Im ersten Teil der Studie (zwei Sekunden Auszahlungsintervall) spielten die Spieler im Mittel 56 Spiele. Nachdem das Auszahlungsintervall auf 10 Sekunden ausgedehnt wurde, ging die durchschnittliche Anzahl der Spiele auf 38,5 zurück. In seinen Schlussfolgerungen führt Choliz daher aus, dass die Verlängerung des Auszahlungsintervalls zu einer deutlichen Verringerung der getätigten Spiele führt und somit ein geeignetes Instrument zum Spielerschutz darstellt.

Ladouceur & Sévigny[18] untersuchten, ob die Länge des Spiels an einem Video-Lottery-Terminal (VLT) Einfluss auf das Spielverhalten, die Konzentration und einen möglichen Kontrollverlust der Spieler hat. Im Rahmen eines experimentellen Designs wurden VLT-Spieler per Zufall den beiden Gruppen „Spieldauer=5s“ und „Spieldauer=15s“ zugeteilt. Sie erhielten 10 $ und wurden aufgefordert, so

---

17 Choliz, M.: Experimental Analysis of the Game in Pathological Gamblers. In: Journal of Gambling Studies 26(2), 2010: S. 249-256.

18 Ladouceur, R./Sévigny, S.: The impact of video lottery game speed on gamblers. In: Journal of Gambling Issues 17, 2006.

lange zu spielen, wie sie dazu Lust hätten. Erzielte Gewinne konnten bis zu einem Betrag von 50 $ nach Beendigung des Experiments ausgezahlt werden. Die VLTs sind so programmiert worden, dass die Reihenfolge des Auftretens von gewonnenen und verlorenen Spielen in beiden Spielergruppen identisch war. Bei annähernd gleicher Gesamtspielzeit spielten die Spieler in der Gruppe mit kurzer Spieldauer insgesamt 2,5 Mal mehr Spiele als die Spieler der Gruppe mit langer Spieldauer. Dementsprechend setzte diese erstgenannte Gruppe auch mehr Geld für das Glückspiel ein. Deutlich wurde des Weiteren, dass eine verkürzte Spieldauer zu einer erheblichen Unterschätzung der Anzahl der getätigten Spiele führt. Diese war in der Gruppe mit kurzer Spieldauer fünf Mal größer als in der Vergleichsgruppe. Hinsichtlich der Konzentration, der Spielmotivation oder des Kontrollverlust waren jedoch keine Unterschiede zwischen den Gruppen festzustellen.

Falsche Kontrollüberzeugungen, wie z. B. der Glaube, den Ausgang eines Glücksspiels kontrollieren zu können oder dass eigene Fähigkeiten Bedeutung für den Ausgang des Glücksspiels haben, werden mit Spielproblemen in Verbindung gebracht. Ladouceur & Sevigny[19] gingen der Frage nach, ob das Vorhandensein einer Stopp-Taste bei VLTs zu einer verstärkten Ausbildung von solchen falschen Kontrollüberzeugungen führen kann. Im Rahmen einer experimentellen Studie wurden 38 Spieler den zwei Gruppen „mit Stopptaste“ und „ohne Stopptaste“ per Zufall zugeteilt und gebeten, so lange zu spielen, wie sie wollten. Erfasst wurden die Zahl der gespielten Spiele sowie die Zustimmung/Ablehnung zu Aussagen, die auf falsche Kontrollüberzeugungen verweisen. Als Ergebnis stellten sie fest, dass Spieler an Automaten mit einer Stopptaste doppelt so viele Spiele spielten wie die an Automaten ohne Stopptaste. Auch stimmten die „Stopp-Tasten-Teilnehmer“ zu erheblichen Anteilen den verschiedenen Formen falscher Kontrollüberzeugungen zu. In der Kontrollgruppe gab es keine einzige solche Nennung. Die Autoren ziehen daher den Schluss, dass das Vorhandensein einer Stopptaste die Neigung zum „Nicht-Loskommen vom Automaten“ deutlich erhöht. Sie verweisen darauf, dass zusätzlich zu Präventionsmaßnahmen, die auf Wissensvermittlung setzen, ein Verbot von Stopptasten helfen könnte, die Entwicklung und Persistenz von Spielproblemen zu minimieren.

---

19 Ladouceur, R./Sevignys S.: Structural characteristics of video lotteries. In: Journal of Gambling Studies 21, 2005: S. 117-131.

Die Ergebnisse der berichteten Studien bestätigen damit die – bisher meist nur theoretisch hergeleitete – Bedeutung bestimmter struktureller Charakteristika von Spielautomaten für die Herausbildung eines riskanten bzw. problematischen Spielverhaltens. Demnach ist davon auszugehen, dass eine Verlängerung der Dauer des Spiels und des Zeitraums von der Erzielung eines Gewinns bis zu dessen Auszahlung sowie ein Verbot von Stopptasten das Suchtpotential von Spielautomaten und VLT's deutlich reduzieren würde.

3.2 Rauchverbot

Es gibt weltweit nicht viele Untersuchungen, die der Frage nachgegangen sind, inwiefern mit einem Rauchverbot in Spielstätten – als strukturelle Präventionsmaßnahme – auch glücksspielbezogene Präventionseffekte bei riskanten Spielern erzielt werden können.

Die hierzu bekannten Ergebnisse kommen aus Australien: Im Bundesstaat Victoria wurde im Jahr 2002 ein Raucherverbot in Spielstätten (Geldspielautomaten) eingeführt. Damit sollte ein effektiver Gesundheitsschutz gegen das Passivrauchen für Mitarbeiter und nichtrauchende Gäste hergestellt werden. Ferner wurde das Rauchverbot als ein probates Mittel gegen problematisches und pathologisches Glücksspielen angesehen. Eine Studie hat diese beabsichtigte Zielsetzung überprüft. Danach ist es durch das Rauchverbot zu einem generellen Rückgang der Spielumsätze gekommen und damit verbunden haben die Spieler auch weniger Geld verloren.[20] Es ist jedoch unklar, welche Wirkungen das Rauchverbot auf die Spieler im Einzelnen hatte: ob durch das Rauchverbot nur auf andere Glücksspielformen ausgewichen worden ist oder ob tatsächlich die Rauchpausen einen kontrollierten Umgang mit dem Automatenspiel bewirkt haben.

3.3 Beschränkung der Angebotsdichte

Obwohl einer Beschränkung des Spielangebotes in der Präventionsforschung häufig eine sehr wichtige verhältnispräventive Funktion zugeschrieben wird, ist der wissenschaftliche Kenntnisstand über den Zusammenhang zwischen der An-

---

20 Lal, A./Siahpush, M.: The effect of smoke-free policies on electronic gaming machine expenditure in Victoria, Australia. In: Journal of Epidemiology and Community Health 62(1), 2008: S. 11-15.

gebotsdichte von Glücksspielen und dem Ausmaß glückspielbezogener Probleme in der Bevölkerung derzeit defizitär.

Die einzige hierzu publizierte Studie mit einem explizit longitudinalen Design stammt von Jacques & Ladouceur.[21] Die Autoren untersuchten über einen Zeitraum von vier Jahren die Auswirkungen der Eröffnung eines Casinos in Hull (Kanada). Telefonisch befragt wurden zum Zeitpunkt T_0 (1 Monat vor Eröffnung) 810 zufällig ausgewählte Personen aus Hull (Experimentalgruppe) sowie 798 Personen aus der Stadt Quebec, welche die Kontrollgruppe darstellen. Für die darauffolgenden Befragungen (T_1=12 Monate, T_2=24 Monate, T_3=48 Monate nach der Eröffnung) ist versucht worden, diese Personen für weitere Interviews zu erreichen. Aufgrund des langen Zeitraumes zwischen den Befragungen konnten zum Zeitpunkt T_3 nur noch 200 (Hull) bzw. 220 (Quebec) der ursprünglich rekrutierten Studienteilnehmer erneut interviewt werden. Jacques & Ladouceur ließen sich bei der Entwicklung des Studiendesigns und der Durchführung der statistischen Analysen von drei Teilhypothesen leiten: Die Häufigkeit des Casinospielens (1), die Geldverluste pro Tag durch das Casinospielen (2) sowie die Zahl der Personen mit Spielproblemen (3) steigen im Zeitverlauf in Hull an, während für die Kontrollgruppe (Quebec) keine diesbezüglichen Veränderungen messbar sind.

Im Verlauf des ersten Jahres bestätigten sich die ersten beiden Hypothesen, d. h. in Hull wurde häufiger gespielt und mehr Geld pro Spieltag verloren. Dieser Trend setzte sich jedoch in der Zwei- und Vierjahresperspektive nicht fort, sondern kehrte sich um. Zwischen T_1 und T_3 nahm die Spielintensität in beiden Untersuchungsgruppen ab. Gleiches gilt für die Prävalenz problematischen Spielens. Diese stieg in Hull zwar 12 Monate nach Eröffnung des Casinos leicht an (von 1,36 % auf 1,75 %), fiel in den Folgejahren aber auf 0,99 %. Der einzige statistisch messbare Unterschied im Vierjahresverlauf zeigte sich in Bezug auf den Anteil der Befragten, die von im eigenen Haushalt lebenden Personen mit Spielproblemen berichteten. Dieser stieg in Hull von T_0=2,9 % auf T_3=5,9 %. Inwieweit diese Veränderung jedoch auf eine reale Steigerung vorhandener Glücksspielprobleme in der Bevölkerung verweist oder auf andere Einflussfaktoren zurückzuführen ist, ließ sich mit den Daten der Studie nicht beantworten.

---

21 Jacques, C./Ladouceur, R.: A prospective study of the impact of opening a casino on gambling behaviours. In: Canadian Journal of Psychiatry 51, 2006: S. 764-773.

Während in der Studie von Jacques & Ladouceur die Folgen einer Ausweitung des Glücksspielangebots untersucht wurden, analysierte Delfabbro die Auswirkungen einer Reduzierung der Anzahl von Spielautomaten um 2.000 Stück (entspricht 15 % des Bestands) in Südaustralien im Jahr 2005.[22] Hierzu führte er zwei Teilstudien durch. In der ersten Teilstudie verglich er die Einnahmen aus dem Automatenspiel zum Zeitpunkt vor mit denen nach der Reduktion der Spielautomatenanzahl. Er kommt zu dem Ergebnis, dass sich die Spieleinsätze insgesamt innerhalb eines Jahres kaum verändert haben, d. h. die Reduzierung der Automatenanzahl führte letztendlich nur dazu, dass an den verbliebenen Automaten intensiver gespielt wurde. Im Rahmen der zweiten Teilstudie sind ein halbes Jahr nach Umsetzung der Maßnahme 400 regelmäßige Spieler von Spielautomaten dahin gehend befragt worden, ob die Verringerung der Automatenzahl von ihnen überhaupt wahrgenommen wurde und welchen Einfluss diese auf ihr Spielverhalten hatte. Im Ergebnis berichteten 62 %, dass sie die Verringerung der Automatenanzahl bemerkt hätten und für jeden Zweiten sei es nach der Verringerung schwieriger geworden, einen freien Automaten zu finden. Jedoch gaben nur 6 % aller Befragten an, aufgrund der geringeren Automatendichte auch weniger gespielt zu haben und von einem verringertem Geldeinsatz berichteten nur 3 %. Die Ergebnisse zusammenfassend kommt Delfabbro daher zu dem Schluss, dass eine Verringerung der Automatenzahl um lediglich 15 % keine nennenswerten Veränderungen des Spielverhaltens zur Folge hat.

Auch Storer et al. gingen der Frage nach, welche Bedeutung die Dichte des Glücksspielangebots für die Entwicklung von Glücksspielproblemen in der Bevölkerung hat.[23] Konkret wollten sie prüfen, ob sich die Angebotshypothese, je höher das Angebot, desto höher das Ausmaß an Problemen, in Bezug auf die Spielautomaten empirisch belegen lässt. Hierzu führten sie eine Metaanalyse durch, in der sie 34 Studien aus Australien und Neuseeland – durchgeführt zwischen 1991 und 2007 – einbezogen haben, welche die Bestimmung der Prävalenz pathologischen Spielens zum Inhalt hatten. Des Weiteren wurde in Abhängigkeit von der Region und der Zeit, in welcher die jeweiligen Studien durchgeführt wurden, die Bevölkerungsanzahl, die Anzahl der Spielautomaten und daraus ableitend die Anzahl der Spielautomaten pro Einwohner bestimmt. Anschließend

---

22 Delfabbro, P.: Evaluating the Effectiveness of a Limited Reduction in Electronic Gaming Machine Availability on Perceived Gambling Behaviour and Objective Expenditure. In: International Gambling Studies 8, 2008: S. 151-165.

23 Storer, J. et al.: Access or adaptation? In: International Gambling Studies 9, 2009: S. 225-244.

führten sie eine lineare Regressionsanalyse durch. Im Gegensatz zu den Ergebnissen der beiden oben dargelegten Untersuchungen konnten Storer et al. (2009) eine statistisch signifikante positive Beziehung zwischen der Angebotsdichte von Spielautomaten und der Prävalenz pathologischen Spielens feststellen. Ihnen war es mit Hilfe der Analyse sogar möglich, die suchtinduzierende Wirkung dieser Spielgeräte zu quantifizieren. Demnach ist davon auszugehen, dass pro zusätzlich aufgestellten Spielautomaten die Anzahl der pathologischen Spieler in der Bevölkerung um 0,8 zunimmt. Mit anderen Worten: 1.000 neu aufgestellte Automaten haben zur Folge, dass ca. 800 Personen eine Spielsucht aufgrund des Automatenspiels entwickeln werden.

4 Fazit: Forschungsbedarfe

Mit der vorliegenden Arbeit war das Ziel verbunden, einen Überblick zu neueren evaluierten Maßnahmen des Spielerschutzes weltweit zu geben. Die im Vergleich zum Alkohol- oder Tabakbereich geringe Anzahl von Glücksspielsucht-bezogenen Präventionsstudien macht deutlich, dass die Glücksspielsucht-Präventions-Forschung noch in den Kinderschuhen steckt. Zwar enthalten die vorliegenden Studien einige Ansatzpunkte für eine Erfolg versprechende Glücksspielsucht-Prävention: Beispielsweise zeigen sich bei der schulbasierten Prävention deutlich positive Effekte auf das Wissen und die Einstellungen der Schüler. Offensichtlich ist es auch möglich, mit adäquaten Maßnahmen schädliche Auswirkungen des Online-Glücksspielens und des Automatenspiels zu minimieren. Und die Spielersperre scheint eine wirksame Maßnahme zum Spielerschutz zu sein, weil mit ihr die Lebenssituation von vielen Betroffenen verbessert werden kann. Die Auswirkungen auf das mittel- und langfristige Spielverhalten der jeweiligen Zielgruppen bleiben jedoch bei all diesen Maßnahmen unklar. Hinsichtlich der Beschränkung der Angebotsdichte liegt sogar eine uneinheitliche Befundlage vor. Insgesamt ist damit ein großer Evaluationsbedarf zu konstatieren.

Das betrifft insbesondere auch das Zusammenwirken von verhältnis- und verhaltenspräventiven Elementen. Denn in der Fachöffentlichkeit wird häufig eine Kombination aus Verhältnis- und Verhaltensprävention als die beste Strategie der Glücksspielsucht-Prävention angesehen. Jedoch liegen über den Erfolg einer solchen „Policy-Mix-Strategie“ bislang überhaupt keine empirischen Befunde aus dem Glücksspielbereich vor. Die geplante Evaluation des bundesdeutschen Glücksspielstaatsvertrag mit seinen verhältnis- und verhaltenspräventiven Vorgaben (u. a. Spielersperre, Personalschulungen, Informationsmaterialien, Verbot von Internetspielen) bietet eine günstige Gelegenheit, hier Kenntnislücken schließen zu helfen. Dieses würde ein anspruchvolles und komplexes Forschungsvorhaben erfordern, das einen wichtigen Beitrag für die zukünftige Präventionspolitik im Glücksspielbereich leisten könnte.

Literaturverzeichnis

BOUTIN, C.; TREMBLAY N. et al. (2009): Impact of visiting an Onsite Casino information centre on perceptions about randomness and gambling behaviours. In: Journal of Gambling Studies 25(3): 317-330.

BRODA, A.; LAPLANTE, D.A. et al. (2008): Virtual harm reduction efforts for Internet gambling: effects of deposit limits on actual Internet sports gambling behavior. In: Harm Reduction Journal 5: 27.

CHOLIZ, M. (2010): Experimental Analysis of the Game in Pathological Gamblers: Effect of the Immediacy of the Reward in Slot Machines. In: Journal of Gambling Studies 26(2): 249-256.

CLOUTIER, M.; LADOUCEUR, R.; SEVIGNY, S. (2006): Responsible gambling tools: pop-up messages and pauses on video lottery terminals. In: The Journal of Psychology 140(5): 434-438.

DELFABBRO, P. (2008): Evaluating the Effectiveness of a Limited Reduction in Electronic Gaming Machine Availability on Perceived Gambling Behaviour and Objective Expenditure. In: International Gambling Studies 8: 151-165.

DOIRON, J.P.; NICKI R.M. (2007): Prevention of pathological gambling: a randomized controlled trial. In: Cognitive Behaviour Therapy 36(2): 74-84.

FERLAND, F.; LADOUCEUR, R.; VITARO, F. (2005): Efficacite d'un programme de prevention des habitudes de jeu chez les jeunes: resultats de l'evaluation pilote. In: Encephale 31 (4 Pt 1): 427-436.

FLOYD, K.; WHELAN, J.P.; MEYERS, A.W. (2006): Use of warning messages to modify gambling beliefs and behavior in a labaratory investigation. In: Psychology of Addictive Behaviors 20(1): 69-74.

GALLAGHER, T.; NICKI, R. et al. (2009): Effects of a Video Lottery Terminal (VLT) Banner on Gambling: A Field Study. In: International Journal of Mental Health and Addiction. (Onlineversion: http://dx.doi.org/10.1007/s11469-009-9259-4).

GRIFFITHS, M.D.; WOOD; R.T. et al. (2009): Social responsibility tools in online gambling: a survey of attitudes and behavior among Internet gamblers. In: CyberPsychology & Behavior 12(4): 413-421.

JACQUES, C.; LADOUCEUR, R. (2006): A prospective study of the impact of opening a casino on gambling behaviours: 2- and 4-year follow-ups. In: Canadian Journal of Psychiatry 51: 764-773.

KORN, D.; MURRAY, M.; MORRISON, M.; REYNOLDS, J.; SKINNER, H.A. (2006): Engaging youth about gambling using the internet: The YouthBet.net website. In: Can J Public Health 97(6): 448-453.

LADOUCEUR, R.; SYLVAIN, C.; GOSSELIN, P. (2007): Self-exclusion program: a longitudinal evaluation study. In: Journal of Gambling Studies 23: 85-94.

LADOUCEUR, R.; SÉVIGNY, S. (2006): The impact of video lottery game speed on gamblers. In: Journal of Gambling Issues 17.

LADOUCEUR, R.; FERLAND, F.; VITARO, F.; PELLETIER, O. (2005): Modifying youths' perception toward pathological gamblers. In: Addictive Behaviors 30(2): 351-354.

LADOUCEUR, R.; SEVIGNY, S. (2005): Structural characteristics of video lotteries: effects of a stopping device on illusion of control and gambling persistence. In: Journal of Gambling Studies 21: 117-131.

LAL, A.; SIAHPUSH, M. (2008): The effect of smoke-free policies on electronic gaming machine expenditure in Victoria, Australia. In: Journal of Epidemiology and Community Health 62(1): 11-15.

NELSON, S.; KLESCHINSKY, J.; LABRIE, R.; KAPLAN, S.; SHAFFER, H. (2010): One Decade of Self Exclusion: Missouri Casino Self-Excluders Four to Ten Years after Enrollment. In: Journal of Gambling Studies 26: 129-144.

NELSON, S.E.; LAPLANTE, D.A. et al. (2008): Real limits in the virtual world: self-limiting behavior of Internet gamblers. In: Journal of Gambling Studies 24(4): 463-477.

SHANDLEY, K.; MOORE, S. (2008): Evaluation of Gambler's Helpline: A Consumer Perspective. In: International Gambling Studies 8: 315-330.

STORER, J.; ABBOTT, M.; STUBBS, J. (2009): Access or adaptation? A meta-analysis of surveys of problem gambling prevalence in Australia and New Zealand with respect to concentration of electronic gaming machines. In: International Gambling Studies 9: 225-244.

TURNER, N.E.; MACDONALD, J.; SOMERSET, M. (2008): Life skills, mathematical reasoning and critical thinking: a curriculum for the prevention of problem gambling. In: Journal of Gambling Studies 24(3): 367-380.

WOHL, M.J.A.; CHRISTIE, K.L.; KIMBERLY, M.; ANISMAN, H. (2009): Animation-Based Education as a Gambling Prevention Tool: Correcting Erroneous Cognitions and Reducing the Frequency of Exceeding Limits Among Slots Players. In: Journal of Gambling Studies (Onlineversion).

Woran leiden Glücksspieler?

Karl F. Mann[1]

1 Prof. Dr. Karl F. Mann ist Leiter der Klinik für Abhängiges Verhalten und Suchtmedizin am Zentralinstitut für Seelische Gesundheit in Mannheim.

Forschungsplattform Spielsucht

Zweck:

- National und internationaler wissenschaftlicher Austausch
- Methodische Abstimmung: Daten können für übergeordnete Fragestellungen zusammengeführt werden

Finanzierung:

- Bundesländer im Rahmen des Glücksspielstaatsvertrags
- Kooperationen mit Österreich und der Schweiz

Link:

- www.dg-sucht.de

Überblick

- Diagnostik, Prävalenz, Komorbidität
- Neurobiologische Befunde
- Projekt: Glücksspielsucht und verwandte Störungen, patientenzentrierte Erfassung des Risikos und Entwicklung von Frühinterventionen für Gefährdete

Diagnostik, Prävalenz, Komorbidität

Pathologisches Spielen nach DSM IV

Andauerndes und wiederkehrendes fehlangepasstes Spielverhalten

min. 5 der folgenden Merkmale:

1. Eingenommensein vom Glücksspiel
2. Toleranzentwicklung
3. Kontrollverlust
4. Entzugserscheinungen (Unruhe, Gereiztheit)
5. Spielen, um Problemen zu entkommen (Funktion)
6. Chasing (Gewinn hinterher jagen)
7. Lügen über das Ausmaß der Problematik
8. Illegale Handlungen, um das Spielen zu finanzieren
9. Gefährdung/ Verlust wichtiger (beruflicher) Beziehungen
10. Verlassen auf Geldbereitstellung durch andere

Prävalenz Deutschland

- Schätzungen auf Basis repräsentativer Befragung N=8000 im Alter zw. 18 und 65

  - 265 000 (0,5 %)

- Schätzungen auf Basis von Therapienachfrage und Vergleich mit Nachfrage bei Alkoholabhängigkeit:

  - 100000 bis 170000 PG (0,1-0,2 %)

Prävalenz Deutschland

Behandelte Spieler:

- Automatenspieler 79 %
- Glücksspielautomaten in Casinos 32,4 %
- Roulette/Black Jack 16,2 %
- Karten Würfelspiele 15,9 %
- Sportwetten 13,1 %

Meyer & Hayer, 2005

Prävalenz Europa

Autor	Land	Stichprobe	Prävalenz PG
Becona, 1993	Spanien	1615	1,7 %
Bondolfi et al., 2000	Schweiz	2526	0,8 %
Johansson, 2002	Norwegen	2014	0,15 %
Volberg et al, 2001	Schweden	7680 (Alter ≥ 16 Jahre)	0,6 %
Orford et al., 2003	Großbritannien	7139 (15-74 Jahre)	0,3-0,8 %

Deutsche Hauptstelle für Suchtfragen (DHS), 2007

Komorbidität: Befunde aus Deutschland

Premper & Schulz (2008)

- N=101 pathologische Glücksspieler in stationärer Behandlung (Klinik Schweriner See)
- 84% männlich; Durchschnittsalter = 40 Jahre; Methodik: strukturierte klinische Interviews

Komorbidität: Befunde aus Deutschland

Premper & Schulz Sucht 2008

Komorbiditätsraten Achse I-Störungen:

Komorbide Diagnose	Lebenszeitprävalenz 91,1 %	Zwölfmonatsprävalenz 82,2 %
Affektive Störungen	61,4%	51,5
Angststörungen	57,4%	47,5
Substanzbezogene Störungen	60,4%	25,7
Nikotinabhängigkeit	86,1%	73,3
Alkoholabhängigkeit	**31,7 %**	**14,9**
Somatoforme Störungem	33,7%	26,7

Komorbidität: Befunde aus Deutschland

Premper & Schulz Sucht 2008

Bezüglich der zeitlichen Reihenfolge des Auftretens der Störungen ergab sich:

a) Angststörungen häufiger vor Beginn von PG

b) Depressive Störungen eher nach Beginn

c) Substanzbezogene und somatoforme Störungen etwa gleichhäufig vor und nach Beginn von PG

Komorbidität: Befunde aus USA

- Umfrage von N=43 093 Haushalten wurden n=195 PG (0,4 %) diagnostiziert

(Petry et al. J Clin Psychiatry 2005)

Komorbiditätsraten Achse-I Störungen:

Komorbide Achse-I	**Petry et al., 2005**	**Premper & Schulz, 2008**
Nikotinabhängigkeit	60,37 %	86,1 %
Affektive Störungen	49,62 %	61,1 %
Alkoholabhängigkeit	47,79 %	31,7 %
Angststörungen	41,30 %	57,4 %
Drogenabhängigkeit	11,18 %	

BW Studie:

Glücksspielsucht und verwandte Störungen, Patientenzentrierte Erfassung des Risikos und Entwicklung von Frühinterventionen für Gefährdete

Ansatz: Integrative Erforschung Pathologischen Glücksspielens

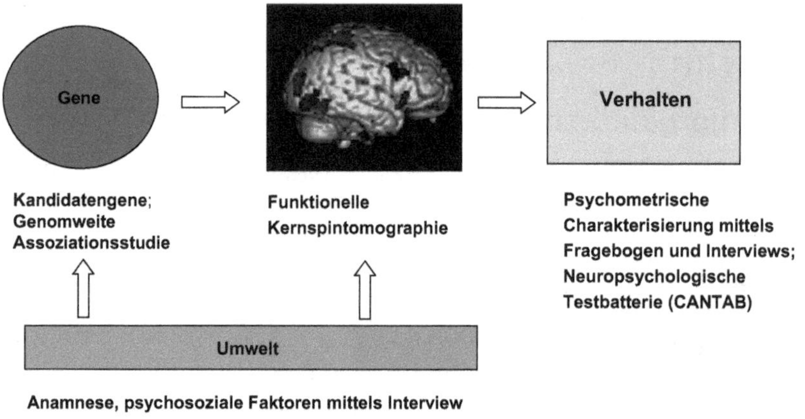

Teilziele

1. Erforschung der neurobiologischen Korrelate für pathologisches Spielverhalten und verwandte Suchtstörungen (Bildgebung, Genetik)

2. Früherkennung riskanten Verhaltens und Frühintervention bei pathologischem Spielverhalten und verwandten Störungen

Studiendesign

Pathologische Glücksspieler (~N=600)	*Pathologische Glücksspieler und gesunde Kontrollprobanden (jeweils ~N=80)*
1. Termin	*2. Termin*
➢ **Basisdokumentation (~15 Min.)** Anamnese, Familiäre Belastung ➢ **Fragebögen (~30 Min.)** Spielassoziiertes Verhalten, Allgemeine Persönlichkeitsmerkmale ➢ **Genblut- oder Speichel (~5 Min.)**	➢ **Funktionelle Kernspintomographie (90 Min.)** Motivation, Belohnungssensitivität, Belohnungs-aufschub, Impulsivität, Cue-Reaktivität ➢ **Fragebögen (60 Min.)** Persönlichkeitsmerkmale, Spielassoziiertes Verhalten ➢ **Diagnostik (~45 Min.)** Allgemeine Diagnostik, Komorbidität ➢ **Neuropsychologische Testbatterie (CANTAB) (30 Min.)** Entscheidungsfindung und Risikobereitschaft, Inhibition, Verzerrungen in der Informations-verarbeitung von emotionalen Stimuli

Charakterisierung der Spieler (n=89)

Alter (Jahre)	• 37.95 ± 11.01
Geschlecht	• 96% männlich
Beziehung	• 49.4 %
Mehrpersonenhaushalt	• 43.9 %
Arbeitslosenrate	• 46% arbeitslos
Rauchstatus	• 83% Raucher (gelegentliche / abhängige)
Nationalität	• Deutsch: 80% • Türkisch: 10% • Sonstige: 10%
Muttersprache	• 73 % deutsch
Schulden (€)	• 33 568 ± 58 316 (0-380 000)
Mittlere Anzahl an Spielstunden pro Tag	• 4.63 ± 2.18
Max. Anzahl an Spielstunden pro Tag	• 11.80 ± 6.09
Mittlere Anzahl an Spielstunden pro Monat	• 14.39 ± 8.66

(Mittelwerte ± Standardabweichung)

Bevorzugte Spielart

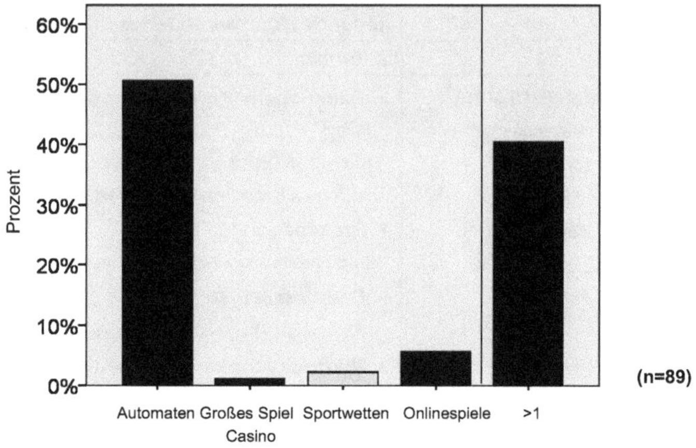

Komorbide Achse I und II Erkrankungen (Erstdiagnosen)

- **43% der Patienten weisen eine komorbide Erkrankung auf**

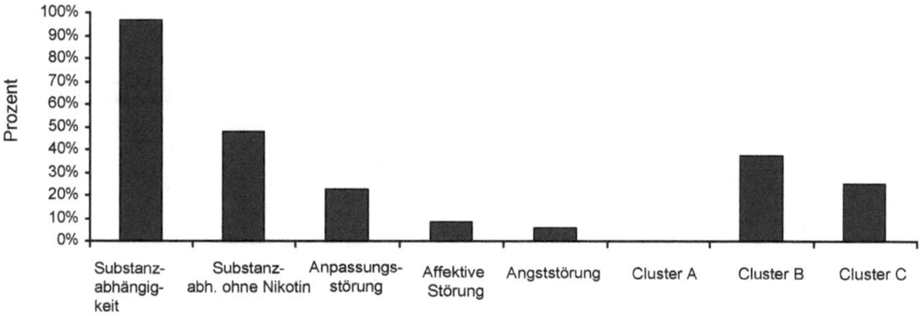

Cluster B **Narzistisch : 17,1 %**
Antisozial: 8,6 %
Borderline: 5,7 %
Histrionisch: 5,7 %

Cluster C **Dependent: 11,4%**
Ängstlich-vermeidend: 8,6%
Zwanghaft: 5,7%

Komorbidität: Abhängigkeitserkrankungen

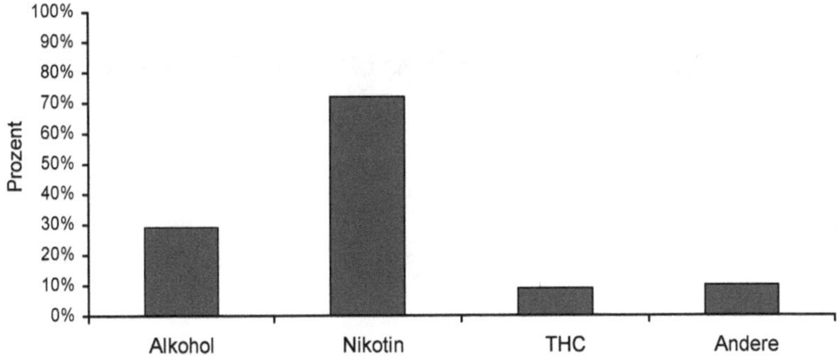

Achse I Diagnosen bei Verwandten 1. Grades

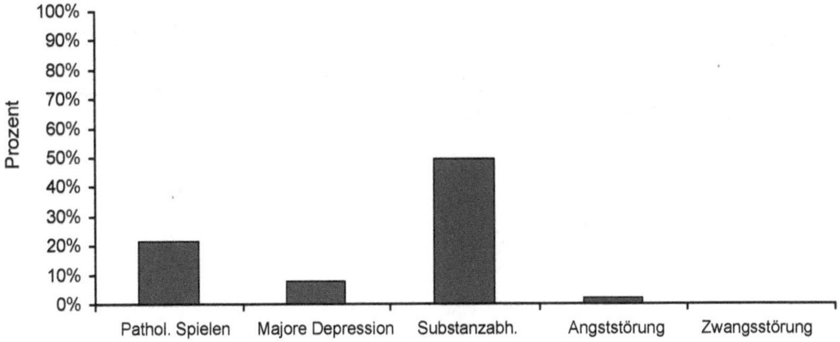

Erste Ergebnisse der fMRT Studie

Vorbefunde und Fragestellung

- Bisherige Untersuchungen verwendeten Aufgaben mit Glücksspielcharakter (z.B. Reuter et al., 2005)

→ Frage bleibt offen ob das Charakteristische bei Spielern der veränderte motivationale Anreizwert von Geld ist; „Geld als Droge der Glücksspieler“?

Hypothese: Glücksspieler zeigen eine erhöhte Reaktivität des mesocorticolimbischen Belohnungssystems auf monetäre Cues

Instrumentelle Antwortphase

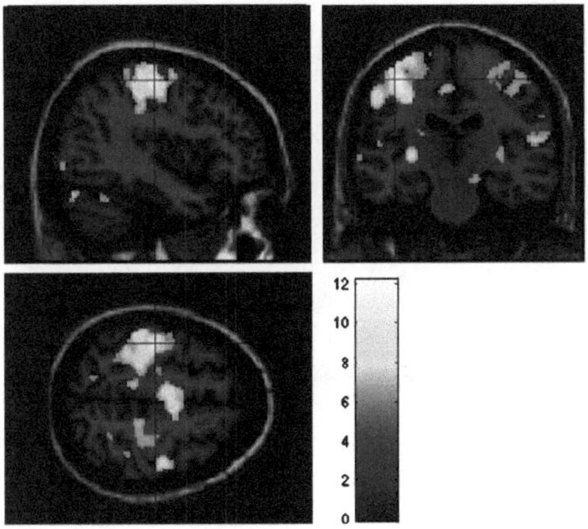

Motorisches System

N=15

Zusammenfassung / Diskussion

-> Pathologisches Glücksspiel weist mehr Gemeinsamkeiten mit Substanzabhängigkeit auf als mit Zwangserkrankungen
--> Pathologisches Glücksspielen wird nun als erste Verhaltenssucht in die Kategorie „Addiction and Related Disorders" des neuen DSM V aufgenommen (www.dsm5.org).

-> Zunahme der fMRT-Aktivierung im Belohnungssystem (v.a. ventrales Striatum) während der Erwartung von monetärer Belohnung

-> Aktivierung im ventralen Striatum auf monetäre Cues korreliert positiv mit der Stärke der Abhängigkeit → erhöhter motivationaler Anreizwert von Geld bei schwerer abhängigen Spielern

Exzessives Online-Spielen und Games-Abhängigkeit

Thorsten Quandt[1]

1 Prof. Dr. Thorsten Quandt ist seit Januar 2009 Inhaber des Lehrstuhls Kommunikationswissenschaft an der Universität Hohenheim. Zu seinen Forschungsschwerpunkten zählen Onlinekommunikation, Medieninnovationen, Computer-, Games- und Journalismusforschung.
Emese Domahidi ist seit Januar 2010 als Wissenschaftliche Mitarbeiterin im ERC-Projekt „The social fabric of virtual life: A longitudinal multi-method study on the social foundations of online gaming (SOFOGA)" am Lehrstuhl für Kommunikationswissenschaft tätig.

Agenda

Phänomen Online-Gaming...in der Diskussion

Nutzung. Basisdaten zum Umfang des Phänomens

Abhängigkeit. Forschungsstand

Werkstattbericht. Spielerbiographien

Ausblick. Forschungsprogramm

Online-Spielen und Games-Abhängigkeit UNIVERSITÄT HOHENHEIM

Online-Spiele im Fokus

- 10,3 Millionen Deutsche über 14 Jahre spielen Online-Games (Bitkom 2009)
- **World of Warcraft**

  11,5 Millionen Abonnenten (Ende 2008)
- **Multiplayer-Shooter**

  9,2 Millionen verkaufte Counter-Strike-Einheiten (unterschiedliche Versionen)
- **Browser-Spiele**

  73 % der Online-Spiele einfache Browser-Spiele, 19 % Client-basierte Spiele (Bitkom 2009)

Agenda | Phänomen | Nutzung | Abhängigkeit | Werkstattbericht | Ausblick

Online-Spielen und Games-Abhängigkeit

UNIVERSITÄT HOHENHEIM

Agenda

Phänomen Online-Gaming. ...in der Diskussion

Nutzung. Basisdaten zum Umfang des Phänomens

Abhängigkeit. Forschungsstand

Werkstattbericht. Spielerbiographien

Ausblick. Forschungsprogramm

Agenda | Phänomen | **Nutzung** | Abhängigkeit | Werkstattbericht | Ausblick

Online-Spielen und Games-Abhängigkeit

UNIVERSITÄT HOHENHEIM

Spielen Sie zumindest gelegentlich Computer- oder Konsolenspiele?

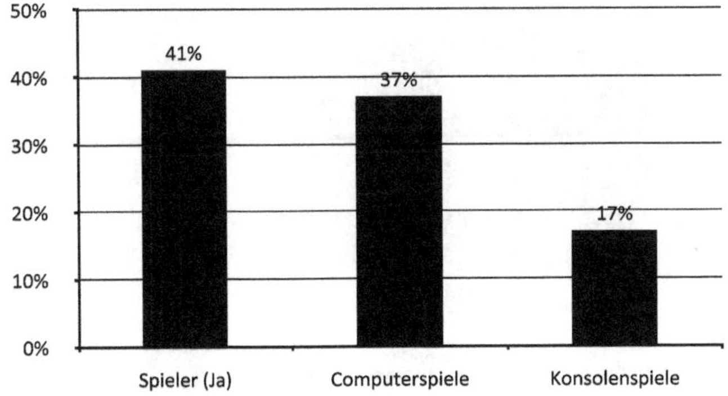

ACTA 2008,
GG 14-64 Jahre

Agenda | Phänomen | **Nutzung** | Abhängigkeit | Werkstattbericht | Ausblick

Online-Spielen und Games-Abhängigkeit UNIVERSITÄT HOHENHEIM

Computer- u. Konsolenspieler/innen
(mindestens selten)

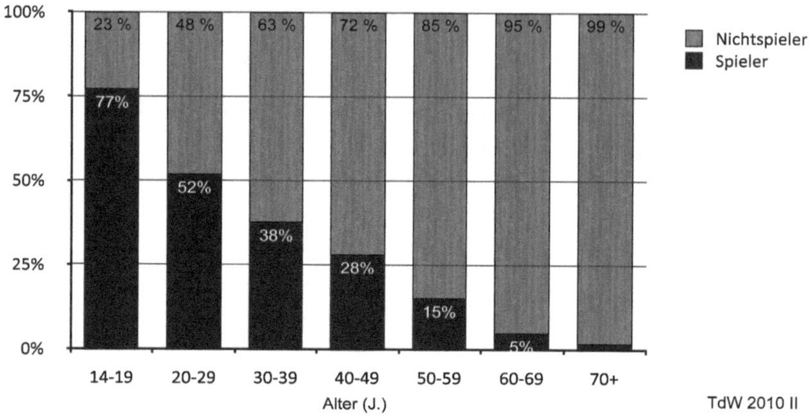

TdW 2010 II

Agenda | Phänomen | **Nutzung** | Abhängigkeit | Werkstattbericht | Ausblick

Online-Spielen und Games-Abhängigkeit UNIVERSITÄT HOHENHEIM

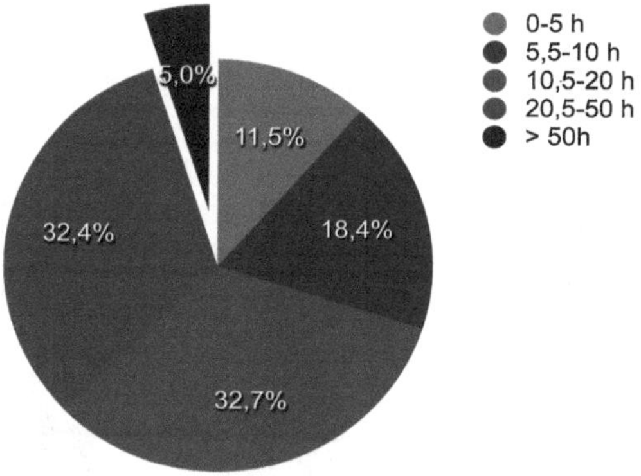

Verteilung der Online-Spieler: Spieldauer
Quelle: Online-Spieler 2007 (N=688), Quandt & Wimmer 2008/2009

Agenda | Phänomen | **Nutzung** | Abhängigkeit | Werkstattbericht | Ausblick

Online-Spielen und Games-Abhängigkeit UNIVERSITÄT HOHENHEIM

Agenda

Phänomen Online-Gaming. ...in der Diskussion

Nutzung. Basisdaten zum Umfang des Phänomens

Abhängigkeit. Forschungsstand

Werkstattbericht. Spielerbiographien

Ausblick. Forschungsprogramm

Agenda | Phänomen | Nutzung | **Abhängigkeit** | Werkstattbericht | Ausblick

Online-Spielen und Games-Abhängigkeit UNIVERSITÄT HOHENHEIM

Exzessive Nutzung und Abhängigkeit

- **Standards:** ICD 10 (International Classification of Diseases, WHO; hier v.a.: F-Schlüssel), DSM IV (Diagnostic and Statistical Manual of Mental Disorders, American Psychiatric Association) – Computer-/Videospielen ist hier zur Zeit nicht aufgeführt
- **Disziplinen im Wettbewerb:** Psychologische, pädagogische, soziologische und kommunikationswissenschaftliche Ansätze; variierende Definitionen und Messmethoden bezüglich exzessiver Nutzung und/oder Abhängigkeit; unterschiedlichste „Suchtskalen“

Agenda | Phänomen | Nutzung | **Abhängigkeit** | Werkstattbericht | Ausblick

Gründe exzessiver Nutzung

Mechanismen, die für die „Bindung" an das Spiel verantwortlich sein können:

- **Belohnungssystem / Spielmechanik**
- **Balance zwischen Herausforderung und Erfolg** (-> Flow)
- **Immersion, Präsenzerleben**
- **Möglichkeit der Effektkontrolle/Selbstwirksamkeitserwartung**
- **Soziale Aspekte** (soz. Interaktion, Commitment, persönliche Bindungen, Prestigewerte)
- **Nutzungsgeschichte** (Investierte Zeit & Energie, Achievements, Verlust)
- **Persönlichkeitseigenschaften, Situation und Kontext des Nutzers**

Online-Spielen und Games-Abhängigkeit UNIVERSITÄT HOHENHEIM

Agenda

Phänomen Online-Gaming. ...in der Diskussion

Nutzung. Basisdaten zum Umfang des Phänomens

Abhängigkeit. Forschungsstand

Werkstattbericht. Spielerbiographien

Ausblick. Forschungsprogramm

Studie „Biographien Extremspieler"

- Biographisch orientierte Leitfadeninterviews mit erwachsenen Extremnutzern
- Fragekomplexe zum Persönlichkeitsprofil, zur Spielerbiographie, zur Extremnutzung, zur Alltagseinbettung d. Spiels und zu Konflikten
- z.Zt. 41 Interviews, ca. 1-2 h pro Interview
- Altersstufe 19-45 Jahre
- Variation nach Schultyp, Geschlecht, Arbeits- und Lebenssituation
- Nutzungsdauer ≥ 3 h/Tag
- vorbereitendes Lehr- und Forschungsprojekt; Teil eines größeren Forschungszusammenhangs zu sozialen Aspekten von (Online-)Spielen

Online-Spielen und Games-Abhängigkeit UNIVERSITÄT HOHENHEIM

Studie „Biographien Extremspieler"

Persönlichkeitstypen

Aktiv-Extrovertierte/Integrierte	Passiv-Zurückgezogene
geringe soziale Ängstlichkeit, offene oder extrovertierte Persönlichkeit	zurückgezogen, zurückhaltend, z.T. sozial ängstlich (Interaktions-/Kontaktschwäche)
neben dem Spielen diverse weitere Freizeitaktivitäten	passiv, eher ‚lean back'-Typ
RL-Treffen, erweiterter Freundeskreis	Fokussierung auf Online-Gruppen
Online-Games z.T. als organisierte ‚Vereinstätigkeit'	z.T. eskapistisch, ‚Eintauchen' in virtuelle Welten
Wettbewerbsorientierung	Genreorientierung: Rollenspiele/MMORPGs
Genreorientierung: Action & Strategie	

Agenda | Phänomen | Nutzung | Abhängigkeit | **Werkstattbericht** | Ausblick

Studie „Biographien Extremspieler“

Realweltlicher Alltag und Spielerleben

Einbettung	Okkupation
▸ Anpassung des Spielens an Alltagsstrukturen und umgekehrt der Alltagsabläufe an das Spielen	▸ Spiel als Hauptfokus, Okkupation der Lebens- und Alltagswelten, Ausrichtung des Alltags auf das Spiel
▸ vergleichsweise geringe Substitution, Nutzung von ungenutzten Freiräumen	▸ andere Tätigkeiten und Sozialkontakte werden verdrängt
▸ stark strukturiert, Selbstkontrolle	▸ strukturlos, Kontrollverlust

Studie „Biographien Extremspieler“

Beginn des Spielens

Lebensphase	Ereignis im Leben	Extern (Spiel)
▸ meist frühe Ansozialisation (Kindheit, Jugend) ▸ Peer-Group-Orientierung ▸ fehlende Alternativ-Angebote ▸ schleichender Prozess	▸ in allen Lebensphasen, z.B. Umzug, Krankheiten ▸ oft fehlende Peer-Group-Orientierung ▸ Wegfallen bisheriger Orientierungsstrukturen und Alternativen ▸ biographische Einschnitte	▸ lt. Selbstauskunft durch Spiele ‚induziert‘ ▸ insb. Spiele mit persistenten Spielwelten (Rollenspiele, Strategiespiele) ▸ Nennung bekannter spielbezogener Gründe (Belohnungssysteme usf.) ▸ Sozialaspekte (in game)

Online-Spielen und Games-Abhängigkeit — UNIVERSITÄT HOHENHEIM

Studie „Biographien Extremspieler"

Aussteiger

Lebensphase	Ereignis im Leben	Extern (Spiel)
Wechsel in neue Lebensphase	biographische Einschnitte, z.T. durch Spielen (Studienabbruch, Ende der Beziehung)	Erreichung eines/des Spielziels
‚Erwachsenwerden', stärkere Verantwortung & Zielorientierung (Sinngebung)	mitunter erzwungene Spielereduktion (Krankheit)	Spiel wird langweilig (Spielmechanik wird durchschaut, fehlende Überraschung)
‚Selbsterkenntnis', Kontrolle des Spielens	teilweise Komplettausstieg	Veränderung des Spiels (ggfs. auch d. Mitspieler)

Agenda | Phänomen | Nutzung | Abhängigkeit | **Werkstattbericht** | Ausblick

Online-Spielen und Games-Abhängigkeit — UNIVERSITÄT HOHENHEIM

Studie „Biographien Extremspieler"

Biographisch bedingte Konflikte im sozialen Umfeld

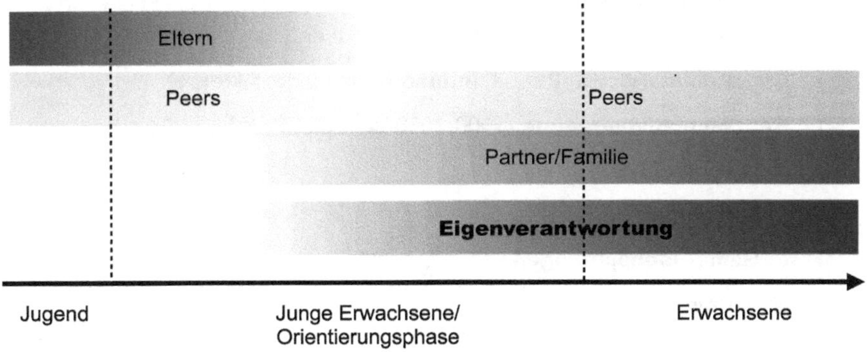

Agenda | Phänomen | Nutzung | Abhängigkeit | **Werkstattbericht** | Ausblick

Online-Spielen und Games-Abhängigkeit UNIVERSITÄT HOHENHEIM

Agenda

Phänomen Online-Gaming. ...in der Diskussion

Nutzung. Basisdaten zum Umfang des Phänomens

Abhängigkeit. Forschungsstand

Werkstattbericht. Spielerbiographien

Ausblick. Forschungsprogramm

Agenda | Phänomen | Nutzung | Abhängigkeit | Werkstattbericht | **Ausblick**

Online-Spielen und Games-Abhängigkeit UNIVERSITÄT HOHENHEIM

The social fabric of virtual life (ERC, 2010-2014)

Erforschung der Beziehung von ‚in game' und ‚out of the game experience', Sozialaspekte des Spielens; als Panel-Studie über 3 Jahre angelegt:

- **Experteninterviews (Politik, Industrie, relevante Akteure)**
- **Repräsentativbefragung** (1000-2000 Befragte)
- **Netzwerkanalyse RL/VL**
- **Leitfadeninterviews (User)**
- **In-Game-Beobachtungen**
- **Experimente**

Agenda | Phänomen | Nutzung | Abhängigkeit | Werkstattbericht | **Ausblick**

Vielen Dank!

Kontakt

Prof. Dr. Thorsten Quandt
Institut für Sozialwissenschaften
FG Kommunikationswissenschaft (540G)
Interaktive Medien- und Onlinekommunikation
Universität Hohenheim, Stuttgart
thorsten.quandt@uni-hohenheim.de
https://online.uni-hohenheim.de/

Evaluation des Mess- und Bewertungsinstruments AsTERiG

Chantal P. Mörsen[1]

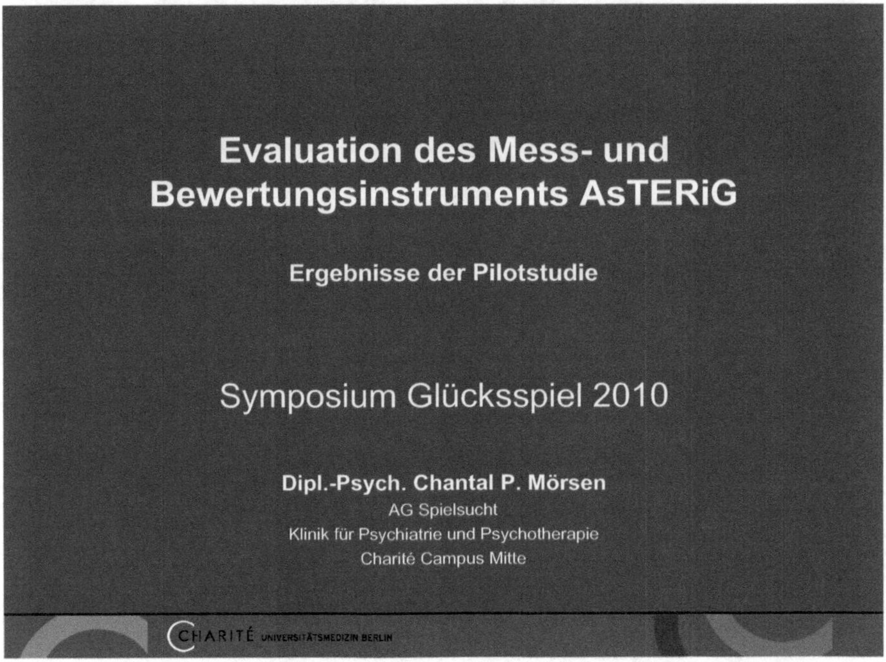

1 Dipl.-Psych. Chantal P. Mörsen ist Leiterin der AG Spielsucht an der Klinik für Psychiatrie und Psychotherapie der Charité Berlin.

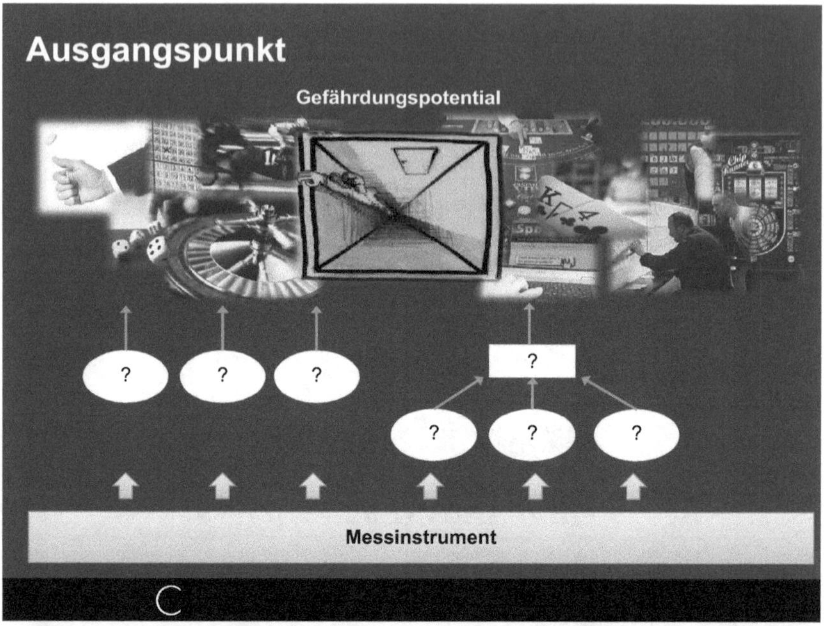
Ausgangspunkt
Gefährdungspotential
?
?
?
?
?
?
?
Messinstrument

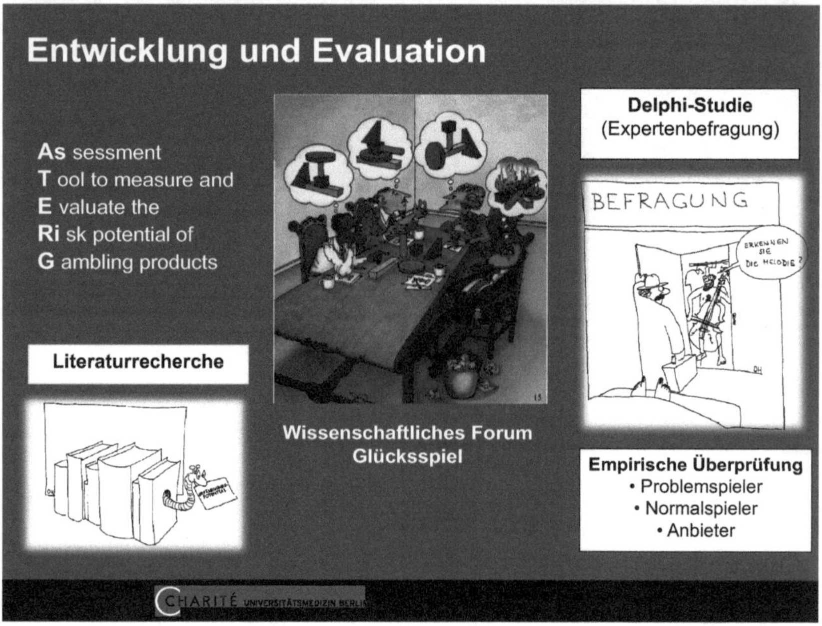
Entwicklung und Evaluation
As sessment
T ool to measure and
E valuate the
Ri sk potential of
G ambling products
Literaturrecherche
Wissenschaftliches Forum
Glücksspiel
Delphi-Studie
(Expertenbefragung)
BEFRAGUNG
ERKENNEN SIE DIE MELODIE ?
Empirische Überprüfung
• Problemspieler
• Normalspieler
• Anbieter
CHARITÉ UNIVERSITÄTSMEDIZIN BERLIN

Ergebnisse Literaturrecherche

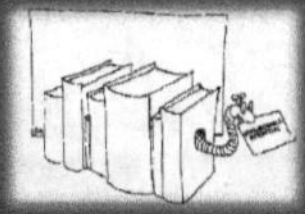

Veranstaltungsmerkmale von Glücksspielen

65 distinkte Merkmale

Situationale Merkmale (kontextbezogen) z.B. Verfügbarkeit, Werbung	Strukturelle Merkmale (spielmediumsbezogen), z.B. Ereignisfrequenz, Gewinnstruktur
Primärwirkung auf individueller Ebene: Erleichterung des Zugangs zu Glücksspielen	Primärwirkung auf individueller Ebene: Förderung einer exzessiven Spielteilnahme

Bestimmung des Gefährdungspotentials

Clement, Peren, Terlau

C

Ergebnisse
Wissenschaftliches Forum Glücksspiel

1. Ereignisfrequenz
2. Grad der Interaktivität
3. Kontrollüberzeug.
4. Einsatz
5. Gewinnstruktur
6. Sozialer Kontext
7. Anonymität
8. Vermarktung
9. Verfügbarkeit
10. Jackpot
11. Sens. Produktgestaltung
12. Art des Zahlungsmittels

	Produktprofil	Gewicht (1 - 3)	Punkte (0 - 4)	Ergebnis
1	Ereignisfrequenz	3	0	0
2	Grad der Interaktivität	3	2	6
3	Förderung der Kontrollüberzeugung	3	2	6
4	Einsatz	2	2	4
5	Gewinnstruktur	2	3	6
6	Sozialer Kontext	2	4	8
7	Anonymität	2	0	0
8	Vermarktung	2	4	8
9	Verfügbarkeit	2	3	6
10	Jackpot	2	4	8
11	Sensorische Produktgestaltung	1	0	0
12	Art des Zahlungsmittels	1	0	0
		Σ = 25		52

Punkte	Score	Farbe	Gefährdungspotential
0 - 37,5	bis 1,5		Kein
38 - 50	1,51 - 2,00		Gering
51 - 62	2,01 - 2,50		Mittel
63 - 75	2,51 - 3,00		Hoch
über 75	über 3,01		Sehr hoch

52 : 25 = 2,08

C

Empirische Überprüfung

Befragung zum Gefährdungspotential
(12 Merkmale, Wissenschaftliches Forum)

- Problemspieler
- Normalspieler
- Anbieter

Ziele

- Datenbasis zum Gefährdungspotential verschiedener Glücksspielformen
- Teststatistische Güte (Validität, Reliabilität) der Merkmalsauswahl
- Merkmalsstruktur

Beutel, Mörser

Validität

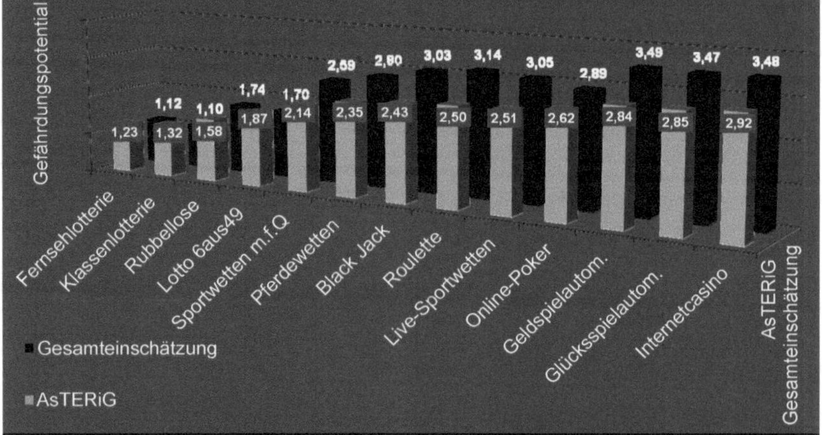

Merkmalsbeurteilung

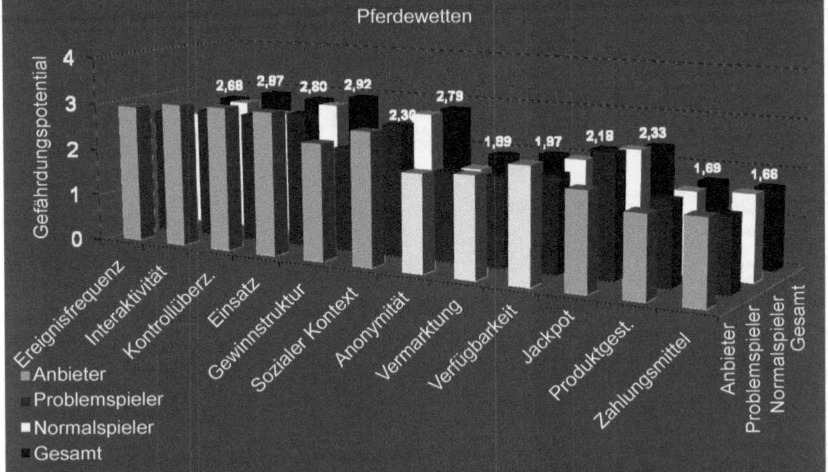

Reliabilität (Interne Konsistenz)

	Fernsehlotterie	Klassenlotterie	Lotto 6aus49	Rubbellose	Sportwetten m. f. Q.	Pferdewetten	Live-Sportwetten	Roulette	Black Jack	Glücksspiel-automaten	Geldspiel-automaten	Internetcasino	Online-Poker
α	.89	.85	.72	.77	.81	.72	.86	.78	.78	.80	.80	.86	.84

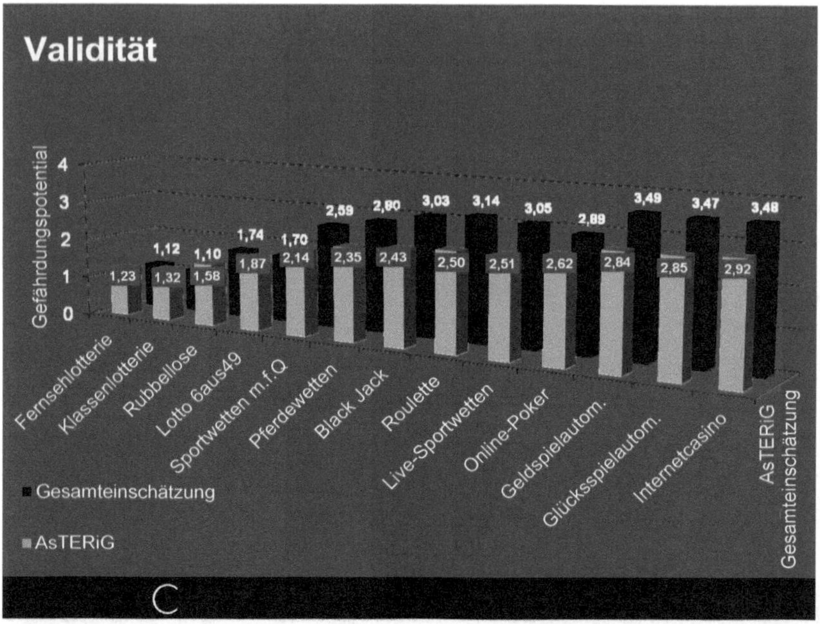

Validität

	Fernsehlotterie	Klassenlotterie	Lotto 6aus49	Rubbellose	Sportwetten m. f. Q.	Pferdewetten	Live-Sportwetten	Roulette	Black Jack	Glücksspielautomaten	Geldspielautomaten	Internetcasino	Online-Poker
r_{NS}	.88	.68	.64	.61	.60	.58	.70	.59	.59	.85	.84	.77	.87
r_{PS}	.82	.79	.70	.69	.74	.73	.84	.77	.73	.86	.86	.90	.88
r_{AB}	.83	.79	.68	.62	.81	.58	.80	.72	.71	.80	.77	.80	.85
r_G	.84	.75	.68	.65	.73	.62	.77	.70	.67	.84	.82	.83	.85

Merkmalsstruktur

I. Explorative Faktorenanalysen

- zweifaktorielle hierarchische Merkmalsstruktur
- Unterschiede bei den einzelnen Glücksspielformen

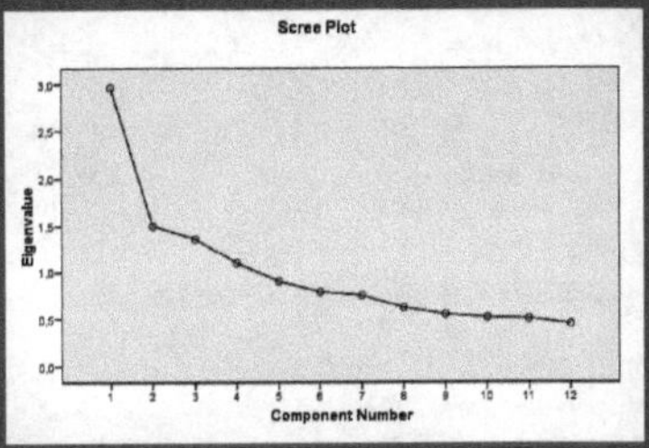

Zweifaktorielle Lösung bei allen Glücksspielformen

Erklärte Gesamtvarianz:
44,9% der Varianz
Range:
37,2% (Lotto) – 54,0% (Fernsehlotterie)

C

Merkmalsstruktur

II. Konfirmatorische Faktorenanalysen

- Vergleich verschiedener Modelle der Merkmalsstruktur (abgeleitet aus den explorativen Analysen und der Literaturrecherche)

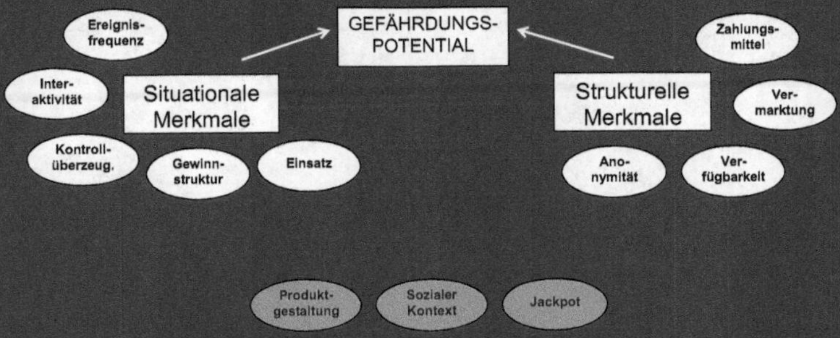

C

Delphi Studie
(Expertenbefragung)

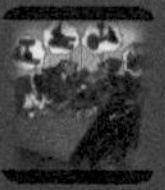

Ziele

- Quantitative und qualitative Expertenbeurteilung
- Validität der Merkmalsauswahl des Wissenschaftlichen Forums

Ergebnisse

1. Ereignisfrequenz
2. Kontrollillusionen
3. Verfügbarkeit
4. Art und Einfachheit der Bezahlung
5. Anonymität
6. Ton- und Lichteffekte
7. Variable Einsatzhöhe
8. Gewinnwahrscheinlichkeit
9. Einsatz-/ Gewinnverhältnis
10. Fast-Gewinne
11. Attraktivität des Höchstgewinns
12. Kontinuität des Spiels
13. Multiple Spiel-/ Einsatzgelegenheiten
14. Auszahlungsintervall

Meyer, Häfel

C

Validität der Merkmalsauswahl

Ergebnisse der Delphi-Studie	Ergebnisse der empirischen Überprüfung der Literaturanalyse
Merkmale	
1. Ereignisfrequenz	1. Ereignisfrequenz
2. Verfügbarkeit	2. Verfügbarkeit
3. Art und Einfachheit der Bezahlung	3. Art des Zahlungsmittels
4. Anonymität	4. Anonymität 5. Sozialer Kontext
5. Ton- und Lichteffekte	6. Sensorische Produktgestaltung
6. Variable Einsatzhöhe 7. Einsatz- und Gewinnverhältnis 8. Multiple Spiel-/ Einsatzgelegenheiten	7. Einsatz

C

Validität der Merkmalsauswahl

Ergebnisse der Delphi-Studie	Ergebnisse der empirischen Überprüfung der Literaturanalyse
Merkmale	
9. Gewinnwahrscheinlichkeit	8. Gewinnstruktur
10. Kontrollillusion	9. Kontrollüberzeugungen 10. Grad der Interaktivität
11. Auszahlungsintervall 12. Fast-Gewinne 13. Kontinuität des Spiels 14. Attraktivität des Höchstgewinns	
	11. Jackpot 12. Vermarktung

Ergebnisse

Empirische Überprüfung & Delphi-Studie

- Die 12 Merkmale eignen sich zur Erfassung des Gefährdungspotentials
- Validität und Reliabilität der Merkmalsauswahl ist hinreichend
- Gefährdungspotential der Glücksspielformen wird zufriedenstellend durch die 12 Merkmale abgedeckt
- Modifikation der Definition einzelner Merkmale und der Merkmalsauswahl
- Übereinstimmung in der Einschätzung des Gefährdungspotentials verschiedener Beurteiler (Spieler, Anbieter, Experten)

Fortsetzung und Ausblick

- Empirische Überprüfung der modifizierten Merkmalsauswahl (Problemspieler, Normalspieler)
- Gewichtung der Merkmale
- Eichung der Antwortskalen
- Erstellung eines Anwendungsmanuals
- Optimierung der Merkmalsbeschreibung (Anbieter)

VIELEN DANK FÜR IHRE AUFMERKSAMKEIT

CHARITÉ UNIVERSITÄTSMEDIZIN BERLIN

Stand der Rechtsprechung zum Glücksspielstaatsvertrag

Jörg Ennuschat und Stephanie Klestil[1]

1 Einleitung

Der Glücksspielstaatsvertrag, seit gut zwei Jahren in Kraft, steht seit seinen ersten Entwürfen im Mittelpunkt einer intensiven politischen und juristischen Diskussion. Er ist Gegenstand zahlreicher Gerichtsverfahren – in *Juris*, dem juristischen Recherchesystem, stößt man mittlerweile auf über 500 Gerichtsentscheidungen mit Bezug zum Glücksspielstaatsvertrag.

Die Rechtsprechung beschäftigte sich insbesondere mit der Vereinbarkeit des weitreichenden Staatsmonopols für Sportwetten und Lotterien mit Verfassungs- und Unionsrecht (Kap. 2), der Erlaubnispflicht für die Vermittlung von Glücksspielangeboten (§ 4 Abs. 1 GlüStV, Kap. 3), dem Internetverbot des § 4 Abs. 4 GlüStV (Kap. 4) und den Werbeverboten und -beschränkungen gem. § 5 Abs. 1-4 GlüStV (Kap. 5).

2 Weitreichendes Staatsmonopol für Sportwetten und Lotterien, §§ 10 Abs. 2 und 5 GlüStV

Aus § 10 Abs. 2 und 5 des Glücksspielstaatsvertrags folgt ein weitreichendes Staatsmonopol für Lotterien[2] und Sportwetten. Das Staatsmonopol versperrt anderen Anbietern aus dem In- oder Ausland den Zutritt zum deutschen Glücksspielmarkt. Dementsprechend ist gem. § 4 Abs. 2 S. 2 auch die Vermittlung zu ausländischen Glücksspielangeboten unzulässig.

---

1 Prof. Dr. Jörg Ennuschat ist Inhaber des Lehrstuhls für Öffentliches Recht und Europarecht mit Schwerpunkt Verwaltungsrecht an der Universität Konstanz. Frau Stephanie Klestil, Doktorandin und Mitarbeiterin an diesem Lehrstuhl, hat den Vortrag in Vertretung für den Erstverfasser gehalten.

2 Einen grundsätzlichen Lotterie-Staatsvorbehalt formuliert der Staatsvertrag nur für Lotterien mit besonderem Gefährdungspotenzial; sog. Lotterien mit geringerem Gefährdungspotential werden hingegen vom GlüStV auch für private Veranstalter freigegeben, vgl. §§ 12 ff. GlüStV. Zu den Eckpunkten des GlüStV für Lotterien s. Ennuschat, ZfWG 2008, 83 ff.

Das Staatsmonopol ist ein Eingriff in die Grundrechte des Grundgesetzes und in die Grundfreiheiten des EU-Rechts, kann aber gerechtfertigt werden, wenn es sich auf legitimierende Gemeinwohlbelange stützt und verhältnismäßig ist. Insbesondere die Beurteilung der Verhältnismäßigkeit ist mit Wertungen verbunden. Daher sind einander widersprechende Einschätzungen – vor allem auch innerhalb der Rechtsprechung – keine Überraschung.

2.1 Verfassungskonformität des Staatsmonopols

2.1.1 Fachgerichtliche Rechtsprechung

a) Verfassungskonformität des Sportwettenmonopols

Die Verfassungskonformität des Sportwettenmonopols – insbesondere die Vereinbarkeit mit der Berufsfreiheit des Art. 12 Abs. 1 GG – wird mittlerweile nur noch von wenigen Gerichten in Abrede gestellt. Zu nennen ist etwa das VG Berlin.[3] Dieses Untergericht hat die Verfassungskonformität des Sportwettenmonopols in zahlreichen Entscheidungen damit verneint, dass der GlüStV hinter den Anforderungen des Sportwettenurteils des BVerfG von März 2006 zurückbleibe. Dabei rügt das VG Berlin vor allem folgende Mängel des Glücksspielstaatsvertrags: Auch unter Geltung des neuen Staatsvertrags seien Sportwetten als „normales Gut des täglichen Lebens" verfügbar. Dies stehe mit dem Ziel des Monopols, der Bekämpfung der Spielsucht, in Widerspruch. Der GlüStV enthielte ferner keine ausreichenden Vorgaben zur Begrenzung der Werbung. Weiterhin, so das Gericht, seien die verfassungsgerichtlichen Vorgaben zum Spielerschutz vom GlüStV nicht ausreichend beachtet worden, insbesondere sei eine gesetzliche Höchsteinsatzgrenze nicht eingeführt worden.[4] In Entscheidungen jüngeren Datums weist das VG Berlin außerdem auf den Widerspruch hin, Sportwetten aus Gründen der Suchtbekämpfung in der Hand des Staates zu monopolisieren, während Automatenspiele – die Glücksspielart mit der höchsten Suchtgefahr – der Gewerbefreiheit unterstellt seien.[5] Die Ausgestaltung des Monopols könne aus diesem Grund nicht als kohärent bezeichnet werden.

---

3 S. etwa VG Berlin, Urt. v. 17.11.2009 – 35 A 247.06, juris.

4 Zum Ganzen insbesondere VG Berlin, Urt. v. 07.07.2008 – 35 A 149.07, juris Rn. 112 ff.

5 S. VG Berlin, Beschl. v. 28.08.2009 – 35 L 335/09, juris Rn. 10 ff. und Urt. v. 17.11.2009 – 35 A 247.06, juris Rn. 30 ff.

Die obergerichtliche Rechtsprechung attestiert dem Sportwettenmonopol des GlüStV hingegen den vom BVerfG formulierten Anforderungen an die Verfassungskonformität zu entsprechen. In diesem Sinne haben mittlerweile 13 der 15 Oberverwaltungsgerichte bzw. Verwaltungsgerichthöfe entschieden[6], noch keines sah dies anders. Die Verwaltungsgerichtshöfe in Bayern und Baden-Württemberg sowie jüngst auch das Oberverwaltungsgericht Sachsen-Anhalt urteilten dabei bereits in Hauptsacheverfahren. Weitgehend übereinstimmend erklärten die Obergerichte: Das Sportwettenmonopol sei mit Inkrafttreten des GlüStV rechtlich und tatsächlich hinreichend konsequent am überragend wichtigen Ziel der Bekämpfung der Wettsucht ausgerichtet. Das Monopol sei schließlich konsistent – also widerspruchsfrei – ausgestaltet. Auf eine kohärente und systematische Regelung des gesamten Glücksspielmarktes komme es nicht an.

Das Sportwettenmonopol des GlüStV wird von den Obergerichten also nicht beanstandet.

b) *Verfassungskonformität des Lotteriemonopols*

Die im Sportwetten-Urteil dargelegten Anforderungen an einen verhältnismäßigen Eingriff in Art. 12 GG sind – zumindest grundsätzlich – auch für die Beurteilung der Verfassungskonformität eines staatlichen Lotteriemonopols maßgeblich. D. h. ein Lotteriemonopol muss ebenfalls geeignet und erforderlich sowie konsequent und konsistent auf die Verfolgung legitimer, überragend wichtiger Gemeinwohlziele ausgerichtet sein.

Mit der Frage, ob das Lotteriemonopol des GlüStV diesen Maßgaben hinreichend Rechnung trägt, haben sich erst wenige Gerichte auseinandergesetzt. Herauszugreifen ist eine Entscheidung des OVG Sachsen-Anhalt.[7] Dieses Obergericht hält

---

6 VGH Baden-Württemberg, Urt. v. 10.12.2009 – 6 S 1110/07, juris Rn. 18 ff.; Bayerischer VGH, ZfWG 2009, 27 (32 ff.); OVG Berlin-Brandenburg, Beschl. v. 21.01.2010 – 1 S 94.09, juris Rn. 8 ff.; OVG Bremen, Beschl. v. 11.03.2010 – 1 B 314/09, juris Rn. 23 ff.; OVG Hamburg, Beschl. v. 27.02.2009 – 4 Bs 235/08, juris Rn. 11 ff.; Hessischer VGH, Beschl. v. 28.01.2009 – 7 B 2539/08, juris Rn. 24 ff.; OVG Niedersachsen, ZfWG 2009, 107 (108 ff.); OVG Nordrhein-Westfalen, Beschl. v. 26.02.2010 – 4 B 185/10, juris Rn. 27 ff.; OVG Rheinland-Pfalz, ZfWG 2009, 417 (418 ff.); OVG Saarland, ZfWG 2009, 369 (370 ff.); Sächsisches OVG, Beschl. v. 02.02.2010 – 3 B 396/08, Urteilsabschrift S. 4 ff.; OVG Sachsen-Anhalt, Urt. v. 17.02.2010 – 3 L 6/08 (noch unveröffentlicht); Thüringer OVG, Beschl. v. 08.12.2009 – 3 EO 593/09, juris Rn. 2 ff.

7 OVG Sachsen-Anhalt, ZfWG 2009, 355 ff.

das Lotteriemonopol des GlüStV für mit Art. 12 Abs. 1 GG vereinbar. Unter Bezugnahme auf die Rechtsprechung des BVerfG sieht es insbesondere keine Veranlassung, die Einschätzung des Gesetzgebers, auch Lotterien seien suchtgefährdend, in Frage zu stellen.[8]

Das Lotteriemonopol wird von der Rechtsprechung der Fachgerichte – soweit ersichtlich – also ebenfalls als verfassungskonform eingestuft.

2.1.2 Verfassungsgerichtliche Rechtsprechung

Die obergerichtliche Rechtsprechung zur Verfassungsmäßigkeit der Monopole des Glücksspielstaatsvertrags deckt sich mit den jüngsten Entscheidungen des Bundesverfassungsgerichts.

Dies betrifft zunächst das Sportwettenmonopol: In einem Nichtannahmebeschluss vom 20. März 2009 befand das BVerfG, dass die mit dem Glücksspielstaatsvertrag eingetretene niedersächsische Regelungslage kein grundlegendes Regelungsdefizit mehr aufweise.[9]

Dasselbe gilt für das Lotteriemonopol: Erinnert sei daran, dass das BVerfG bereits in einer Entscheidung von 2007 das hessische Lotteriemonopol unbeanstandet gelassen hat.[10]

Zu nennen ist ferner der Beschluss des BVerfG vom 14. Oktober 2008, der den Glücksspielvermittler Tipp24 betraf. In dieser Entscheidung ging es zwar um die verfassungsrechtliche Bewertung der Restriktionen der *Vermittlung* von Glücksspielen und nicht unmittelbar um deren *Veranstaltung*. Dennoch sind die Ausführungen des BVerfG zugleich von Bedeutung für die Bewertung der Verfassungsmäßigkeit des Lotteriemonopols. So hat das BVerfG insbesondere darauf hingewiesen, dass die Länder nicht gehalten waren, Lotterien als „harmlos“ einzustufen. Der Gesetzgeber habe bei der Beurteilung des Gefährdungspotentials der Lotterien einen Spielraum. Dieser sei nicht überschritten worden, da die Einschätzung, Lotterien seien suchtgefährdend, jedenfalls nicht als offensichtlich fehlsam einzustufen sei.[11]

---

8 OVG Sachsen-Anhalt, ZfWG 2009, 355 (360 ff.).
9 BVerfG, ZfWG 2009, 99 (102).
10 BVerfG, Beschl. v. 02.08.2007 – 1 BvR 1896/99, juris Rn. 73 ff.
11 BVerfG, ZfWG 2008, 351 (354).

Als Zwischenergebnis lässt sich damit festhalten: Von einzelnen Ausreißern auf Ebene der Untergerichte abgesehen hat sich in der deutschen Rechtsprechung die Auffassung verfestigt, dass das Staatsmonopol für Lotterien und Sportwetten – jedenfalls im Ansatz – verfassungskonform ist.

2.2 Unionsrechtskonformität

Mit Blick auf die Frage der Vereinbarkeit des deutschen Glücksspielmonopols mit dem Unionsrecht steht noch eine klärende Entscheidung des EuGH aus. In der deutschen Rechtsprechung werden die unionsrechtlichen Fragen in Parallele zur verfassungsrechtlichen Beurteilung beantwortet.

Es gibt daher nur wenige Judikate, welche die Unionsrechtskonformität des Sportwetten- und Lotteriemonopols verneinen oder bezweifeln.[12] Insofern sei exemplarisch erneut auf die Rechtsprechung des VG Berlin hingewiesen. Dieses Gericht bemängelt, die rechtliche und tatsächliche Ausgestaltung des Monopols genüge den unionsrechtlichen Anforderungen nicht, da es das Ziel insbesondere der Suchtbekämpfung nicht kohärent verfolge.[13]

Allerdings herrscht, insbesondere wiederum auf Ebene der Obergerichte, die Einschätzung vor, dass das deutsche Staatsmonopol den Anforderungen des Unionsrechts genügt.[14] Zwar stelle das Staatsmonopol gemäß dem GlüStV eine Beschränkung der Dienstleistungsfreiheit (Art. 56 AEU) und der Niederlassungsfreiheit (Art. 49 AEU) dar, die Beschränkungen seien jedoch gerechtfertigt. Argumentiert wird wie folgt: Die mit dem GlüStV verfolgten Ziele – auch und im Besonderen das Ziel der Suchtbekämpfung – seien vom EuGH als zwingende Gründe des Allgemeinwohls akzeptiert. Die Regelungen des GlüStV seien geeignet, die Verwirklichung dieser Ziele zu gewährleisten. Zudem könne das deutsche Staatsmonopol auch als verhältnismäßiger Eingriff in die Grundfreiheiten angesehen werden. Das Staatsmonopol entspreche insbesondere dem europarechtlichen Kohärenzgebot. Dieses erfordere allein eine widerspruchsfreie und systematische Ausgestaltung des jeweiligen Glücksspielsektors, nicht des gesam-

---

12 S. etwa VG Berlin, Urt. v. 28.01.2010 – 35 A 19.07, juris Rn. 74 ff.; VG Freiburg, Urt. v. 09.07.2008 – 1 K 547/07, juris Rn. 24 ff.; VG Karlsruhe, Urt. v. 15.09.2008 – 2 K 1637/08, juris Rn. 32 ff.; VG Stuttgart, Beschl. v. 24.07.2007 – 4 K 4435/06, juris Rn. 21 ff. (Vorabentscheidungsersuchen an EuGH).

13 VG Berlin, Urt. v. 28.01.2010 – 35 A 19.07, juris Rn. 74 ff.

14 S. hierzu die Nachweise bei Fn. 6.

ten Glücksspielmarktes.[15] Aber selbst bei einer Gesamtbetrachtung aller Glücksspielbereiche wäre das Gebot hinreichend beachtet.[16]

2.3 Zwischenergebnis

Die Rechtsprechung in Deutschland geht ganz überwiegend davon aus, dass die Staatsmonopole für Sportwetten und Lotterien den Anforderungen von Grundgesetz und Unionsrecht standhalten.

3 Die Erlaubnispflicht für die Vermittlung von Glücksspielangeboten, § 4 Abs. 1 GlüStV

Anders als die Veranstaltung der Glücksspiele liegt die Vermittlung nicht allein in den Händen des Staates. Der GlüStV schränkt die Vermittlung von Glücksspielangeboten dennoch in erheblichem Maße ein. Einen Eingriff in die Berufsfreiheit stellt z. B. der § 4 Abs. 1 GlüStV dar. Hiernach brauchen nunmehr auch die Vermittler der Glücksspielangebote eine Erlaubnis. Auf die Erlaubniserteilung besteht dabei kein Rechtsanspruch.

Diese Beschränkung wurde jedoch namentlich vom BVerfG in seinem Beschluss vom 14. Oktober 2008 mit Blick auf die Verfolgung der legitimen Gemeinwohlziele des GlüStV als zumutbar gebilligt.[17]

4 Das Internetverbot des § 4 Abs. 4 GlüStV

§ 4 Abs. 4 GlüStV verbietet das Veranstalten und Vermitteln von Glücksspielen im Internet. Gegen dieses Verbot haben sich sowohl Vermittler als auch (private) Glücksspielveranstalter gerichtlich zur Wehr gesetzt. In den Rechtsstreitigkeiten ging es teils um das Internetverbot als solches, teils um dessen Umsetzung.

---

15 S. etwa Bayerischer VGH, ZfWG 2009, 27 (42 ff.); OVG Saarland, ZfWG 2009, 369 (377).
16 Vgl. VGH Baden-Württemberg, Urt. v. 10.12.2009 – 6 S 1110/07, Urteilsabschrift S. 54.
17 BVerfG, ZfWG 2008, 351 (356 ff.).

4.1 Verfassungs- und Unionsrechtskonformität des Internetverbots

4.1.1 Rechtsprechung der ordentlichen Gerichte

In der zivilgerichtlichen Rechtsprechung ist die Verfassungs- und Unionsrechtskonformität des § 4 Abs. 4 GlüStV bisher umstritten.

Das OLG Koblenz hat in mehreren Beschlüssen erhebliche Zweifel daran geäußert, ob das Verbot, Lotterien im Internet zu vermitteln, mit der Dienstleistungsfreiheit vereinbar ist.[18] Es bestünden erhebliche Bedenken, ob das Internetverbot kohärent und systematisch zur Begrenzung der Spiel- und Wetttätigkeit beitrage. Bedenklich sei vor allem, dass Internet-Pferdewetten bislang in Deutschland nicht verboten seien.

Demgegenüber gehen andere Zivilgerichte – z. B. die Oberlandesgerichte in Frankfurt[19], Bremen[20] und Schleswig[21] – davon aus, dass das Internetverbot mit Verfassungs- und Gemeinschaftsrecht vereinbar ist. Die Vorschrift sei weder aus formalen Gründen unwirksam, noch verstoße sie inhaltlich gegen Verfassungs- und Unionsrecht.

Dabei orientieren sich die Gerichte insbesondere an den Ausführungen des BVerfG in der bereits erwähnten Entscheidung vom 14. Oktober 2008 zu Tipp 24.[22] Die Gerichte tragen u. a. Folgendes vor: Zwar stelle § 4 Abs. 4 GlüStV eine objektive Berufswahlbeschränkung dar. Der Eingriff sei jedoch zur Zielerreichung – insbesondere der Suchtbekämpfung – geeignet, erforderlich und angemessen, also gerechtfertigt. Der Einschätzung des BVerfG, dass das Online-Glücksspiel besondere Gefahren mit sich bringe, sei zu folgen.

Das Internetverbot sei aus den genannten Gründen zugleich unionskonform. Es liege zwar eine gewisse Inkonsequenz in der Zulassung von Internet-Pferdewetten, jedoch rechtfertige diese bei wertender Betrachtung den Vorwurf mangelnder Kohärenz nicht. Pferdewetten hätten insbesondere keine vergleichbare Bedeutung wie Sportwetten oder staatliche Lotterien.

---

18 OLG Koblenz, ZfWG 2009, 25 (26) und ZfWG 2009, 346 (347).
19 OLG Frankfurt a. M., ZfWG 2009, 268 (271 ff.)
20 OLG Bremen, Urt. v. 29.01.2010 – 2 U 4/08, Urteilsabschrift S. 30 ff.
21 OLG Schleswig, Urt. v. 31.07.2209, 3 U 27/09, juris Rn. 48 ff.
22 BVerfG, ZfWG 2008, 351 ff.

Es zeichnet sich also ab, dass die meisten ordentlichen Gerichte dazu neigen, das Internet-Verbot für verfassungs- und unionsrechtskonform zu halten.

4.1.2 Verwaltungsgerichtliche Rechtsprechung

In der verwaltungsgerichtlichen Rechtsprechung herrscht ebenfalls die Einschätzung vor, dass das Internetverbot des § 4 Abs. 4 GlüStV mit Grundgesetz und Unionsrecht vereinbar ist.

Hinzuweisen ist z. B. auf die aktuelle Rechtsprechung des OVG Nordrhein-Westfalen.[23] Die Argumentation des Gerichts deckt sich dabei – weitestgehend – mit der Argumentation der Zivilgerichte.

Kurz angemerkt sei zudem, dass sogar das ansonsten dem Glücksspielstaatsvertrag kritisch gegenüberstehende VG Berlin hinsichtlich der Regelung des § 4 Abs. 4 GlüStV – jedenfalls für den Bereich der Sportwetten – keine verfassungs- und unionsrechtlichen Bedenken äußert.[24]

Die Rechtsprechung geht insgesamt betrachtet also überwiegend von der Verfassungs- und Unionsrechtskonformität des Internetverbots aus.

4.2 Umsetzung des Internetverbots, § 9 Abs. 1 S. 2 bzw. S. 3 Nr. 3 GlüStV

Mehrere Gerichte mussten sich auch mit der Umsetzung des Internetverbots befassen, d. h. mit den behördlichen Maßnahmen, welche sich gegen Online-Angebote von Glücksspielen richteten.[25] Den Glücksspielstaatsvertrag zugrunde gelegt sind Online-Angebote in mehrfacher Hinsicht rechtswidrig: Es handelt sich um meist ausländische Angebote ohne die aus Sicht des GlüStV erforderliche inländische Genehmigung, die deshalb schon als solche rechtswidrig sind. Hinzu kommt, dass der Vertriebsweg „Internet“ per se unzulässig ist.

Gem. § 9 Abs. 1 S. 2 bzw. S. 3 Nr. 3 GlüStV können die zuständigen Behörden den Online-Anbietern das Internetglücksspiel im Gebiet des jeweiligen Bundeslandes untersagen.

---

23 S. etwa OVG Nordrhein-Westfalen, Urt. v. 03.11.2009 – 13 B 715/09, juris Rn. 38 ff., 57 ff. und ZfWG 2009, 425 (428 ff.).

24 Vgl. VG Berlin, Urt. v. 27.10.2009 – 35 A 10.07, juris Rn. 47 ff.

25 S. ausführlich hierzu Hilf/Ploeckl/Gindler, ZfWG 2010, 1 ff.

Dabei stellt sich allerdings folgendes Problem: Ein Internetangebot kann technisch nicht ohne weiteres allein in einem Bundesland gesperrt werden. Was allerdings auf jeden Fall funktioniert, ist die Löschung des Internetauftritts im gesamten Bundesgebiet. Ob dies jedoch als rechtlich zumutbar angesehen werden kann, ist in der Rechtsprechung derzeit noch umstritten.

Das OVG Niedersachsen hat dies im April letzten Jahres verneint.[26] Sofern nur eine bundesweite Internetsperre technisch möglich sei, sei der Weg des § 9 Abs. 1 S. 4 GlüStV einzuhalten, d. h. die Länder müssten sich gegenseitig ermächtigen, für ein anderes Land tätig zu werden, um eine bundesweite Sperre zu erreichen.

Anders ist die Sichtweise des Bayerischen VGH und des OVG Nordrhein-Westfalen: Selbst wenn einer Untersagung nur dadurch Folge geleistet werden könne, dass das Online-Glücksspiel insgesamt eingestellt werden müsse, wäre dies hinzunehmen und nicht unangemessen.[27] Der Verpflichtete könne aber auch versuchen, seinen Internetauftritt mit Hilfe sog. Geolokalisationstechnologie zu beschränken. Das OVG Nordrhein-Westfalen ist in einem Beschluss vom 12. Januar 2010 davon ausgegangen, dass diese Technologie mittlerweile hinreichend Erfolg verspricht.[28]

5 Werbeverbote und -beschränkungen, §§ 5 Abs. 1 - 4 GlüStV

Der Glücksspielstaatsvertrag enthält eine Reihe von Verboten und Beschränkungen für die Bewerbung von Glücksspielen.[29] Im Mittelpunkt steht dabei der § 5. Nach § 5 Abs. 1 muss sich die Werbung auf eine Information und Aufklärung über das Glücksspiel beschränken. Gem. § 5 Abs. 2 S. 1 darf die Werbung nicht in Widerspruch zu den Zielen des GlüStV stehen, insbesondere nicht gezielt zur Teilnahme am Glücksspiel auffordern, anreizen oder ermuntern. S. 2 verbietet die Adressierung an Minderjährige und vergleichbar gefährdete Zielgruppen,

---

26 OVG Niedersachsen, ZfWG 2009, 184 ff.

27 S. etwa Bayerischer VGH, Beschl. v. 22.07.2009 – 10 CS 09.1184/10 CS 09.1185, juris Rn. 25 ff.; OVG Nordrhein-Westfalen, ZfWG 2009, 425 (428).

28 OVG Nordrhein-Westfalen, Beschl. v. 12.01.2010 – 13 B 939/09, juris Rn. 49.

29 Vertiefend: Brugger, ZfWG 2009, 265 ff.; Engels, WRP 2008, 470 (475 ff.); Heermann, WRP 2008, 479 ff.; Mahne/Jouran, NVwZ 2009, 1190 ff. Zum Verbot des § 21 Abs. 2 S. 2 GlüStV s. Hecker/Ruttig, in: Dietlein/Hecker/Ruttig, Glücksspielrecht, 2008, § 21 GlüStV Rn. 35.

S. 3 statuiert ein Irreführungsverbot und Hinweispflichten. § 5 Abs. 3 untersagt die Nutzung bestimmter Vertriebswege: Die Werbung im Fernsehen, Internet und über Telekommunikationsanlagen ist nicht erlaubt. § 5 Abs. 4 GlüStV verbietet schließlich die Werbung für unerlaubtes Glücksspiel.

Im Hinblick auf die letztgenannte Normierung wird deutlich, dass sich die Beschränkungen der Abs. 1-3 gerade auch auf die staatlichen Anbieter beziehen.

5.1 Rechtsprechung der ordentlichen Gerichte

Für manche privaten Wettbewerber sind die Werberestriktionen des GlüStV daher willkommener Anlass, die öffentliche Hand zur Einhaltung der selbst gesetzten Regeln zu mahnen. In zahlreichen zivilrechtlichen Verfahren greifen sie konkrete Werbemaßnahmen der staatlichen Anbieter an.[30] Hebel hierfür ist die Wettbewerbsvorschrift des § 4 Nr. 11 UWG. Hiernach handelt unlauter, wer einer gesetzlichen Vorschrift zuwiderhandelt, die (auch) dazu bestimmt ist, im Interesse der Marktteilnehmer das Marktverhalten zu regeln. Um solche gesetzlichen Vorschriften handelt es sich nach Auffassung der Gerichte bei den Beschränkungen der Glücksspielwerbung des GlüStV.

Hinsichtlich der Werbebeschränkungen des § 5 Abs. 1 und 2 GlüStV wurden von den Zivilgerichten bisher z. B. folgende Werbemaßnahmen missbilligt: eine blickfangmäßige Herausstellung des Höchstgewinnbetrages gegenüber den nur sehr klein gehaltenen Warn- und Aufklärungshinweisen auf Aufstellern und Blinktafeln;[31] die Aufforderung, vor Beginn der Urlaubszeit an den Mehrwochenschein zu denken;[32] eine Aufstellerwerbung mit dem lachenden „Lotto-Trainer" und dem ihm zugeschriebenen Text: „Der Lotto-Trainer meint: Viel Glück";[33] die Aussage „Täglich spielen – täglich gewinnen".[34]

30 Auch staatliche Anbieter nutzen bisweilen das Instrument des Wettbewerbsrechts: LG Köln, Urt. v. 25.02.2010 - 81 O 126/09 (noch unveröffentlicht).

31 KG Berlin, ZfWG 2009, 174 (180), siehe hierzu auch OLG München, Beschl. v. 22.04.2008 – 29 W 1211/08, juris Rn. 39.

32 OLG Oldenburg, Urt. v. 18.09.2008 – 1 W 66/08, juris Rn. 23.

33 KG Berlin, ZfWG 2009, 341 (343).

34 OLG München, ZfWG 2008, 248 (252).

Andere angegriffene Werbemaßnahmen wurden hingegen für zulässig erklärt, z. B. die Aussage „nur wer mitspielt, kann gewinnen“[35] oder die Bewerbung einer Sonderauslosung „mit 3 Richtigen 1 Mio. € zu gewinnen“.[36] Die Bewerbung von Produkten ohne räumliche Abtrennung von Süßwarenangeboten wurde ebenfalls als zulässig erachtet.[37]

Das Internetwerbeverbot gem. § 5 Abs. 3 GlüStV beschäftigte die Zivilgerichte ebenfalls. Zum einen ging es dabei um die Frage, ob der Anwendungsbereich des Verbots auf Glücksspiele zu reduzieren sei, an denen eine interaktive Teilnahme sofort möglich ist. Dies wurde vom OLG Frankfurt und vom OLG Koblenz jüngst verneint. Eine Freistellung vom Internetverbot für offline angebotene Produkte lasse sich angesichts des klaren Wortlautes des § 5 Abs. 3 GlüStV nicht rechtfertigen.[38] Zum anderen wurde die Frage aufgeworfen, ob das Internetwerbeverbot auf bestimmte Werbeformen beschränkt ist und etwa „rein informative Werbung“ nicht erfasse. Etwa das LG München hat wohl in diese Richtung tendiert.[39] Andere Gerichte, namentlich Obergerichte, erteilten einer etwaigen Einschränkung des Werbeverbots jedoch eine klare Abfuhr.[40]

Zusammenfassend kann festgehalten werden, dass die zivilgerichtliche Rechtsprechung die Vorschriften des GlüStV jedenfalls nicht gänzlich einheitlich interpretiert. Es kann jedoch eine Tendenz zur engen, restriktiven Auslegung der Werbevorschriften festgestellt werden.

5.2 Verwaltungsgerichtliche Rechtsprechung

Steht bei den ordentlichen Gerichten das staatliche Werbeverhalten im Vordergrund, ist dies vor den Verwaltungsgerichten das Werbeverhalten privater Glücksspielanbieter oder -vermittler. Die Aufsichtsbehörden können gem. § 9 Abs. 1 S. 3 Nr. 3 GlüStV die Werbung für illegales Glücksspiel untersagen. Eine ganze Reihe dieser Verfügungen wurde von den Verpflichteten gerichtlich angegriffen.

---

35 OLG München, ZfWG 2008, 248 (252).

36 LG Wiesbaden, Urt. v. 10.08.2009 – 11 O 12/09, ZfWG 2009, 312 (Kurzwiedergabe).

37 KG Berlin, ZfWG 2009, 174 (182).

38 OLG Frankfurt, Urt. v. 05.11.2009 – 6 U 133/09, Urteilsabschrift S. 14; OLG Koblenz, Urt. v. 04.11.2009 – 9 U 889/09, Urteilsabschrift S. 13.

39 LG München I, Urt. v. 11.03.2008 – 33 O 1694/08, Urteilsabschrift S. 21.

40 OLG Frankfurt a.M., Urt. v. 05.11.2009 – 6 U 133/09, juris Rn. 52; OLG Oldenburg, Urt. v. 18.09.2008 – 1 W 66/08, juris Rn. 25 ff.

Das VG Minden und jüngst auch das OVG Nordrhein-Westfalen beschäftigten sich etwa mit der Frage, ob auch ein Link zu einem Glücksspielportal unerlaubte Werbung sei und bejahten dies.[41] Das VG München entschied, dass die Aufschrift „free-bwin.com“ im Fußballstadion unzulässig sei.[42] Der VGH Baden-Württemberg sah das Turnier-Sponsoring als vom Werbebegriff des GlüStV erfasst an.[43] Durch den schlichten Verkauf von Fußballtrikots mit der Aufschrift „bwin“ wird hingegen laut Urteil des VG Bremen keine Werbung i.S.d. Glücksspielstaatsvertrags betrieben.[44]

Wie in der Rechtsprechung der Zivilgerichte, ist insgesamt betrachtet wohl auch in der Rechtsprechung der Verwaltungsgerichte die Tendenz der restriktiven Handhabung der Werbebestimmungen des Staatsvertrags zu erkennen.

Erwähnung finden sollte allerdings in diesem Zusammenhang noch der folgende Aspekt, den die Rechtsprechung immer wieder hervorgehoben hat: Das Ziel des GlüStV, das Spiel und Wettgeschehen in geordnete und überwachte Bahnen zu lenken, lässt sich – so die Rechtsprechung – nur erreichen, wenn das legale Glücksspielangebot auch hinreichend bekannt ist. Da dies auch eine effektive Werbestrategie voraussetze, könne eine nicht gezielt zur Spielteilnahme auffordernde Werbung nicht schon und allein wegen des jeder Werbung innewohnenden Aufforderungselements als unsachlich angesehen werden.[45]

Ob sich diese Erwägung auch mit der Rechtsprechung des EuGH deckt, bleibt abzuwarten. Immerhin hat der EuGH in der Rechtssache Placanica[46] die Werbetätigkeit von Monopolinhabern zu Kanalisierungszwecken in Hinsicht auf die Kriminalitätsbekämpfung als mit den Grundfreiheiten vereinbar angesehen.

41 VG Minden, Urt. v. 18.02.2009 – 7 K 146/07, juris Rn. 70; OVG Nordrhein-Westfalen, Beschl. v. 22.02.2010 – 13 B 1809/09, juris Rn. 23.
42 VG München, ZfWG 2009, 382 ff.
43 VGH Baden-Württemberg, Beschl. v. 15.07.2009 – 6 S 1565/09, juris Rn. 8.
44 VG Bremen, ZfWG 2009, 436 (438).
45 S. etwa Sächsisches OVG, ZfWG 2009, 196 (200).
46 EuGH, Urt. v. 06.03.2007, verb. Rs. C-338/04 u. a., Slg. 2007, I -1891 – Placanica u. a.

6 Blick auf die zu erwartenden Entscheidungen des EuGH zum GlüStV

Zum Vorabentscheidungsersuchen des VG Köln – bekannt unter dem Namen „Winner Wetten“ – hat der Generalanwalt bereits am 26. Januar 2010 seine Schlussanträge abgegeben.[47] Ebenso wurden die Schlussanträge zu den Verfahren „Markus Stoß“ und „Carmen Media Group“ bereits veröffentlicht. Aus diesen Schlussanträgen sollen an dieser Stelle folgende drei Aussagen herausgegriffen werden: Erstens: Für ein Monopol, welches sich auf das Ziel der Suchtbekämpfung stützt, muss sich die Werbung in einem engen Rahmen halten, d. h. in gemäßigter Form ausgeübt werden und auch tatsächlich dazu bestimmt sein, das Spiel in geordnete Bahnen zu lenken.[48] Zweitens: Für die Beurteilung der Kohärenz kommt es allein auf eine sektorielle Betrachtung an.[49] Drittens: Ob nach Inkrafttreten des GlüStV das Monopolsystem nun mit Blick auf das Unionsrecht gerechtfertigt, insbesondere kohärent ist, ist in erster Linie von den nationalen Gerichten zu beurteilen.[50] Damit wird der Ball letztlich zurück an die nationalen Gerichte gespielt. Diese gehen ganz überwiegend, wie soeben skizziert wurde, von der Vereinbarkeit des GlüStV mit dem Unionsrecht aus.

Ob der EuGH den Schlussanträgen folgt bleibt abzuwarten. Mit den Entscheidungen ist im Sommer 2010 zu rechnen.

7 Resümee

Von Seiten der Rechtsprechung droht dem GlüStV derzeit keine existenzielle Gefahr. Es bleibt demnach der Entscheidung der Parlamente überlassen, am GlüStV mit seinem Staatsmonopol festzuhalten oder eben nicht.

Eine Schwäche des GlüStV ist allerdings offensichtlich: Es gelingt ihm nicht, das illegale Glücksspiel hinreichend zu bekämpfen. So soll beispielsweise der

---

47 Schlussanträge des Generalanwalts Bot v. 26.01.2010, Rs. C-409/06 – Winner Wetten.

48 Schlussanträge des Generalanwalts Mengozzi v. 04.03.2010, verb. Rs. C-316/07 u. a. Rn. 61. – Markus Stoß u. a.

49 Schlussanträge des Generalanwalts Mengozzi v. 04.03.2010, Rs. C-46/08, Rn. 54 – Carmen Media Group Ltd. Ausführlich: Schlussanträge des Generalanwalts Mengozzi v. 04.03.2010, verb. Rs. C-316/07, Rn. 66 ff. und Rn. 106 – Markus Stoß u.a.

50 Schlussanträge des Generalanwalts Mengozzi v. 04.03.2010, verb. Rs. C-316/07, Rn. 65 – Markus Stoß u. a.

Umsatz bei illegalen Sportwetten fünf bis zehnmal höher liegen, als beim legalen Geschäft.[51] Hierfür dürfte auch das – an sich verbotene – Online-Glücksspiel maßgeblich verantwortlich sein. Der Glücksspielstaatsvertrag enthält zwar Instrumente zur Bekämpfung des illegalen Internet-Glücksspiels, so die Inanspruchnahme des Providers[52] oder das Financial Blocking. Diese Instrumente sind aber in der Praxis noch nicht erprobt und wohl auch noch nicht ausgereift. Daher wird im Rahmen der Evaluierung des Glücksspielstaatsvertrags insbesondere zu prüfen sein, ob das Internet nicht für legale Angebote geöffnet werden sollte, um so die Kanalisierungsfunktion des GlüStV zu stärken.

51 S. Pressemitteilung der Forschungsstelle Glücksspiel unter https://gluecksspiel.uni-hohenheim.de/fileadmin/einrichtungen/gluecksspiel/Presse/PressemeldungIllegGlueck.pdf (zuletzt zugegriffen am 14.05.2010).

52 S. hierzu Ennuschat/Klestil, ZfWG 2009, 389 ff.

Literaturverzeichnis

BRUGGER, ZfWG 2009, 265 ff.

DIETLEIN; HECKER; RUTTIG, Glücksspielrecht, 2008.

ENGELS, WRP 2008, 470 ff.

ENNUSCHAT, ZfWG 2008, 83 ff.

ENNUSCHAT; KLESTIL, ZfWG 2009, 389 ff.

HEERMANN, WRP 2008, 479 ff.

HILF/PLOECKL/GINDLER, ZfWG 2010, 1 ff.

MAHNE/JOURAN, NVwZ 2009, 1190 ff.

Rechtsprechungsverzeichnis

1. EuGH/Schlussanträge der Generalanwälte

- EuGH, Urt. v. 06.03.2007, verb. Rs. C-338/04 u. a., Slg. 2007, I -1891 – Placanica u. a.
- Schlussanträge des Generalanwalts Bot v. 26.01.2010, Rs. C-409/06 – Winner Wetten.
- Schlussanträge des Generalanwalts Mengozzi v. 04.03.2010, Rs. C-46/08 – Carmen Media Group Ltd.
- Schlussanträge des Generalanwalts Mengozzi v. 04.03.2010, verb. Rs. C-316/07 u. a.– Markus Stoß u. a.

2. BVerfG

- BVerfG, Beschl. v. 02.08.2007 – 1 BvR 1896/99, juris.
- BVerfG, ZfWG 2008, 351 ff.
- BVerfG, ZfWG 2009, 99 ff.

3. Verwaltungsgerichte

a. OVG/VGH

- VGH Baden-Württemberg, Beschl. v. 15.07.2009 – 6 S 1565/09, juris.
- VGH Baden-Württemberg, Urt. v. 10.12.2009 – 6 S 1110/07.
- Bayerischer VGH, ZfWG 2009, 27 ff.
- Bayerischer VGH, Beschl. v. 22.07.2009 – 10 CS 09.1184/10 CS 09.1185, juris.
- OVG Berlin-Brandenburg, Beschl. v. 21.01.2010 – 1 S 94.09, juris.
- OVG Bremen, Beschl. v. 11.03.2010 – 1 B 314/09, juris.
- OVG Hamburg, Beschl. v. 27.02.2009 – 4 Bs 235/08, juris.
- Hessischer VGH, Beschl. v. 28.01.2009 – 7 B 2539/08, juris.
- OVG Niedersachsen, ZfWG 2009, 107 ff.
- OVG Niedersachsen, ZfWG 2009, 184 ff.
- OVG Nordrhein-Westfalen, Urt. v. 03.11.2009 – 13 B 715/09, juris.
- OVG Nordrhein-Westfalen, ZfWG 2009, 425 ff.
- OVG Nordrhein-Westfalen, Beschl. v. 12.01.2010 – 13 B 939/09, juris.
- OVG Nordrhein-Westfalen, Beschl. v. 22.02.2010 – 13 B 1809/09, juris.
- OVG Nordrhein-Westfalen, Beschl. v. 26.02.2010 – 4 B 185/10, juris.
- OVG Rheinland-Pfalz, ZfWG 2009, 417 ff.
- OVG Saarland, ZfWG 2009, 369 ff.
- OVG Sachsen-Anhalt, ZfWG 2009, 355 ff.
- OVG Sachsen-Anhalt, Urt. v. 17.02.2010 – 3 L 6/08.
- Sächsisches OVG, ZfWG 2009, 196 ff.
- Sächsisches OVG, Beschl. v. 02.02.2010 – 3 B 396/08.
- Thüringer OVG, Beschl. v. 08.12.2009 – 3 EO 593/09.

b. VG

- VG Berlin, Urt. v. 07.07.2008 – 35 A 149.07, juris.
- VG Berlin, Beschl. v. 28.08.2009 – 35 L 335/09, juris.
- VG Berlin, Urt. v. 27.10.2009 – 35 A 10.07, juris.
- VG Berlin, Urt. v. 17.11.2009 – 35 A 247.06, juris.
- VG Berlin, Urt. v. 28.01.2010 – 35 A 19.07, juris.
- VG Bremen, ZfWG 2009, 436 ff.
- VG Freiburg, Urt. v. 09.07.2008 – 1 K 547/07, juris.
- VG Karlsruhe, Urt. v. 15.09.2008 – 2 K 1637/08, juris.
- VG Minden, Urt. v. 18.02.2009 – 7 K 146/07, juris.

- VG München, ZfWG 2009, 382 ff.
- VG Stuttgart, Beschl. v. 24.07.2007 – 4 K 4435/06, juris.

4. Ordentliche Gerichte

a. OLG/KG

- KG Berlin, ZfWG 2009, 174 ff.
- KG Berlin, ZfWG 2009, 341 ff.
- OLG Bremen, Urt. v. 29.01.2010 – 2 U 4/08.
- OLG Frankfurt a.M., Urt. v. 05.11.2009 – 6 U 133/09, juris.
- OLG Frankfurt a.M., ZfWG 2009, 268 ff.
- OLG Koblenz, ZfWG 2009, 25 ff.
- OLG Koblenz, ZfWG 2009, 346 ff.
- OLG Koblenz, Urt. v. 04.11.2009 – 9 U 889/09.
- OLG München, Beschl. v. 22.04.2008 – 29 W 1211/08, juris.
- OLG München, ZfWG 2008, 248 ff.
- OLG Oldenburg, Urt. v. 18.09.2008 – 1 W 66/08, juris.
- OLG Schleswig, Urt. v. 31.07.2209, 3 U 27/09, juris.

b. LG

- LG Köln, Urt. v. 25.02.2010 - 81 O 126/09.
- LG München I, Urt. v. 11.03.2008 – 33 O 1694/08.
- LG Wiesbaden, Urt. v. 10.08.2009 – 11 O 12/09.

Werbeeinschränkungen bei Produkten mit einem Suchtgefährdungspotential

Tilman Becker[1]

1 Einleitung

Werbung fordert zum Kauf auf, sie ermuntert zum Kauf und reizt zum Kauf an. Werbung formt ein Image, Werbung dient der Aufwertung des Produktimages, Werbung erzählt Geschichten. Werbung ist ein Signal für Qualität, ein Qualitätsversprechen. Werbung ist Teil unserer Kultur. Sie spiegelt die Kultur wider, ist ein Ausdruck der Kultur, aber sie schafft auch Kultur.

In allen Ländern Europas gibt es Einschränkungen der Werbung. Dabei spielt der Jugendschutz eine große Rolle. Die Gruppe der Kinder und Jugendlichen wird als besonders verletzlich betrachtet und ist daher zu schützen. Aber auch der Schutz der erwachsenen Konsumenten vor einem missbräuchlichen oder pathologischen Konsumverhalten ist ein Ziel von Werbeeinschränkungen.

Die gesetzliche Regulierung von Werbung hat traditionell primär den Schutz der Mitbewerber zum Ziel. Zunehmend emanzipiert sich jedoch die Verbraucherpolitik von der Wettbewerbspolitik und gewinnt einen eigenständigen Charakter, der über das Verbot der Irreführung des Verbrauchers hinausgeht.

In der Verbraucherpolitik wird zwischen drei Gruppen von Verbrauchern bzw. drei Verhaltenstypologien unterschieden.[2] Verbraucherpolitik hat sowohl dem vertrauenden, dem verletzlichem und dem verantwortungsvollen Verbraucherverhalten angemessen Rechnung zu tragen.

---

1 Prof. Dr. Tilman Becker ist geschäftsführender Leiter der Forschungsstelle Glücksspiel an der Universität Hohenheim.

2 Vgl. Der vertrauende, der verletzliche oder der verantwortungsvolle Verbraucher? Plädoyer für eine differenzierte Strategie in der Verbraucherpolitik. Stellungnahme des Wissenschaftlichen Beirats Verbraucher- und Ernährungspolitik beim BMELV, Dezember 2010 und Wollen wirklich alle den „mündigen Verbraucher"? Wie Interessengruppen ein Leitbild instrumentalisieren. Stellungnahme des Wissenschaftlichen Beirats Verbraucher- und Ernährungspolitik beim BMELV, Dezember 2010.

Der Gesetzgeber beschränkt die Werbung für Tabak-, Alkohol- und Glücksspielprodukte, um den besonderen Gefahren, die mit dem Konsum dieser Produkte verbunden sind, zu begegnen. Bei Tabak- und Alkoholerzeugnissen haben Werbeeinschränkungen eine lange Tradition. Der Konsum von Tabak, aber auch von Alkohol kann zu organischen Schäden führen. Dies ist bei Glücksspielprodukten in der Regel nicht der Fall. Aber sowohl der Konsum von Tabak als auch von Alkohol und von Glücksspielprodukten kann zu einer Abhängigkeit führen, d. h. süchtig machen. Allen dreien gemeinsam ist das Suchtgefährdungspotential. Bei diesen Produkten gehören zu der Gruppe der verletzlichen Verbraucher nicht nur Jugendliche, sondern auch Erwachsene, die zu einem abhängigen Konsum von Tabak und Alkohol oder einem pathologischen Spielverhalten neigen.

Für eine fundierte gesetzliche Normierung von Werbung ist zu fragen, welches Produkt beworben wird, was die Risiken des Produktes für die Allgemeinheit sind und welche Wirkung die Werbung auf die schutzbedürftigen Konsumenten hat.

Bei einer undifferenzierten Betrachtung liegt es nahe, das Konzept der Werbeeinschränkungen, welches für Tabak und Alkohol bereits vorhanden ist, ohne weitere Überlegungen auch auf das Glücksspiel zu übertragen. Wie in diesem Beitrag gezeigt wird, ist jedoch aus einer Reihe von Gründen eine differenzierte Betrachtung angebracht. Während die Werbeeinschränkungen bei Alkohol und Tabak vornehmlich mit den negativen Konsequenzen für die körperliche Gesundheit begründet sind, steht bei den Werbeeinschränkungen für Glücksspiel das Ziel der Suchtprävention, d. h. die psychische Gesundheit, im Vordergrund. Da jedoch nicht jedes Glücksspielprodukt ein Suchtgefährdungspotential aufweist, ist weiterhin auch deutlich zwischen den verschiedenen Formen des Glücksspiels zu unterscheiden. Bei einer Beurteilung von Werbung aus suchtpolitischer Sicht ist nicht nur nach dem Suchtgefährdungspotential des jeweilig beworbenen Glücksspielproduktes zu fragen, sondern zu untersuchen, wie diese Werbung auf die Gruppe der besonders schutzbedürftigen Konsumenten wirkt.

Bei der Gefährdung durch eine Droge bzw. eine Sucht werden drei Bereiche unterschieden:[3] zum ersten die körperlichen Folgen des Konsums für den Süchtigen selbst, also das organische Gefährdungspotential, zum zweiten das Gefähr-

---

3 Vgl. hierzu Nutt, D. et al., Development of a rational scale to assess the harm of drugs. In: Lancet, Vol. 369, 2007, S. 1047-1053.

dungspotential, eine Abhängigkeit zu entwickeln, also das psychische Gefährdungspotential, und drittens die Auswirkungen der Sucht auf die Familie des Süchtigen, die Gemeinschaft und die Gesellschaft, also das gesellschaftliche Gefährdungspotential.

Diese drei Bereiche werden in den folgenden Abschnitten für Tabak-, Alkohol- und Glücksspielprodukte dargestellt. In dem nächsten Kapitel wird auf das Suchtgefährdungspotential von Tabak, Alkohol und Glücksspiel eingegangen. In einem weiteren Kapitel wird dann auf das Gefährdungspotential für die körperliche Gesundheit bei einem Konsum dieser Produkte eingegangen. Das gesellschaftliche Gefährdungspotential wird an Hand der sozialen Kosten verdeutlicht. Es folgt in einem weiteren Kapitel eine Darstellung der derzeit bestehenden Werbeeinschränkungen bei Tabak, Alkohol und Glücksspiels. Der Beitrag schließt mit einer Zusammenfassung und Schlussfolgerungen.

2 Suchtgefährdung durch Tabak, Alkohol und Glücksspiel

Bei Tabak und Alkohol handelt es sich um psychoaktive Substanzen, die konsumiert werden. Obwohl Glücksspiel keine Droge ist, kann es zu einer Abhängigkeit kommen. Während bei Alkohol und Tabak von einer stoffgebundenen Abhängigkeit gesprochen wird, spricht man bei Glücksspiel von einer nichtstoffgebundenen Abhängigkeit.

Drogensucht und Glücksspielsucht sind dennoch in gewisser Weise vergleichbar.[4] Das Diagnostische und Statistische Handbuch Psychischer Störungen (Diagnostic and Statistical Manual of Mental Disorders DSM) in der vierten Version (DSM-IV) definiert die Drogensucht an Hand von sieben Kriterien.[5] Wenn drei (oder mehr) davon erfüllt sind, wird von einer Abhängigkeit oder Sucht gesprochen. Diese Kriterien sind:

---

4 Eine wissenschaftliche Diskussion darüber, bei welchen Gemeinsamkeiten es sich um Analogien oder Homologien handelt, steht noch aus. Analogien sind Gemeinsamkeiten, denen keine gemeinsame Ursache zu Grunde liegt, deshalb also aus wissenschaftlicher Sicht nicht wesentliche Gemeinsamkeiten sind. Wesentliche Gemeinsamkeiten, also Homologien, sind Gemeinsamkeiten, die sich auf Grund einer evolutionär bestimmten Übereinstimmung von Merkmalen, eines gemeinsamen „Wesens", ergeben. Vgl. zu dieser Diskussion im Kontext der Sucht Elster, J./Skog, O.-J., Getting Hooked. Cambridge 1999.

5 Vgl. hierzu ausführlich: Koob, G. F./Le Moal, M., Neurobiology of Addiction, New York 2006, S. 3 ff.

1. *Toleranzentwicklung:* Steigerung der Dosis, um den gewünschten Effekt zu erreichen bzw. deutliche Verringerung des gewünschten Effekts bei fortgesetztem Gebrauch ohne Dosissteigerung;
2. *Entzug:* ein Entzugssyndrom bei Beendigung oder Reduktion des Konsums;
3. *Zwanghaftes Verhalten:* ein starker Wunsch oder eine Art Zwang, die Substanz zu konsumieren oder einer oder mehrere erfolglose Versuche, den Substanzkonsum zu reduzieren oder zu beendigen;
4. *Verminderte Kontrollfähigkeit:* Substanz wird in größeren Mengen oder über eine längere Zeitperiode gebraucht, als von der Person gewünscht;
5. *Vernachlässigung von anderen Aktivitäten:* fortschreitende Vernachlässigung anderer Vergnügungen oder Interessen zugunsten des Substanzkonsums;
6. *Zeitaufwand:* erhöhter Zeitaufwand, um die Substanz zu beschaffen, zu konsumieren oder sich von den Folgen zu erholen;
7. *anhaltender Konsum trotz Probleme:* die Substanz wird anhaltend konsumiert trotz der Kenntnis oder Erfahrung eindeutig schädlicher Folgen, die durch den Substanzgebrauch verursacht oder verstärkt werden.

Alle diese Symptome können in unterschiedlichem Maße vorhanden sein. Einige Personen entwickeln einen hohen Grad an Toleranz, wohingegen andere Personen einen geringeren Grad an Toleranz gegenüber derselben Substanz haben. Einige Personen haben starke Entzugserscheinungen, andere nur geringe. Einige Personen neigen zu einer starken, andere Personen zu einer geringen Vernachlässigung von Aktivitäten. Sucht kann bei unterschiedlichen Personen unterschiedliche Formen und Ausprägungen annehmen.

Die Probleme, die sich durch das Verhalten ergeben, hängen entscheidend von der Umwelt ab. Umwelt, Individuum und Spielverhalten stehen in einer engen Beziehung zueinander. So hat eine Kriminalisierung von bestimmten Süchten bzw. Suchtstoffen einen Einfluss auf die mit den obigen Kriterien definierte Sucht. Die Wahrscheinlichkeit, andere Aktivitäten zu vernachlässigen und der mit der Drogenbeschaffung verbundene Zeitaufwand steigen durch die Kriminalisierung des jeweiligen Suchtverhaltens. So dürften Nikotinabhängige in der Regel diese Kriterien nicht erfüllen, während sie für von illegalen Drogen Abhängige einige Relevanz haben dürften. Die soziale Umwelt und die gesetzlichen Regelungen haben somit einen Einfluss auf die Definition von Suchtverhalten in der Gesellschaft.[6]

---

6 Dies kann an einem kleinen Gedankenexperiment verdeutlicht werden. Stellen wir uns vor,

Das pathologische Glücksspielverhalten, die Glücksspielsucht, ist nach DSM-IV durch die folgenden zehn Kriterien definiert. Wenn fünf (oder mehr) dieser Kriterien erfüllt sind, wird von einer Glücksspielsucht gesprochen:

1. *Vernachlässigung von anderen Aktivitäten:* ist stark eingenommen vom Glücksspiel (z. B. starkes Beschäftigtsein mit gedanklichem Nacherleben vergangener Spielerfahrungen, mit Verhindern oder Planen der nächsten Spielunternehmungen, Nachdenken über Wege, Geld zum Spielen zu beschaffen);
2. *Toleranzentwicklung:* muss mit immer höheren Einsätzen spielen, um die gewünschte Erregung zu erreichen;
3. *Zwanghaftes Verhalten:* hat wiederholt erfolglose Versuche unternommen, das Spiel zu kontrollieren, einzuschränken oder aufzugeben;
4. *Verminderte Kontrollfähigkeit:* ist unruhig und gereizt beim Versuch, das Spielen einzuschränken oder aufzugeben;
5. *Motivation:* spielt, um Problemen zu entkommen oder um dysphorische Stimmung (z. B. Gefühle von Hilflosigkeit, Schuld, Angst, Depression) zu erleichtern;
6. *Chasing-Verhalten:* kehrt, nachdem er / sie beim Glücksspiel Geld verloren hat, oft am nächsten Tag zurück, um den Verlust auszugleichen (dem Verlust „hinterher jagen");
7. *anhaltender Konsum trotz Probleme:* belügt Familienmitglieder, den Therapeuten oder andere, um das Ausmaß der Verstrickung in das Spielen zu vertuschen;
8. *anhaltender Konsum trotz Probleme:* hat illegale Handlungen wie Fälschung, Betrug, Diebstahl oder Unterschlagung begangen, um das Spielen zu finanzieren;
9. *anhaltender Konsum trotz Probleme:* hat eine wichtige Beziehung, seinen Arbeitsplatz, Ausbildungs- oder Aufstiegschancen wegen des Spielens gefährdet oder verloren;

Tabak würde als illegale Droge eingestuft werden, deren Konsum und Handel mit hohen Strafen belegt wäre. Die Preise für Tabak würden exorbitant in die Höhe schnellen und es wäre viel Zeit für die Beschaffung aufzuwenden, da nicht an jeder Ecke Tabak verkauft werden würde. Der Tabakkonsum wäre mit Beschaffungskriminalität verbunden. Es wäre viel Zeit aufzuwenden, um sich das nötige Geld und auch die Droge zu beschaffen. Andere Aktivitäten würden vernachlässigt werden. Ein anhaltender Konsum würde zu erheblichen sozialen Problemen führen, vergleichbar mit dem Konsum von harten Drogen.

10. anhaltender Konsum trotz Probleme: verlässt sich darauf, dass andere Geld bereitstellen, um die durch das Spielen verursachte hoffnungslose finanzielle Situation zu überwinden.

Die Gemeinsamkeiten von einer Drogen-, d. h. Alkohol- oder Tabaksucht, und einer Glücksspielsucht werden deutlich. Es kommt zu einer Toleranzentwicklung und körperlichen bzw. psychischen Entzugssymptomen. Andere Interessen und Aktivitäten werden vernachlässigt und verlieren an Reiz. Es dreht sich alles um die Sucht. Es wird weiter konsumiert, obwohl es zu Problemen kommt. Die verminderte Kontrollfähigkeit macht es nicht möglich, aufzuhören. Es besteht ein zwanghaftes Verhalten.

Auch die Unterschiede werden deutlich. Bei der Definition von Glücksspielsucht bzw. pathologischem Glücksspielverhalten wird mehr Gewicht auf die auftretenden Probleme und hinter dem Verhalten stehenden Motive gelegt. Die auftretenden Probleme wie Verschuldung und illegale Geldbeschaffungsaktivitäten werden in die Definition bzw. Klassifizierung einer Glücksspielsucht mit einbezogen.

Aus medizinischer Sicht wird Sucht maßgeblich durch die verminderte Kontrollfähigkeit und zwanghaftes Verhalten definiert. Die individuelle Entscheidungsfreiheit wird durch das Individuum selbst als eingeengt empfunden und dies führt zu Problemen, die das Individuum hat. Eine eingehende Analyse der DSM-IV-Kriterien aus entscheidungstheoretischer Sicht kommt zu dem Ergebnis, dass sich eine Sucht durch drei Kriterien auszeichnet. Erstens hat die Person ein starkes Verlangen nach einer Substanz oder einem Verhalten entwickelt. Zweitens findet es die Person unangenehm, diesem Verlangen nicht nachzugeben. Drittens fällt es der Person sehr schwer und sie hat zu kämpfen, wenn die Person starke Motive hat, das Verhalten zu beenden.[7]

Neurobiologische Untersuchungen zeigen, dass die Unterscheidung zwischen stoffgebundenen und nicht-stoffgebundenen Abhängigkeiten für das neurobiologische Geschehen im Gehirn – nach gegenwärtigem Stand der Wissenschaft – weitgehend bedeutungslos ist. Dieselben Gehirnregionen, die für eine Abhän-

---

7 Eine ausführliche Diskussion der DSM-IV-Kriterien aus entscheidungstheoretischer Sicht ist zu finden bei Skog, O.-J., Addiction, Choice and Irrationality. In: Parisi, F./Smith, V. L. (Hrsg.): The Law and Economics of Irrational Behavior. Standford, California 2005, S. 111-136.

gigkeit von Drogen eine Rolle spielen, tun dies auch bei einem pathologischen Glücksspielverhalten (und anderen Verhaltenssüchten). Diese Regionen sind das ventral tegmentale Dopamin-System, der Nucleus accumbens, das limbische System und der frontale Kortex. Dieselben Neurotransmitter, die bei Alkohol, Tabak oder anderen Drogen eine Rolle spielen, tun dies auch bei pathologischem Glücksspiel. Dies sind vor allem Dopamin, Serotonin und Noradrenalin.[8] Das Gehirn pathologischer Glücksspieler weist die gleichen Fehlfunktionen auf, die bei Substanzabhängigen zu finden sind.[9]

Vereinfacht lässt sich eine Alkohol-, Tabak- oder Glücksspielsucht aus neurobiologischer Sicht folgendermaßen darstellen: Die abhängig machende Substanz oder das abhängig machende Verhalten führt zu Veränderungen in dem mesolimbischen Belohnungssystem, oder wie Ross et al. es ausdrücken, „kapert" dieses System und sorgt dafür, dass der präfrontale Kortex das mesolimbische Belohnungssystem nicht mehr ausreichend kontrollieren kann.[10]

Nach den Ergebnissen des Mikrozensus 2005 sind 27,2 % der Bevölkerung von 15 oder mehr Jahren Raucher bzw. Raucherinnen.[11] Hiervon sind 85 % regelmäßige und 15 % gelegentliche Raucher bzw. Raucherinnen. Nach dem Epidemiologischen Suchtsurvey (Epidemiological Survey of Substance Abuse, ESA) 2006 sind 31,8 % der deutschen Bevölkerung zwischen 18 und 64 Jahren Raucher, d. h. haben in den letzten 30 Tagen geraucht. Die Abhängigkeit von Nikotin wurde für den Zeitraum der letzten 12 Monate nach den Kriterien des DSM-IV erfasst. In der Gesamtstichprobe zeigten 7,3 % eine Abhängigkeit nach DSM-IV und unter den Rauchern waren es 21,7 %.[12] In zwei weiteren deutschen Studien der erwachsenen Allgemeinbevölkerung fanden sich mit 11 % bzw. 9 % etwas höhere Prävalenzraten der Nikotinabhängigkeit nach DSM-IV.[13] Eine Prävalenz-

---

8 Vgl. hierzu den Überblick von Stoehr, J. D., The Neurobiology of Addiction, Philadelphia 2006.

9 Vgl. hierzu Böning, J./Grüsser-Sinopoli, S. M., Neurobiologie der Glücksspielsucht. In: Batthyany, D./Pritz, A., Rausch ohne Drogen, Wien 2009 oder insbesondere auch Kapitel 6 in Ross, D. et al., Midbrain Mutiny, Cambridge 2008.

10 Vgl. hierzu Kapitel 6 in Ross, D. et al., Midbrain Mutiny, Cambridge 2008.

11 Zitiert nach Deutsche Hauptstelle für Suchtfragen (DHS), Jahrbuch Sucht 2009, S. 14.

12 Vgl. Baumeister et al., Tabakkonsum, Nikotinabhängigkeit und Trends. In: Sucht 2008 (54).

13 Vgl. zu diesen beiden anderen Studien Baumeister et al., Tabakkonsum, Nikotinabhängigkeit und Trends. In: Sucht 2008 (54), S. S32.

rate von 7 %-11 % bedeutet 3,7 Millionen bis 5,8 Millionen erwachsenen Bundesbürger mit einer Nikotinabhängigkeit.[14]

Im Jahr 2007 wurden pro Kopf der Bevölkerung 112 Liter Bier, 24 Liter Wein und Schaumwein und sechs Liter Spirituosen (inkl. Spirituosen-Mischgetränke umgerechnet auf einen durchschnittlichen Alkoholgehalt von 33 Vol. %) getrunken. Dies entspricht je Einwohner 10 Litern an reinem Alkohol.[15] Nach dem Epidemiologischen Suchtsurvey weisen 7,9 % der deutschen Bevölkerung zwischen 18 und 64 Jahren einen riskanten Konsum, 2,4 % einen gefährlichen Konsum und 0,4 % einen Hochkonsum auf.[16] Nach den DSM-IV-Kriterien sind 2,4 % der deutschen Bevölkerung zwischen 18 und 64 Jahren alkoholabhängig.[17] Eine Prävalenzrate von 2,4 % bedeutet 1,3 Millionen alkoholabhängige Personen in der erwachsenen Bevölkerung.[18]

Die bisher vorliegenden Schätzungen für die Verbreitung der Glücksspielsucht in Deutschland nach den DSM-IV-Kriterien liegen im Bereich von 0,18 % bis 0,56 %. Nach dem Epidemiologischen Suchtsurvey liegt im Jahr 2006 die Prävalenzrate für pathologisches Glücksspiel in der Bevölkerung bei 0,18 % und die Prävalenzrate für problematisches Spielverhalten bei 0,27 %.[19] Wenn eine Prävalenzrate von 0,18 % bis 0,56 % unterstellt wird, so bedeutet dies bei einer Bevöl-

---

14 In einem Gemeinsamen Positionspapier zu „Psychotherapie und Suchtbehandlung – Möglichkeiten der Kooperation“ gehen die Bundespsychotherapeutenkammer und der Fachverband Sucht e. V. von 3,8 Millionen nikotinabhängigen Personen aus.

15 Vgl. Deutsche Hauptstelle für Suchtfragen (DHS), Jahrbuch Sucht 2009, S. 7.

16 Ein riskanter Konsum bei Männern entspricht 30 bis 60 g Reinalkohol pro Tag und bei Frauen 20 bis 40 g Reinalkohol pro Tag. Ein gefährlicher Konsum entspricht bei Männern 60 bis 120 g Reinalkohol pro Tag und bei Frauen 40 bis 80 g Reinalkohol pro Tag. Ein Hochkonsum entspricht bei Männern mehr als 120 g Reinalkohol pro Tag und bei Frauen mehr als 80 g Reinalkohol pro Tag. Ein Liter Bier mit 4,8 Vol. % entspricht einer Alkoholmenge von 38,1 g. Ein Liter Wein mit 11 Vol. % entspricht einer Alkoholmenge von 87,3 g.

17 Vgl. Pabst, A./Kraus, L., Alkoholkonsum, alkoholbezogene Störungen und Trends. In: Sucht 2008 (54).

18 Vgl. hierzu auch das Gemeinsame Positionspapier zu „Psychotherapie und Suchtbehandlung – Möglichkeiten der Kooperation“ der Bundespsychotherapeutenkammer und des Fachverbandes Sucht e. V. mit 1,3 Millionen alkoholabhängigen Bundesbürgern zwischen 18 und 59 Jahren.

19 Vgl. im Detail Becker, T., Glücksspielsucht in Deutschland, Frankfurt 2009.

kerung von 52.616.837 Bundesbürgern zwischen 18 Jahren und 65 Jahren[20] eine Prävalenz von 94.235 bis 296.674 pathologischen Spielern.[21]

Tab. 1: Prävalenz eines pathologischen Konsumverhaltens bei Alkohol, Tabak und Glücksspiel

„Substanz"	Tabak	Alkohol	Glücksspiel
Prävalenzrate	7-11 %	2,4 %	0,18-0,56 %
Prävalenz	3,7-5,8 Mio.	1,3 Mio.	0,1-0,3 Mio.

Quelle: Eigene Zusammenstellung

Die vorliegenden epidemiologischen Untersuchungen verdeutlichen, dass das Suchtgefährdungspotential, gemessen an der Anzahl der Personen, die nach den DSM-IV-Kriterien abhängig bzw. süchtig sind, bei Tabak am höchsten ist, gefolgt von Alkohol und dann mit einigem Abstand Glücksspiel. Es gibt in Deutschland etwa 3,7 bis 5,8 Millionen Nikotinsüchtige, 1,3 Millionen Alkoholsüchtige und 0,1 bis 0,3 Millionen Glücksspielsüchtige. Dies bedeutet, dass auf einen Glücksspielsüchtigen etwa fünf bis 10 Alkoholsüchtige und 15 bis 60 Nikotinsüchtige kommen.

Bei Alkohol- und Tabaksucht handelt es sich um stoffgebundene Süchte. Eine Unterscheidung zwischen einer Bier-, Wein- oder Schnapssucht ist hier weniger von Bedeutung. Dasselbe gilt für eine Unterscheidung nach dem Nikotingehalt bei den verschiedenen Zigarettenmarken. Bei Glücksspiel hingegen ist jedoch das Suchtgefährdungspotential der verschiedenen Formen des Glücksspiels ganz unterschiedlich ausgeprägt. Es handelt sich hier um eine Verhaltenssucht und dementsprechend ist hier nicht der Alkohol- oder Nikotingehalt relevant, sondern das jeweilige Verhalten. Von diesem besteht eine Abhängigkeit und dieses ist bei unterschiedlichen Glücksspielen ganz unterschiedlich. Dies wird aus der Analyse der Klientendaten ersichtlich.

Die unterschiedlichen Formen des Glücksspiels haben eine unterschiedliche Verbreitung. Nach den vorliegenden Befragungen nehmen etwa 40 % bis 50 % der erwachsenen Bevölkerung mehr oder weniger regelmäßig an Lotterien teil. Etwa

20 Statistisches Bundesamt, Statistisches Jahrbuch für die Bundesrepublik Deutschland, 2005, S. 42.

21 Vgl. im Detail Becker, T., Glücksspielsucht in Deutschland, Frankfurt 2009.

4 % bis 7 % der Bevölkerung haben in der letzten Zeit an Geldspielautomaten in Gaststätten, Spielhallen oder Casinos gespielt. Auch bei Casinospielen ist davon auszugehen, dass etwa 3 % bis 6 % der Bevölkerung diese in der letzten Zeit gespielt haben und bis zu 18 % der Bevölkerung gelegentlich im Casino gespielt haben. Bei Sportwetten dürfte die Jahresprävalenz der Spielteilnahme bei 4 % und die Lebenszeitprävalenz bei 10 % der erwachsenen Bevölkerung liegen.[22]

Diese Zahlen über die Verbreitung des Glücksspiels in der Bevölkerung sagt jedoch noch nichts über das Suchtgefährdungspotential aus. In einer Untersuchung von Meyer und Hayer[23] wurde ein Kurzfragebogen an die ambulanten und stationären Versorgungseinrichtungen im Bundesland Nordrhein-Westfalen geschickt mit der Bitte, diesen Fragebogen beim Erst- oder Zweitkontakt an alle vorstellig werdenden Klienten zu verteilen. Der Untersuchungszeitraum erstreckte sich von Mitte 2002 bis Ende 2004. In der Mehrheit stammten die zurückgeschickten Fragebögen aus der ambulanten Spielerversorgung (62 %) bzw. aus Schwerpunktberatungsstellen (26,6 %). Nur 11,5 % stammen aus stationären Versorgungseinrichtungen. Es wurde nach den problembehafteten Glücksspielformen gefragt. Eine Liste mit 16 verschiedenen Glücksspielformen wurde zum Ankreuzen vorgegeben. Mehrfachnennungen waren möglich. Es nahmen 44 Versorgungseinrichtungen teil und 495 Fragebögen wurden ausgefüllt zurückgesandt. Einige Fragebögen wurden nicht vollständig ausgefüllt. Aus diesem Grund schwanken die in die Berechnung einfließenden Fälle. Es wurden nicht nur die problembehafteten Glücksspielformen abgefragt, sondern auch deren jeweiliger Stellenwert. Die Bildung einer Rangreihe der als problembehaftet wahrgenommenen Glücksspielformen kann als Indikator für die relative Bedeutung einer Glücksspielform im Rahmen der Entwicklung glücksspielbezogener Probleme gewertet werden.

Bei Mehrfachnennungen wurden Geldspielautomaten von 79,3 % der Befragten als problembehaftet erlebt. Als Hauptproblem haben es 63,5 % erlebt. Es folgen Glücksspielautomaten mit 32,4 % der Nennungen bzw. als Hauptproblem mit 13,5 %. Roulette/Black Jack wird von 16,8 % der Befragten als problembehaftet erlebt und 6,2 % betrachten es als Hauptproblem. Karten und Würfelspiele folgen mit 15,9 % bzw. 1,7 % als Hauptproblem, ODDSET mit 10,0 % bzw. 2,8 % als Hauptproblem. Es folgen Pferdewetten. Lotto „6 aus 49" wurde von

---

22 Vgl. Becker, T., Glücksspiel im Umbruch, Frankfurt 2007.

23 Meyer, G./Hayer, T., Das Gefährdungspotential von Lotterien und Sportwetten – Eine Untersuchung von Spielern aus Versorgungseinrichtungen, 2005. (http://www.mags.nrw.de/pdf/gesundheit/gefaehrdungspotenzial.pdf).

28 von 469 Personen, d. h. von 6 %, als eine (von mehreren) Problem verursachenden Glücksspielform erlebt. Von den Befragten setzten 0,9 % oder vier Personen dieses Glücksspiel auf den ersten Rangplatz bei den Problem verursachenden Glücksspielformen. Klassenlotterien wurden von einem von 447 Probanden, d. h. von 0,2 %, auf den ersten Rangplatz gesetzt.

Eine etwas andere Vorgehensweise als bei Meyer und Hayer wurde von Becker[24] gewählt. Es wurden nicht die Klienten der ambulanten und stationären Suchthilfeeinrichtungen befragt, sondern die Therapeuten in diesen Einrichtungen. Der Fragebogen wurde an 207 Selbsthilfegruppen, Beratungsstellen und Fachkliniken versandt. Insgesamt wurden 39 Fragebögen ausgefüllt und waren auch verwertbar. Dies entspricht einer Rücklaufquote von 21 %. Mit der Befragung wurden 1.056 im letzten Jahr in ambulanten und stationären Suchthilfeeinrichtungen behandelte Patienten erfasst. Die Anzahl der Klienten im Jahre 2007 in ambulanten Einrichtungen mit der Hauptdiagnose pathologisches Spielverhalten betrug 2.209 Klienten nach der deutschen Suchthilfestatistik.[25] Hochgerechnet auf die Gesamtzahl der betreuten Spieler in den bundesweit 934 Suchtberatungsstellen haben sich 2007 nach Meyer 5.700 Patienten in ambulante Behandlung begeben.[26] Somit konnten mit der vorliegenden Befragung zwischen 19 % (nach Hochrechnung) und 47 % (nach Suchthilfestatistik) der Klienten erfasst werden. Es wurden jedoch nicht nur die ambulanten und stationären Suchthilfeeinrichtungen angeschrieben, sondern auch Selbsthilfeorganisationen. Die Leiter von Selbsthilfegruppen haben Angaben zu 588 Patienten gemacht, und Mitglieder von Selbsthilfegruppen haben Angaben zu 80 Patienten gemacht. Insgesamt bilden also 1.724 Patienten die Grundlage für die Befragungsergebnisse. Die befragten Personen sind in der Mehrzahl Mitarbeiter in Beratungsstellen. Stationäre Einrichtungen haben sich nicht an der Befragung beteiligt.

Diese Ergebnisse der Befragung der Therapeuten stimmen weitestgehend mit den Befragungsergebnissen der Klienten von Mayer und Hayer überein. Interessant sind die Abweichungen, die sehr gut die zeitliche Entwicklung in den fünf Jahren zwischen 2003 und 2008 widerspiegeln.

---

24 Vgl. Becker, T., Glücksspielsucht in Deutschland – Prävalenz bei verschiedenen Glücksspielformen, Frankfurt 2009.

25 Vgl. Meyer, G.: Glücksspiel – Zahlen und Fakten. In: Deutsche Hauptstelle für Suchgefahren (DHS), Jahrbucht Sucht 09. Geesthacht 2009, S. 143.

26 Vgl. Meyer, G.: Glücksspiel – Zahlen und Fakten. In: Deutsche Hauptstelle für Suchgefahren (DHS), Jahrbucht Sucht 09. Geesthacht 2009, S. 143.

Die nachfolgende Tabelle vergleicht die Ergebnisse dieser Befragung von pathologischen Spielern aus den Jahren 2002 bis 2004 zu der Form des Glücksspiels, die als Hauptproblem betrachtet wird, und die Ergebnisse der Befragung von Therapeuten im Jahr 2008 zu der Form des Glücksspiels, welches für die Patienten das Hauptproblem darstellt.

Für 69 % aller pathologischen Spieler ist die wichtigste (und oft einzige) Problem verursachende Form des Glücksspiels das Spiel an Geldspielautomaten in Spielhallen und Gaststätten. Diese äußerst problematische Form des Glücksspiels hat von 2003 bis 2008 noch an Bedeutung gewonnen. An zweiter Stelle folgen die Glücksspielautomaten in Spielbanken mit 11 %.

Tab. 2: Problem verursachende Glücksspielformen

Problem verursachende Glücksspielform	Becker (2008)	Meyer und Hayer (2002-2004)
Geldspielautomaten in Spielhallen/ Gaststätten	69,0 %	63,5 %
Glücksspielautomaten in Spielbanken	11,4 %	13,5 %
Sportwetten (Wettbüros, Internet)	6,8 %	1,7 %
Roulette	5,8 %	6,2 %
Poker (Karten- und Würfelspiele)	3,6 %	1,7 %
ODDSET Kombi-/TOP-Wette	1,6 %	2,8 %
Pferdewetten	0,6 %	1,7 %
Zahlenlotto 6 aus 49	0,5 %	0,9 %
Rubbellose	0,4 %	0,0 %
Toto-/Auswahl-/13er-Wette	0,2 %	0,0 %
Klassenlotterie (SKL/NKL)	0,1 %	0,2 %
Summe gesamt:	100 %	100 %

Quelle: Becker, T.: Wie weit geht der Ermessensspielraum des Gesetzgebers bei der Regulierung des Glücksspielmarktes? In: Zeitschrift für Wett- und Glücksspielrecht Nr. 1/2009, S. 1-7.

Von den Spieleigenschaften her betrachtet haben Glücksspielautomaten sogar ein noch höheres Suchtgefährdungspotential als Geldspielautomaten, aber wegen der geringeren Verfügbarkeit gibt es hier deutlich weniger pathologische Spieler.

Sportwetten haben in dem Betrachtungszeitraum erheblich an Bedeutung für pathologische Spieler gewonnen und liegen mittlerweile insgesamt bei 9,2 %. Sportwetten in Wettbüros und im Internet (6,8 %) liegen mittlerweile an dritter Stelle, gefolgt von Roulette und Poker und der legalen Sportwette Oddset (1,6 %). Pferdewetten (0,6 %) und Toto (0,2 %) haben kaum eine Bedeutung.

Zu den Casinospielen sind Roulette (5,8 %) und Poker (3,6%) zu rechnen. Somit haben 9,4 % der pathologischen Spieler mit Casinospielen ein Problem.

Lotterien sind kaum von Bedeutung. Lotterien werden nur von 1 % der pathologischen Spieler als hauptproblematische Spielform angegeben, obwohl fast die Hälfte der Bevölkerung im letzten Jahr Lotto gespielt hat.

Bei diesen Ergebnissen zu der Form des Glücksspiels, die zu einem pathologischen Spielverhalten führte, ist zu berücksichtigen, dass es in der Regel zwischen fünf und zehn Jahre dauert, ehe ein normales Spielverhalten sich zu einem pathologischen Spielverhalten entwickelt. Ehe sich ein pathologischer Spieler in Therapie begibt, vergehen noch einmal unter Umständen mehrere Jahre. Die empirischen Ergebnisse hinken somit der Realität immer hinterher, vielleicht um zehn Jahre oder mehr.

Über das Spielverhalten der „Online-Generation“ ist kaum etwas bekannt. Gespräche mit Klienten legen es nahe, von zwei deutlich voneinander getrennten Generationen von Spielern auszugehen. Die Spieler, die sich in die Therapie begeben, sind in der Regel männlich, oft älter und fast immer Spieler von Geldspielautomaten in Spielhallen und Gaststätten. Über die pathologischen Spieler von Glücksspielen im Internet ist kaum etwas bekannt. Diese tauchen bisher nur vereinzelt in Therapieeinrichtungen auf.

Einen ersten Eindruck gibt eine Auswertung der Nutzungsdaten für die Hilfe-Hotline der Bundeszentrale für gesundheitliche Aufklärung (BZgA).

Bei den Ergebnissen der BZgA ist zu berücksichtigen, dass die Daten im Rahmen des internetbasierten Beratungsprogramms gewonnen wurden. An diesem Programm haben in dem Zeitraum vom 1. Dezember 2007 bis 31. August 2009 insgesamt 197 Personen teilgenommen. Von diesen Personen hatten 5 % ein problematisches und 95 % ein pathologisches Spielverhalten nach dem Canadian Problem Gambling Index. Erstaunlich viele Klienten im Vergleich zu pathologischen Spielern in ambulanter oder stationärer Therapie, fast 30 %, hatten keine Schulden, 23 % hatten bis 5.000 Euro Schulden, 27 % zwischen 5.000 und 25.000 Euro Schulden und 17 % zum Teil deutlich mehr als 25.000 Euro Schulden.

Abb. 1: Problemassoziierte Glücksspielformen bei Teilnehmern des Online Beratungsprogramms der Bundeszentrale für gesundheitliche Aufklärung

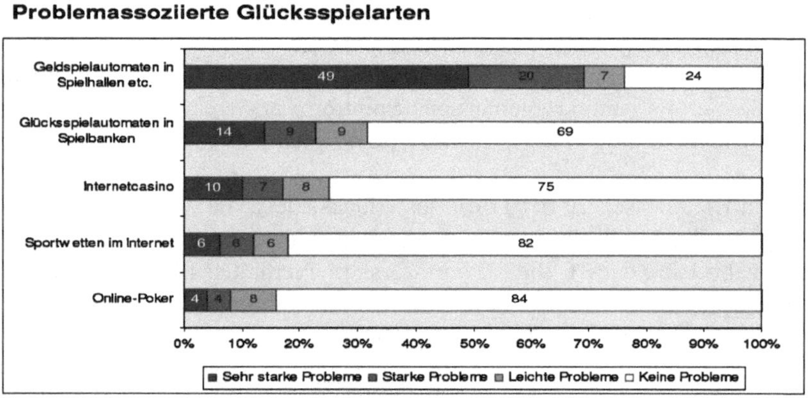

Quelle: Anne Pauly: Prävention von Glücksspielsucht: Das Online Beratungsprogramm der BZgA: „Check Dein Spiel". Vortrag auf dem Symposium 2009 der Forschungsstelle Glücksspiel.

Dies deutet darauf hin, dass die Zugangsbarrieren bei einem Online Programm geringer sind als bei einer ambulanten, insbesondere aber auch stationären Therapieeinrichtung, und dementsprechend ist auch der Verschuldungsgrad geringer. Es handelt sich bei dieser Stichprobe um eine besondere Gruppe von Klienten, die sich durch eine Nutzung des Internet auszeichnet. Damit ergänzt diese Untersuchung sehr gut die bereits vorliegenden Befragungen von Klienten bzw. Therapeuten von ambulanten und stationären Suchthilfeeinrichtungen.

Obwohl es sich hier um Daten aus einer internetbasierten Beratung handelt, dominieren wieder die Geldspielautomaten als Hauptproblem. Die Geldspielautomaten in Spielhallen und Gaststätten nur für sich genommen führen zu stärkeren Problemen als alle andere Glücksspielformen zusammen. Dies macht noch einmal deutlich, welche herausragende Bedeutung die Geldspielautomaten für die Entwicklung und Aufrechterhaltung eines pathologischen Spielverhaltens haben.

Deutlich abgeschlagen folgen an zweiter Stelle die Glücksspielautomaten in Spielbanken. Internetcasinos führen nach dieser Untersuchung zu deutlich größeren Problemen als die Sportwetten im Internet. Dies verdeutlicht, dass derzeit das Suchtproblem bei Casinospielen im Internet höher ist als bei Sportwetten. Mit dieser Untersuchung wird auch deutlich, dass Online-Poker, wenn auch nur an fünfter Stelle, bereits zu Problemen führt.

Es besteht noch ein erheblicher Forschungsbedarf über die Bedeutung des Internet-Glücksspiels. Weder ist das Ausmaß und die Bedeutung der Glücksspiele im Internet bekannt, noch liegen weitere Ergebnisse über die Bedeutung und die Entwicklung eines pathologischen Spielerverhaltens bei Internet-Glücksspielen vor.

3 Körperliche Gefährdung durch den Konsum von Tabak, Alkohol und Glücksspiel

Die Auswirkungen des Konsums auf die körperliche Gesundheit – in dem hier vorliegenden Beitrag wird zwischen körperlicher und psychischer Gesundheit differenziert – unterscheiden sich bei Tabak-, Alkohol und Glücksspielkonsum. Während der Tabak- und Alkoholkonsum zu organischen Schäden führen kann, gilt dies nicht für das Glücksspielen.

Die körperlichen Folgen des Tabakkonsums sind sehr gravierend. Nach einer Untersuchung von Neubauer et al. (2006) betrug im Jahr 2003 die Anzahl der Todesfälle in Deutschland, die auf das Tabakrauchen zurückzuführen sind, 114.647 Todesfälle. Die Anzahl der verlorenen Lebensjahre (years of potential life lost) durch das Rauchen lag 2003 bei 1,6 Millionen Jahren,[27] wobei etwa 3.300 Todesfälle durch Passivrauchen nicht enthalten sind. Weitere Studien kommen zu ähnlichen Ergebnissen. Die Ergebnisse der vorliegenden Studien lassen sich derart zusammenfassen, dass in Deutschland von etwa 110.000 bis 140.000 tabakbedingten Todesfällen pro Jahr auszugehen ist.[28]

---

27 Vgl. Neubauer, S. et al., Mortality, Morbidity and costs attributable to smoking in Germany. In: Tobacco Control, 2006 (15), S. 464-471.

28 Vgl. Deutsche Hauptstelle für Suchtfragen (DHS), Jahrbuch Sucht 2009, S. 16.

Nicht ganz so gravierend sind die gesundheitlichen Folgen des Alkoholkonsums.[29] Nach einer Untersuchung von Hanke und John waren im Jahr 1997 in Deutschland 167.845 (19,5 %) aller 462.072 Todesfälle auf Tabakrauchen oder Alkoholkonsum zurückzuführen. Davon wurden 94.131 (10,9 %) durch Tabakrauchen allein, 54.190 (6,3 %) durch Tabakrauchen als auch durch Alkoholkonsum und 19.524 durch Alkoholkonsum allein verursacht. Von den tabak- und alkohol-attributablen Todesursachen stellen Herz-Kreislauf-Erkrankungen mit 42,9 % und Krebserkrankungen mit 31,6 % die größten Anteile.[30] Laut Todesursachenstatistik liegt die Zahl der jährlich in Deutschland an alkoholbedingten Krankheiten Verstorbenen bei 16.000.[31] Dabei führt eine Auswertung der in der Todesursachenstatistik ausgewiesenen Todesfälle durch Alkohol auf Grund der monokausalen Erfassung der Todesursache mit großer Wahrscheinlichkeit zu einer Unterschätzung der tatsächlichen Fallzahlen. Nach Schätzungen von Konnopka und König starben im Jahr 2002 in Deutschland 48.000 Personen durch Alkohol.[32]

Rauchen ist der wichtigste Risikofaktor für die körperliche Gesundheit. Um das gesundheitliche Gefährdungspotential verschiedener Faktoren miteinander vergleichen zu können, bietet es sich an, die Anzahl der auf Grund eines frühzeitigen Todes verlorenen Jahre bzw. Jahre mit einer Behinderung, zu Grund zu legen. Es werden hier zwei Maße verwendet, die durch das Rauchen oder den Alkohol verlorenen Lebensjahre (Years of Potential Life Lost) und die Jahre, die auf Grund des missbräuchlichen Konsums mit einer Behinderung verbracht werden müssen (Years Lived with Disability). Rauchen ist der wichtigste Risikofaktor für Krankheitsbelastungen mit 19,2 Millionen DALY (Disability Adjusted Life Years Lost), als Summe aus verlorenen Lebensjahren YPLL (Years of Potential Life Lost) und behinderten Jahren YLD (Years Lived with Disability). Es folgt

---

29 Vgl. zu einem ausführlichen Überblick über die Abgrenzung von schädlichem und unschädlichem Konsum an Hand von Konsumempfehlungen für Alkohol bei Bühringer, G. et al., Alkoholkonsum und alkoholbezogene Störungen in Deutschland, Baden-Baden 2000, S. 133 ff.

30 Hanke, M./John, U., Tabak- oder alkohol-attributable stationäre Behandlungen. In: Deutsche Mediziniscze Wochenschrift 2003, 128: 1387-1390. Die Zahlen wurden direkt aus dem Beitrag übernommen, die Prozentangaben und die absoluten Zahlen stehen jedoch im Widerspruch zueinander.

31 Statistisches Bundesamt 2007, zitiert nach Pabst, A./Kraus, L., Alkoholkonsum, alkoholbezogene Störungen und Trends. In: Sucht 2008 (54), S. S37.

32 Zitiert nach Pabst, A./Kraus, L., Alkoholkonsum, alkoholbezogene Störungen und Trends. In: Sucht 2008 (54), S. S37.

der hohe Blutdruck mit 13,8 Millionen DALY, Übergewicht mit 10,7 Millionen DALY, hohes Cholesterin mit 9,431 Millionen DALY, Alkoholkonsum mit 6,6 Millionen DALY, Bewegungsmangel mit 4,7 Millionen DALY und wenig Obst- und Gemüseaufnahme mit 4,0 Millionen DALY.[33] Diese Zahlen für Länder mit hohem Einkommen machen deutlich, welche Bedeutung Tabak und Alkohol für körperliche Gesundheit haben. Die Glücksspielsucht hingegen hat keine direkten organischen Folgen. In der Regel gibt es jedoch bei den pathologischen Spielern eine polyvalente Abhängigkeit, wobei die Abhängigkeiten von Alkohol und Nikotin die wichtigste Rolle spielen. Die für Deutschland vorliegenden Untersuchungen kommen zu Angaben für den Anteil pathologischer Spieler, die einen problematischen Alkoholkonsum haben bzw. eine Alkoholabhängigkeit aufweisen, in dem Bereich von 25 % bis 50 %. Etwa 60 % der pathologischen Spieler weisen eine Nikotinabhängigkeit auf.[34]

4 Werbeeinschränkungen bei Tabak, Alkohol und Glücksspiel

Die Werbung für Tabak, Alkohol und Glücksspiel unterliegt einer Reihe von Werbeeinschränkungen. Es ist hier zu unterscheiden zwischen den generellen Beschränkungen der Werbung und den besonderen Beschränkungen der Werbung für diese Produkte oder für die Werbung in bestimmten Medien.

Für das Werberecht gilt zunächst einmal nationales Recht. Auf die wichtigsten Gesetze wird im Folgenden eingegangen.

Gesetz gegen den unlauteren Wettbewerb (UWG)

Das Gesetz gegen den unlauteren Wettbewerb (UWG)[35] dient dem Schutz der Mitbewerber, der Verbraucherinnen und Verbraucher sowie der sonstigen Markt-

---

33 Vgl. Ezzatti, M. Chapter 4. In: WHO (ed.): Global burden of disease and risk factors. Oxford University and The World Bank, S. 241-397, zitiert nach Küfner, H., Epidemiologie des Substanzkonsums und der Suchterkrankungen in Deutschland. In: Bundesgesundheitsblatt 2010, 53: 271-283.

34 Vgl. im Detail Becker, T., Glücksspielsucht in Deutschland, Frankfurt 2009, S. 18 ff.

35 In der aktuellen Fassung mit letzten Änderungen am 22. Dezember 2008 zu finden unter: http://bundesrecht.juris.de. Das „Erste Gesetz zur Änderung des Gesetzes gegen den unlauteren Wettbewerb“ vom 22. Dezember 2008 (Bundesgesetzblatt Jahrgang 2008 Teil 1 Nr. 64, S. 2949 ff.) ist in der Lesefassung berücksichtigt. Diese Gesetzesnovelle setzt die EU-Richtlinie 2005/29/EG um. Vgl. zu Literaturangaben und zur Entstehungsgeschichte

teilnehmer vor unlauteren geschäftlichen Handlungen. Es schützt zugleich das Interesse der Allgemeinheit an einem unverfälschten Wettbewerb.

In Paragraph 3 findet sich die Generalklausel:

(1) Unlautere geschäftliche Handlungen sind unzulässig, wenn sie geeignet sind, die Interessen von Mitbewerbern, Verbrauchern oder sonstigen Marktteilnehmern spürbar zu beeinträchtigen.

(2) Geschäftliche Handlungen gegenüber Verbrauchern sind jedenfalls dann unzulässig, wenn sie nicht der für den Unternehmer geltenden fachlichen Sorgfalt entsprechen und dazu geeignet sind, die Fähigkeit des Verbrauchers, sich auf Grund von Informationen zu entscheiden, spürbar zu beeinträchtigen und ihn damit zu einer geschäftlichen Entscheidung zu veranlassen, die er andernfalls nicht getroffen hätte. Dabei ist auf den durchschnittlichen Verbraucher oder, wenn sich die geschäftliche Handlung an eine bestimmte Gruppe von Verbrauchern wendet, auf ein durchschnittliches Mitglied dieser Gruppe abzustellen. Auf die Sicht eines durchschnittlichen Mitglieds einer auf Grund von geistigen oder körperlichen Gebrechen, Alter oder Leichtgläubigkeit besonders schutzbedürftigen und eindeutig identifizierbaren Gruppe von Verbrauchern ist abzustellen, wenn für den Unternehmer vorhersehbar ist, dass seine geschäftliche Handlung nur diese Gruppe betrifft.

(3) Die im Anhang aufgeführten geschäftlichen Handlungen gegenüber Verbrauchern sind stets unzulässig.

Es wird hier bereits deutlich zwischen der Gruppe der nicht schutzbedürftigen und der Gruppe der „besonders schutzbedürftigen und eindeutig identifizierbaren Gruppe von Verbrauchern“ unterschieden. Pathologische Spieler wären eindeutig zu der zweiten Gruppe zu rechnen.

Der Anhang, eine Liste unzulässiger Geschäftspraktiken, wurde im Rahmen der Umsetzung der europäischen Richtlinie über unlautere Geschäftspraktiken eingeführt. Eine unzulässige Handlung im Sinne von Paragraph 3 Absatz 3 in dieser Liste mit der Nummer 16 ist „die Angabe, durch eine bestimmte Ware oder

---

dieser Gesetzesnovellierung: http://www.jura.uni-augsburg.de/fakultaet/lehrstuehle/moellers/materialien/3_wettbewerbsrecht/Erstes_Gesetz_Aenderung_UWG.

Dienstleistung ließen sich die Gewinnchancen bei einem Glücksspiel erhöhen." Hierdurch wird die Generalklausel konkretisiert.

In dem UWG findet sich eine Reihe von weiteren generellen Beschränkungen der Werbung. So handelt nach Paragraph 4 unlauter, wer den Werbecharakter von geschäftlichen Handlungen verschleiert oder die Entscheidungsfreiheit der Verbraucher durch Ausübung von Druck beeinträchtigt. Schleich- und Angstwerbung sind damit verboten. In Paragraph 5 wird irreführende Werbung verboten. In Paragraph 6 wird die Zulässigkeit vergleichender Werbung gesetzlich normiert. In Paragraph 7 wird definiert, was eine unzumutbare Belästigung und damit unzulässige Werbung ist.

In der Liste im Anhang zum UWG wird die in eine Werbung einbezogene unmittelbare Aufforderung an Kinder, selbst die beworbene Ware zu erwerben oder die beworbene Dienstleistung in Anspruch zu nehmen oder ihre Eltern oder andere Erwachsene dazu zu veranlassen, als unzulässige geschäftliche Handlung ausdrücklich erwähnt.

Außer dem Verbot, mit erhöhten Gewinnchancen zu werben, sieht das UWG keine speziellen Regulierungen für den Glücksspielsektor vor. Die Generalklausel und die generellen Werbegebote gelten aber auch für die Werbung für Tabak-, Alkohol und Glücksspielprodukte.

Lebensmittel-, Bedarfsgegenstände- und Futtermittelgesetzbuch (LFGB)

Im Lebensmittelsektor stellt das Lebensmittel-, Bedarfsgegenstände- und Futtermittelgesetzbuch (LFGB) das zentrale Dach- und Rahmengesetz dar.[36] Bei Lebensmitteln gelten strenge Anforderungen bezüglich der Richtigkeit, Eindeutigkeit und Klarheit von Werbebehauptungen einschließlich der Warenbezeichnung, weil die Verbraucher mit wachsendem Gesundheitsbewusstsein solche Angaben besonders ernst nehmen.

Das LFGB löst weitgehend die Bestimmungen des Lebensmittel- und Bedarfsgegenständegesetzes (LMBG) ab. Damit wurde das deutsche Lebensmittelrecht

36 Vgl. Lebensmittel-, Bedarfsgegenstände- und Futtermittelgesetzbuch (LFGB), zuletzt geändert am 26. Februar 2008. In der aktuellen Fassung zu finden unter: http://bundesrecht.juris.de.

entsprechend der EU-Basisverordnung (VO 178/2002) umgestaltet. Viele Paragraphen des LMBG finden sich auch im neuen Gesetz wieder. Gleichzeitig sind die Bestimmungen über Tabakerzeugnisse nicht mehr im LFGB enthalten, sondern werden jetzt als „Vorläufiges Tabakgesetz" zusammengefasst.

Der Paragraph 12 LFGB sieht ein Verbot der krankheitsbezogenen Werbung für Lebensmittel vor, d. h. es ist verboten, in der Werbung für Lebensmittel Aussagen, die sich auf die Beseitigung, Linderung oder Verhütung von Krankheiten beziehen, zu verwenden.

Außer diesen generellen rechtlichen Rahmenbedingungen für Werbung gelten noch spezielle Regelungen für Tabak- und Alkoholwerbung.

Vorläufiges Tabakgesetz

Das Vorläufige Tabakgesetz[37] gilt seit dem 1. September 2005 und enthält Vorschriften im Zusammenhang mit Tabakprodukten. Die Richtlinie 2003/33/EG[38] beschränkt die Werbung für Tabakerzeugnisse. Diese Richtlinie wurde am 29. Dezember 2006 in nationale Gesetzgebung umgesetzt[39] und findet sich in dem Vorläufigen Tabakgesetz wieder. Werbung wird hier definiert als „jede Art kom-

37 Vgl. Vorläufiges Tabakgesetz, zuletzt geändert durch Artikel 1 des Gesetzes vom 21. Dezember 2006 (BGBl. I S. 3365). In der aktuellen Fassung zu finden unter: http://bundesrecht.juris.de.

38 Vgl. Richtlinie 2003/33/EG des Europäischen Parlaments und des Rates vom 26. Mai 2003 (ABl. L 152 vom 20. Juni 2003, S. 16) berichtigt am 5. März 2004 (ABl. L 067 vom 5. März 2004, S. 34) in der Lesefassung zu finden unter http://eur-lex.europa.eu.

39 Dieser Umsetzung ist eine Klage der Bundesregierung vorweg gegangen. Am 12. Dezember 2006 hat der Europäische Gerichtshof (EuGH) die Klage der Bundesregierung gegen die EU-Richtlinie über Tabakwerbung abgewiesen und das Regelwerk für rechtmäßig erklärt. In den Urteilsgründen hat der EuGH ausgeführt, dass bei Erlass der Richtlinie Unterschiede zwischen den nationalen Regelungen über Werbung und Sponsoring zugunsten von Tabakerzeugnissen bestanden hätten. Diese Unterschiede seien geeignet gewesen, den freien Waren- und Dienstleistungsverkehr innerhalb des Binnenmarkts zu behindern. Das Tätigwerden des EU-Gesetzgebers sei deshalb gerechtfertigt. Nicht zu beanstanden sei, dass er sich bei Erlass der Richtlinie möglicherweise auch von Gesundheitsschutzüberlegungen habe leiten lassen. Der ausdrückliche Ausschluss jeglicher Harmonisierung der in diesem Bereich bestehenden Vorschriften der Mitgliedstaaten bedeute nicht, dass eine auf einer anderen Grundlage erlassene Harmonisierungsmaßnahme keine Auswirkungen auf den Schutz der menschlichen Gesundheit haben dürfe (vgl. hierzu Zentralverband der deutschen Werbewirtschaft. EU Werbepolitik – Tabak. http://www.zaw.de/index.php?menuid=108).

merzieller Kommunikation mit dem Ziel oder der direkten oder indirekten Wirkung, den Verkauf eines Tabakerzeugnisses zu fördern".[40] Dies entspricht der in der Gesetzgebung generell zu findenden sehr umfassenden Definition von Werbung als jeder Form der Absatzförderung.

In Paragraph 21a und Paragraph 22 des Vorläufigen Tabakgesetzes sind die Einschränkungen für Werbung für Tabakerzeugnisse festgelegt. Es ist verboten, für Tabakerzeugnisse im Hörfunk oder im Fernsehen zu werben. Es ist verboten, für Tabakerzeugnisse in der Presse oder in einer anderen gedruckten Veröffentlichung zu werben, es sei denn, diese sind ausschließlich für im Tabakhandel tätige Personen bestimmt oder betreffen in ihrem redaktionellen Inhalt weit überwiegend Tabakerzeugnisse oder ihrer Verwendung dienende Produkte. Dies gilt entsprechend für die Werbung für Tabakerzeugnisse in Diensten der Informationsgesellschaft.[41] Dienste der Informationsgesellschaft sind Dienstleistungen, die in der Regel gegen Entgelt elektronisch im Fernabsatz und auf individuellen Abruf eines Empfängers erbracht werden.

Das Sponsoring wird eingeschränkt. Es ist nach Paragraph 21a des Vorläufigen Tabakgesetzes einem Unternehmen, dessen Haupttätigkeit die Herstellung oder der Verkauf von Tabakerzeugnissen ist, verboten, ein Hörfunkprogramm zu sponsern. Auch das Sponsoring von Veranstaltungen und Aktivitäten mit grenzüberschreitender Wirkung ist diesen Unternehmen untersagt. Sponsoring bezeichnet hier jede Art von öffentlichem oder privatem Beitrag zu einer Veranstaltung oder Aktivität oder jede Art von Unterstützung von Einzelpersonen mit dem Ziel oder der direkten oder indirekten Wirkung, den Verkauf eines Tabakerzeugnisses zu fördern.

Es ist nach Paragraph 22 des Vorläufigen Tabakgesetzes verboten, in der Werbung für Tabakerzeugnisse allgemein oder im Einzelfall Bezeichnungen, Angaben, Aufmachungen, Darstellungen oder sonstige Aussagen zu verwenden, durch die der Eindruck erweckt wird, dass der Genuss oder die bestimmungsgemäße Verwendung von Tabakerzeugnissen gesundheitlich unbedenklich oder geeignet ist, die Funktion des Körpers, die Leistungsfähigkeit oder das Wohlbefinden

---

40 Vgl. Artikel 2b der Richtlinie 2003/33/EG.

41 Dienste der Informationsgesellschaft sind Dienste im Sinne des Artikels 1 Absatz 2 der Richtlinie 98/34/EG des Europäischen Parlaments und des Rates vom 22. Juni 1998 über ein Informationsverfahren auf dem Gebiet der Normen und technischen Vorschriften und der Vorschriften für die Dienste der Informationsgesellschaft.

günstig zu beeinflussen oder die das Inhalieren des Tabakrauchs als nachahmenswert erscheinen lassen. Der Jugendschutz findet seinen Ausdruck in dem Verbot der Werbung, die ihrer Art nach besonders dazu geeignet ist, Jugendliche oder Heranwachsende zum Rauchen zu veranlassen.

Das Bundesministerium für Ernährung, Landwirtschaft und Verbraucherschutz wird ermächtigt, im Einvernehmen mit dem Bundesministerium für Wirtschaft und Technologie durch Rechtsverordnung mit Zustimmung des Bundesrates, soweit es zum Schutz des Verbrauchers erforderlich ist, insbesondere die Art, den Umfang oder die Gestaltung der Werbung durch bestimmte Werbemittel oder an bestimmten Orten zu regeln sowie die Verwendung von Darstellungen oder Äußerungen von Angehörigen bestimmter Personengruppen zu verbieten oder zu beschränken.

Richtlinie für audiovisuelle Mediendienste ohne Grenzen

Die Werbung im Fernsehen ist in der Richtlinie 2007/65/EG des Europäischen Parlaments und des Rates vom 11. Dezember 2007 zur Änderung der Richtlinie 89/552/EWG des Rates zur Koordinierung bestimmter Rechts- und Verwaltungsvorschriften der Mitgliedstaaten über die Ausübung der Fernsehtätigkeit gesetzlich normiert. Mit dieser „Richtlinie für audiovisuelle Mediendienste ohne Grenzen" wird die 1989 verabschiedete und erstmals 1997 geänderte Richtlinie „Fernsehen ohne Grenzen" überarbeitet.

Nach dieser Richtlinie gilt: „Jede Form der audiovisuellen kommerziellen Kommunikation für Zigaretten und andere Tabakerzeugnisse ist untersagt."[42]

Fernsehwerbung und Teleshopping für alkoholische Getränke müssen bestimmten Kriterien entsprechen.[43] Beispielsweise darf nicht der Eindruck erweckt werden, Alkoholgenuss fördere sozialen oder sexuellen Erfolg. Sie dürfen nicht eine therapeutische, stimulierende, beruhigende oder konfliktlösende Wirkung von Alkohol suggerieren. Nach Artikel 3 gilt auch ein besonderer Schutz für Minderjährige.

42 Vgl. Artikel 3e Richtlinie für audiovisuelle Mediendienste. http://ec.europa.eu/avpolicy/docs/reg/avmsd/avmsd_comp_table_de.pdf.

43 Vgl. Artikel 3e Richtlinie für audiovisuelle Mediendienste. http://ec.europa.eu/avpolicy/docs/reg/avmsd/avmsd_comp_table_de.pdf.

Jugendmedienschutz-Staatsvertrag

Der Staatsvertrag über den Schutz der Menschenwürde und den Jugendschutz in Rundfunk und Telemedien (Jugendmedienschutz-Staatsvertrag – JmStV[44]) sieht Einschränkungen der Werbung generell und im Besonderen für Tabak und Alkohol vor. Nach Paragraph 6 darf Werbung keine direkten Kaufappelle an Kinder und Jugendliche enthalten, die deren Unerfahrenheit und Leichtgläubigkeit ausnutzt. Werbung, die sich auch an Kinder und Jugendliche richtet oder bei der Kinder oder Jugendliche als Darsteller eingesetzt werden, darf nicht den Interessen von Kindern oder Jugendlichen schaden. Werbung für alkoholische Getränke darf sich weder an Kinder und Jugendliche richten, noch durch die Art der Darstellung Kinder und Jugendliche besonders ansprechen oder diese beim Alkoholgenuss darstellen. Entsprechendes gilt für die Werbung für Tabak in Telemedien.

Jugendschutzgesetz

Das Jugendschutzgesetz[45] reguliert auch die Werbung in Filmveranstaltungen. Nach Paragraph 11 dürfen Werbefilme und Werbeprogramme, die für Tabakwaren oder alkoholische Getränke werben, nur nach 18 Uhr vorgeführt werden.

Glücksspielstaatsvertrag

Die generellen Werbegebote, wie das Verbot irreführender oder unlauterer Werbung und die Werbeeinschränkungen, die auf den Schutz von Kindern und Jugendlichen abzielen, gelten auch für die Glücksspielwerbung. Der Glücksspielstaatsvertrag ist als ein erster Versuch anzusehen, darüber hinaus auch für den Glücksspielbereich spezielle Werbegebote zu definieren. Die Werbeeinschränkungen bei Glücksspielprodukten sind sehr viel weniger detailliert und ausdifferenziert, als die Werbeeinschränkungen bei Alkohol und Tabak. Die unterschiedlichen Perspektiven eines gefährdeten oder gar pathologischen, d. h.

---

44 Staatsvertrag über den Schutz der Menschenwürde und den Jugendschutz in Rundfunk und Telemedien vom 10. bis 27. September 2002, zuletzt geändert durch Artikel 2 des Elften Rundfunkänderungsstaatsvertrages vom 12. Juni 2008, in Kraft getreten am 1. Januar 2009.
http://www.kjm-online.de/public/kjm/downloads/JMStV_Stand%2011%20RStV.pdf.

45 Jugendschutzgesetz vom 23. Juli 2002, zuletzt geändert durch Artikel 3 des Gesetzes vom 31. Oktober 2008, in Kraft getreten am 5. November 2008.
http://www.kjm-online.de/public/kjm/downloads/juschg%20081128.pdf.

schutzbedürftigen Spielers, und eines durchschnittlichen Spielers haben keine Berücksichtigung gefunden. Es wird auch nicht das Suchtgefährdungspotential des jeweiligen Glücksspielprodukts berücksichtigt.

Die Werbung für Glücksspielprodukte wird zwar in dem Glücksspielstaatsvertrag geregelt, doch sind die Vorschriften auslegungsbedürftig. Werbung für Glücksspiel hat mit den Zielen des Glücksspielstaatsvertrags vereinbar zu sein und sich dabei auf die Information und Aufklärung zu beschränken. Die Werbung darf nicht gezielt zur Teilnahme auffordern, anreizen oder ermuntern. Die Werberichtlinien der Glücksspielaufsichtsbehörden der Länder füllen diese generellen Kriterien mit Inhalt und legen diese praktisch aus.

In dem Staatsvertrag zum Glücksspielwesen in Deutschland (Glücksspielstaatsvertrag)[46] wird die Werbung für Glücksspiel gesetzlich normiert. Paragraph 5 des Glücksspielstaatsvertrags schränkt die erlaubte Werbung für Glücksspiel ein:

(1) Werbung für öffentliches Glücksspiel hat sich zur Vermeidung eines Aufforderungscharakters bei Wahrung des Ziels, legale Glücksspielmöglichkeiten anzubieten, auf eine Information und Aufklärung über die Möglichkeit zum Glücksspiel zu beschränken.

(2) Werbung für öffentliches Glücksspiel darf nicht in Widerspruch zu den Zielen des § 1 stehen, insbesondere nicht gezielt zur Teilnahme am Glücksspiel auffordern, anreizen oder ermuntern. Sie darf sich nicht an Minderjährige oder vergleichbar gefährdete Zielgruppen richten. Die Werbung darf nicht irreführend sein und muss deutliche Hinweise auf das Verbot der Teilnahme Minderjähriger, die von dem jeweiligen Glücksspiel ausgehende Suchtgefahr und Hilfsmöglichkeiten enthalten.

(3) Werbung für öffentliches Glücksspiel ist im Fernsehen (§§ 7 und 8 Rundfunkstaatsvertrag), im Internet sowie über Telekommunikationsanlagen verboten.

(4) Werbung für unerlaubte Glücksspiele ist verboten.

---

46 Staatsvertrag zum Glücksspielwesen in Deutschland (Glücksspielstaatsvertrag – GlüStV). https://gluecksspiel.uni-hohenheim.de/fileadmin/einrichtungen/gluecksspiel/Staatsvertrag/GlueStV.pdf.

Diese Werbeeinschränkungen des Glücksspielstaatsvertrags reichen über die generellen gesetzlichen Werbebeschränkungen weit hinaus und werden in den folgenden Abschnitten zusammengefasst und nacheinander diskutiert.

Werbung für öffentliches Glücksspiel darf nicht in Widerspruch zu den Zielen des Glücksspielstaatsvertrags stehen und hat sich auf eine Information und Aufklärung über die Möglichkeit zum Glücksspiel zu beschränken und darf nicht gezielt zur Teilnahme am Glücksspiel auffordern, anreizen oder ermuntern

Der Bundesgerichtshof definiert Werbung als „jede Äußerung bei der Ausübung eines Handels, Gewerbes, Handwerks oder freien Berufs mit dem Ziel, den Absatz von Waren oder die Erbringung von Dienstleistungen zu fördern."[47] Werbung umfasst also praktisch alle Maßnahmen, denen die Absatzförderung gemeinsam ist. Der Glücksspielstaatsvertrag lehnt sich an das BGH-Urteil „Telefonische Gewinnauskunft" in den Erläuterungen zu Paragraph 5 Glücksspielstaatsvertrags explizit an: „Vor diesem Hintergrund richtet sich das Verbot des gezielten Aufforderns, Anreizens oder Ermunterns zur Teilnahme am Glücksspiel in Satz 1 vor allem gegen unangemessene unsachliche Werbung. Verboten sind insbesondere die Glücksspielsucht fördernde Formen der Werbung etwa durch verkaufsfördernde Maßnahmen wie Rabatte, Gutscheine und ähnliche Aktionen."[48] Jeder Art von Werbung ist ein gewisser Aufforderung- und Anreizmoment immanent, auch einer rein informativen Werbung. Dies wird bereits in den Erläuterungen zum Glücksspielstaatsvertrag anerkannt und darauf hingewiesen, dass sich das Werbeverbot vor allem gegen unangemessene unsachliche Werbung richtet.

Die Vorschriften für Werbung gelten für Werbung für „öffentliches Glücksspiel". Da jedes andere Glücksspielangebot (bis auf das gewerbliche Glücksspiel der Geldspielgeräte mit Gewinnmöglichkeit) untersagt ist, sind diese Vorschriften erst einmal allumfassend zu interpretieren.

Die Vereinbarkeit der Werbung mit den Zielen des Staatsvertrags steht an erster und wichtigster Stelle. Die Ziele des Staatsvertrags sind in Paragraph 1 definiert:

---

47 Urteil des Bundesgerichtshofs vom 9. Juni 2005 – I ZR 279/02.
48 Erläuterungen zum Staatsvertrag zum Glücksspielwesen in Deutschland, S. 15 f.

Ziele des Staatsvertrages sind

1. *das Entstehen von Glücksspielsucht und Wettsucht zu verhindern und die Voraussetzungen für eine wirksame Suchtbekämpfung zu schaffen,*
2. *das Glücksspielangebot zu begrenzen und den natürlichen Spieltrieb der Bevölkerung in geordnete und überwachte Bahnen zu lenken, insbesondere ein Ausweichen auf nicht erlaubte Glücksspiele zu verhindern,*
3. *den Jugend- und den Spielerschutz zu gewährleisten,*
4. *sicherzustellen, dass Glücksspiele ordnungsgemäß durchgeführt, die Spieler vor betrügerischen Machenschaften geschützt und die mit Glücksspielen verbundene Folge- und Begleitkriminalität abgewehrt werden.*

Diese Beschränkung der Werbung auf Information und Aufklärung knüpft fast wortwörtlich an das Sportwetten-Urteil des Bundesverfassungsgerichts von 28. März 2006 an. Dort heißt es: „Die Werbung für das Wettangebot hat sich zur Vermeidung eines Aufforderungscharakters bei Wahrung des Ziels, legale Wettmöglichkeiten anzubieten, auf eine Information und Aufklärung über die Möglichkeiten zum Wetten zu beschränken.“ Es soll hiermit eine „expansive Vermarktung“ verhindert werden. Die dahinter liegende Argumentation ist die folgende: Wenn der Gesetzgeber auf dem Glücksspielmarkt ein staatliches Monopol etabliert und dieses mit „zwingenden Gründen des Allgemeininteresses“ begründet wird, so hat sich auch die Vermarktung des „öffentlichen Glücksspielangebots“ diesem Ziel unterzuordnen. Damit wird angemahnt, dass ein staatliches Angebot in höherem Maß als ein gewerbliches Angebot eine gewisse Verantwortung trägt, die sich auch in der Form der Vermarktung ausdrückt.

Die vom Bundesverfassungsgericht für Sportwetten geforderten Werbebeschränkungen werden unbesehen auf alle Formen des Glücksspiels übertragen, ohne den Besonderheiten der unterschiedlichen Formen des Glücksspiels und deren unterschiedlichem Suchtgefährdungspotential Rechnung zu tragen. Was für Sportwetten angebracht ist, gilt nicht für alle Glücksspielprodukte gleichermaßen.

Der Gesetzgeber hat die Beschränkung auf eine Information und Aufklärung in Paragraph 5 Absatz 1 des Glücksspielstaatsvertrags durch zwei Zusätze näher bestimmt, die in einem Spannungsverhältnis zueinander stehen. Die Beschränkung soll „zur Vermeidung eines Aufforderungscharakters bei Wahrung des Ziels, legale Glücksspielmöglichkeiten anzubieten“ erfolgen. Während die Vermeidung eines Aufforderungscharakters den zulässigen Inhalt und Umfang von Information und Aufklärung begrenzt, bringt das Ziel, ein legales Angebot zu erhalten und so den „natürlichen Spieltrieb“ in geordnete Bahnen zu lenken, eher eine Ausweitung der Werbung mit sich. Die Ziele des Glücksspielstaatsvertrags dienen dazu, dieses Spannungsverhältnis zu lösen.

Bereits Heermann weist darauf hin, dass das Spannungsverhältnis zwischen Vermeidung eines Aufforderungscharakters und Erhaltung eines legalen Angebots näher aufgelöst und inhaltliche Kriterien zur Abgrenzung entwickelt werden müssen. Heermann[49] begründet seine Interpretation jedoch nicht aus und mit den Zielen des Glücksspielstaatsvertrags, sondern bezieht sich in seiner Auslegung auf ein Urteil des Bundesverfassungsgerichts aus dem Jahr 1977 zur Öffentlichkeitsarbeit der Bundesregierung. Es ging um die Abgrenzung zulässiger Information von unzulässiger Wahlbeeinflussung. Das Bundesverfassungsgericht musste klären, wie anhand inhaltlicher Kriterien zulässige Information von unzulässiger Wahlbeeinflussung der Bundesregierung zugunsten einer bestimmten Partei abzugrenzen ist. Heermann überträgt diese Ausführungen auf die Werbemaßnahmen für öffentliches Glücksspiel und leitet daraus eine Reihe von sehr restriktiven Kriterien ab, die für eine informative Werbung für Glücksspiel nach seiner Auffassung zu gelten haben.

Nach Ansicht von Heermann darf Werbung für Glücksspiel nur darüber informieren, unter welchen Bedingungen aus der Teilnahme an einem Glücksspiel ein Gewinn erlangt wird, ob Geld- oder Sachgewinne ausgelobt werden, wie sich die konkrete Höhe eines Geld- oder Sachgewinns sowie die Gewinnchancen ermitteln oder errechnen. Sofern bei Werbung des Glücksspielanbieters aufgrund der äußeren Form und der Aufmachung von Werbung der informative Gehalt eindeutig hinter der reklamehaften Aufmachung zurücktritt, läge keine Information über die Möglichkeit zum Glücksspiel vor und die Werbung sei unzulässig. Wenn sich bei zunehmender zeitlicher Nähe zur Durchführung des öffentlichen Glücksspiels Werbemaßnahmen häufen, handele es sich ebenfalls nicht mehr um eine Information über die Möglichkeit zum Glücksspiel. Heermann ist hier der Meinung, dass in einem solchen Fall allein schon aufgrund der Häufigkeit der Aufmerksamkeit erregenden Werbemaßnahmen der Informationsgehalt hinter deren nunmehr eindeutig überwiegenden Werbeanteil zurücktritt. Auch primär informative Werbung könne bei deutlicher Erhöhung der Zahl der Werbemaß-

49 Vgl. hierzu Heermann, P., Werbebeschränkungen für öffentliches Glücksspiel nach dem Glücksspielstaatsvertrag. In: Wettbewerb in Recht und Praxis, Heft 2008/04, S. 479-491.

nahmen, beispielsweise kurz vor Teilnahmeschluss, eine unzulässige Anreizwirkung auf die Adressaten ausüben.

Diese aus der Rechtsprechung zur politischen Werbung übernommene Interpretation von Heermann ist nicht sachgerecht. Die Werbeeinschränkungen für die Werbung von Glücksspielprodukten bestimmen sich letztendlich anhand der Ziele des Glücksspielstaatsvertrags. Jede Werbung, die das Entstehen von Glücksspielsucht und Wettsucht begünstigt, wäre nicht im Sinne des Glücksspielstaatsvertrags. Die Werbeeinschränkungen sind an der Werbewirkung auf die Gruppe der besonders schutz- und hilfebedürftigen Konsumenten zu messen. Neben Kindern und Jugendlichen sind dies die durch Spielsucht gefährdeten Spieler. Ein eng ausgelegtes generelles Verbot jeder Werbung, die über Information und Aufklärung hinausgeht, übersteigt das, was für den Spielerschutz notwendig wäre.

Hier ist auf ein Problem in der Auslegung des Glücksspielstaatsvertrags hinzuweisen.[50] Auf der einen Seite wird Werbung in dem Glücksspielstaatsvertrag sehr generell als jede absatzfördernde Maßnahme definiert, auf der anderen Seite ist jede Werbung, die gezielt „zur Teilnahme am Glücksspiel auffordert, anreizt oder ermuntert", also darauf hin abzielt, den Absatz zu fördern, verboten. Zwar wird in den Erläuterungen zum Glücksspielstaatsvertrag darauf hingewiesen, dass sich das Werbeverbot vor allem gegen unangemessene unsachliche Werbung richtet, doch der Wortlaut des Paragraph 5 legt es nahe, praktisch jede Form der Werbung als verboten einzuordnen. Weder Heermann in seiner Auslegung noch die ordentliche Gerichtsbarkeit in ihrer Rechtsprechung berücksichtigen die Ziele des Glücksspielstaatsvertrags in der jeweiligen Auslegung des Paragraph 5.

Die Auslegung der Werbeeinschränkungen bei Glücksspielen durch Heermann berücksichtigt weder die Ziele des Glücksspielstaatsvertrags noch die Erläuterungen zum Glücksspielstaatsvertrag und schon gar nicht die vorliegenden wissenschaftlichen Erkenntnisse zum Suchtgefährdungspotential verschiedener Formen des Glücksspiels. Durch eine Werbung für eine ungefährliche Form des

---

50 Auf dieses Problem weist auch Rechtsanwalt Dr. Bahr in seinem Kommentar zu einem Urteil eines Oberlandesgerichts in sehr drastischen Worten hin und bezeichnet Artikel 5 als die „schwachsinnigste und absurdeste Regelung im neuen Glücksspielstaatsvertrag". Die Bestimmung sei deswegen so missglückt, weil sie einerseits Werbung für Glücksspiele zulässt, andererseits aber verbiete, dass diese Werbung Aufforderungscharakter haben darf, was aber jeder Werbung immanent sei (Rechts-Newsletter 28. KW / 2009: Kanzlei Dr. Bahr, Abschnitt 5).

Glücksspiels kann der Konsum weg von gefährlichen Glücksspielen hin zu ungefährlichen Glücksspielen gelenkt werden. Dies ist im Sinne einer effektiven Suchtprävention und dient damit den Zielen des Glücksspielstaatsvertrags. Wenn der gesetzgeberische Auftrag, den „natürlichen Spieltrieb des Menschen" zu kanalisieren, ernst genommen wird, so bedeutet dies auch, dass Werbemaßnahmen für ungefährliche Glücksspielformen eine Konsumlenkung von den gefährlichen Spielen hin zu den ungefährlichen Spielen ermöglichen. Eine Gleichbehandlung der verschiedenen Formen des Glücksspiels wird deren unterschiedlichem Suchtgefährdungspotential nicht gerecht und steht daher nicht mit den Zielen des Glücksspielstaatsvertrags im Einklang. Bei ungefährlichen Glücksspielprodukten sollte irreführende, unsachliche, unangemessene oder unlautere Werbung verboten sein. Eine Beschränkung auf Information und Aufklärung für diese Produkte ist angesichts des unbedeutenden Suchtgefährdungspotentials nicht angemessen und schon gar nicht verhältnismäßig und kann dem Kanalisierungsauftrag des Staates sogar entgegenstehen.

Die hier vertretene differenzierte Auffassung wird auch von Hecker und Ruttig in dem Kommentar zum Glücksspielrecht geteilt. Das erste und vorrangige Ziel des Glücksspielstaatsvertrags (GlüStV) ist, „das Entstehen von Glücksspielsucht und Wettsucht zu verhindern und die Voraussetzungen für eine wirksame Suchtbekämpfung zu schaffen." Diesem Ziel haben sich auch die Vorschriften für Werbung unterzuordnen. Hecker und Ruttig[51] merken an: „Wenn aber wichtigstes Ziel des GlüStV die Verhinderung von Glücksspielsucht und Wettsucht ist (hier unterscheidet der Staatsvertrag) und durch den GlüStV die Voraussetzungen für eine wirksame Suchtbekämpfung geschaffen werden sollen, dann darf das unterschiedliche Suchtpotenzial der einzelnen Spielarten nicht unberücksichtigt bleiben. Auch um nicht in Konflikte mit dem Übermaßverbot zu geraten, ist bei der Beurteilung der Frage, ob eine Werbung den Zielen des § 1 widerspricht, daher zwischen den einzelnen Glücksspielformen zu unterscheiden. Für das weniger gefährliche LOTTO ist demnach ein großzügigerer Maßstab anzulegen als etwa für Casinospiele oder Sportwetten zu festen Gewinnquoten."

Hieraus wird nach Hecker und Ruttig deutlich, dass „die Regelungsinhalte der Norm keine starren Vorgaben in Bezug auf die Zulässigkeit oder Unzulässigkeit einzelner Werbemaßnahmen und -darstellungsarten beinhalten können, sondern

51 Hecker, M./Ruttig, M., § 5 Werbung. In: Dietlein, J. et al., Glücksspielrecht, München 2008, S. 61.

einer flexiblen und dynamischen Handhabung bedürfen, die den aktuellen Marktgegebenheiten Rechnung trägt".

Hecker und Ruttig weisen in diesem Zusammenhang darauf hin, dass das Bundesverfassungsgericht in seiner Sportwettenentscheidung vom 28. März 2006 offensichtlich sogar aggressive Werbung toleriert, wenn es ausführt, dass es nicht darauf ankomme, „ob die Werbung als aggressiv zu bewerten ist", sofern und solange sie nur „auf eine Kanalisierung der ohnehin vorhandenen Wettleidenschaft hin zu staatlichen Wettangeboten angelegt ist". Erstens ist eine Kanalisierung hin zu dem legalen und weg vom illegalen Angebot anzustreben.

Zweitens ist mit einem staatlichen Glücksspielmonopol eine Kanalisierung weg von Glücksspielformen mit einem hohen Gefährdungspotential und hin zu Glücksspielen mit einem geringen Suchtgefährdungspotential anzustreben. Wenn die „aggressive" Vermarktung im Einklang mit den Zielen des Glücksspielstaatsvertrags steht, dürfte an dieser Vermarktung aus juristischer und auch aus suchtpräventiver Sicht nichts auszusetzen sein.

Weiterhin ist hier auf die Erläuterungen zum Glücksspielstaatsvertrag zu verweisen. Es wird dort erläutert, dass sich das Verbot des gezielten Aufforderns, Anreizens oder Ermunterns zur Teilnahme am Glücksspiel vor allem gegen unangemessene unsachliche Werbung richtet und insbesondere die Glücksspielsucht fördernde Formen der Werbung verboten sind. Dies wird auch von Engels in seiner Rechtsauffassung betont. Im Gegensatz zu Herrmann, der sich an dem Wortlaut des Paragraph 5 orientiert und die Werbeeinschränkungen des Glücksspielstaatsvertrags sehr restriktiv auslegt, orientiert sich Engels mehr an dem Wortlaut der Erläuterungen zu diesem Paragraphen und kommt daher zu einer deutlich weniger restriktiven Auslegung. Engels[52] argumentiert: „Da Werbung für Glücksspiel nicht generell untersagt wurde, ist also jede kommerzielle Kommunikation mit Absatzförderungsabsicht erlaubt, wenn sie nicht gezielt zur Teilnahme auffordert, anreizt oder ermuntert. Gemeint sind damit vor allem ‚unangemessene unsachliche' Werbemaßnahmen, wozu laut Entwurfsbegründung insbesondere verkaufsfördernde Maßnahmen wie Rabatte, Gutscheine und ähnliche Aktionen zählen".

---

52 Vgl. Engels, S., Glücksspielstaatsvertrag 2008, In: Wettbewerb in Recht und Praxis 2008/4, S. 470-478.

Es lässt sich als Zwischenergebnis festhalten, dass eine restriktive Auslegung des Gebots der informierenden und aufklärenden Werbung mit dem Verbot der zum Glücksspiel auffordernden, anreizenden oder ermunternden Werbung, wie bei Heermann, den Zielen des Glücksspielstaatsvertrags nicht entspricht. Wenn hingegen bei der juristischen Betrachtung die Priorität der Ziele des Staatsvertrags in den Vordergrund gerückt wird, wie bei Hecker und Ruttig, und eine Würdigung des unterschiedlichen Suchtgefährdungspotentials von verschiedenen Formen des Glücksspiels stattfindet, so kann eine absatzfördernde oder sogar „aggressive" Werbung für weitgehend ungefährliche Formen des Glücksspiels ganz im Sinne der Ziele des Staatsvertrags stehen, insbesondere wenn damit eine Konsumlenkung von gefährlichen Glücksspielen hin zu ungefährlichen Glücksspielen erreicht wird.

Werbung für öffentliches Glücksspiel ist im Fernsehen, im Internet sowie über Telekommunikationsanlagen verboten

Es wird ein Werbeverbot für bestimmte Werbemedien, d. h. Werbeträger, ausgesprochen. Hier nimmt das Glücksspiel eine Zwischenstellung zwischen Tabak und Alkohol ein. Während für Tabakwerbung alle Werbemedien bis auf Kino- und Plakatwerbung gänzlich verboten sind, sind dies bei Glücksspiel das Internet und Fernsehen. Bei Alkohol gibt es keine derartigen Beschränkungen der erlaubten Werbemedien.

Tab. 3: Werbeverbote nach Werbemedium

	Tabak	Alkohol	Glücksspiel
Internet	verboten	erlaubt	verboten
Fernsehen	verboten	erlaubt	verboten
Hörfunk	verboten	erlaubt	erlaubt
Presse	verboten[1]	erlaubt	erlaubt
Kino	erlaubt[2]	erlaubt[2]	erlaubt
Plakate	erlaubt	erlaubt	erlaubt

[1] nur in Tabakfachzeitschriften erlaubt
[2] nur nach 18 Uhr

Quelle: Eigene Zusammenstellung

Es ist wissenschaftlich weitgehend abgesichert, dass jeder Tabakkonsum (sogar für Passivraucher) schädlich ist. Es ist daher konsequent, hier ein Werbeverbot für (fast) alle Werbemedien auszusprechen. Bei den Werbeselbstbeschränkungen für Alkohol wird explizit davon ausgegangen, dass es bei Alkohol einen unschädlichen und einen schädlichen Konsum gibt. Bei Glücksspiel ist auch nicht jedes Spielen schädlich. Daher bietet es sich an, auch hier zwischen schädlichem und unschädlichem Konsum zu unterscheiden. Dies erfolgt jedoch nicht in dem derzeit geltenden Glücksspielstaatsvertrag. Diese Differenzierung ist jedoch gerade für die Analyse der Wirkung der Werbung auf nicht pathologische Spieler und pathologische Spieler von Bedeutung.

Hinter dem Verbot der Werbung für Glücksspiel im Internet und Fernsehen steht der Versuch, durch ein umfassendes Verbot des Angebots von und der Werbung für Glücksspiele im Internet dem ausländischen Glücksspielangebot ein Riegel vorzuschieben. Dieses Internetverbot wird sehr kontrovers diskutiert.[53] Hierauf soll an dieser Stelle nicht näher eingegangen werden.

Das Verbot der Werbung über Telekommunikationsanlagen, d. h. über das Telefon, ist im Glücksspielstaatsvertrag eigens erwähnt, wird aber bereits durch andere Gesetze geregelt. Paragraph 7 des Gesetzes gegen den unlauteren Wettbewerb verbietet solche Anrufe, wenn zuvor keine Einverständniserklärung des Angerufenen eingeholt wurde. Nach den Erläuterungen zum Glücksspielstaatsvertrag geht dieses Verbot über die allgemein geltenden wettbewerbsrechtlichen Grenzen in Paragraph 7 des UWG hinaus und verbietet generell die Werbung im Fernsehen, im Internet und über Telekommunikationsanlagen.

Eine nicht unerhebliche Ausnahme erfährt das Verbot der Werbung für öffentliches Glücksspiel für Veranstaltungen, die traditionell in Verbindung mit dem Fernsehen präsentiert werden. In Paragraph 12 Absatz 2 des Glücksspielstaatsvertrags wird die Erteilung einer Erlaubnis für Lotterien mit geringerem Gefährdungspotential geregelt: „In der Erlaubnis kann für Veranstaltungen, die traditionell in Verbindung mit dem Fernsehen präsentiert werden und bei denen vorrangig die gemeinnützige Verwendung der Reinerträge dargestellt wird, eine Befreiung vom Verbot der Fernsehwerbung (§ 5 Abs. 3) zugelassen werden.“ In den Erläuterungen zu Paragraph 12 des Glücksspielstaatsvertrags wird hierzu

53 Die vorherrschende Meinung geht davon aus, dass dieses Internet- und Fernsehverbot verfassungsgemäß ist.

ausgeführt, dass hinsichtlich der Werbung für Soziallotterien (Aktion Mensch, Goldene Eins, Glücksspirale) angesichts des geringeren Suchtpotentials eine Ausnahme vom Verbot der Fernsehwerbung eröffnet wird.

In den Erläuterungen zu Paragraph 5 wird auch ausgeführt, dass vom generellen Werbeverbot im Fernsehen nicht umfasst sind andere Programmteile, die von der Werbung gemäß Paragraph 7 Absatz 3 Satz 2 des Rundfunkstaatsvertrags optisch zu trennen sind, wie die Ziehung der Lottozahlen und Sendungen, die zugelassene Lotterien zum Gegenstand haben.

Bei diesen Ausnahmeregelungen wird bereits das Suchtgefährdungspotential berücksichtigt. Es wäre angebracht, dies konsequent durchzuhalten, nicht nur in Bezug auf das Werbemedium, sondern auch auf den Werbeinhalt.

Heermann[54] weist hier auf einen seiner Ansicht nach „systematischen Bruch" in dem Glücksspielstaatsvertrag hin. Wenn man sich streng am Wortlaut der Paragraphen 5 und 12 des Glücksspielstaatsvertrags orientiert, könnte man folgenden „Erst-recht-Schluss" ziehen: Wenn es schon nach Paragraph 12 für Veranstaltungen, die traditionell in Verbindung mit dem Fernsehen präsentiert werden und bei denen vorrangig die gemeinnützige Verwendung der Reinerträge dargestellt wird, ausdrücklich einer Befreiung vom Verbot der Fernsehwerbung nach Paragraph 5 bedarf, so hat dies erst recht für sonstige Sendungen zu gelten, die Glücksspiele zum Gegenstand haben, ohne dass vorrangig die gemeinnützige Verwendung der Reinerträge dargestellt wird. Zu der letztgenannten Kategorie wären auch die „Ziehung der Lottozahlen" und andere Glücksspielsendeformate wie die „SKL-Show" zu zählen. Bei einer streng an dem Wortlaut orientierten Auslegung wären also die Ziehung der Lottozahlen und die SKL-Show nach Paragraph 5 verboten, da sie als Werbung für Glücksspiel im Fernsehen anzusehen sind und könnten auch keine Ausnahme hiervon erhalten, da hier nicht vorrangig die gemeinnützige Verwendung der Reinerträge dargestellt wird. Diese sehr restriktive Auslegung findet ohne eine Würdigung des realen Tatbestandes statt. Der reale Tatbestand ist das Suchtgefährdungspotential eines Glücksspielproduktes. Ohne dessen Würdigung greift jede Regulierung daneben.

---

54 Vgl. hierzu Heermann, P., Werbebeschränkungen für öffentliches Glücksspiel nach dem Glücksspielstaatsvertrag. In: Wettbewerb in Recht und Praxis, Heft 2008/04, S. 479-491.

Zu einem anderen Ergebnis als Heermann kommt hier Engels:[55] „Nicht verboten ist damit die Sendung der Ziehung der Lottozahlen oder solcher Sendungen, die zugelassene Lotterien (‚NKL-Show') oder sonstiges erlaubtes Glücksspiel zum Gegenstand haben. Es ist also mit einer Zunahme derartiger Sendungshybride zu rechnen, da diese es risikolos ermöglichen, Aufmerksamkeit für erlaubtes Glücksspiel zu erzeugen."

Werbung darf sich nicht an Minderjährige oder vergleichbar gefährdete Zielgruppen richten

Bereits der Jugendmedienschutz-Staatsvertrag sieht ein Verbot der auf Kinder und Jugendliche gezielten Aufforderung zum Konsum vor.[56]

Werbung für unerlaubte Glücksspiele ist verboten

Ein Verbot der Werbung für unerlaubte Glücksspiele entspricht dem Wesen nach dem Verbotscharakter des Paragraph 284 des Strafgesetzbuches und statuiert ergänzend ein Werbeverbot außerhalb strafrechtlicher Bestimmungen.[57]

Die Werbung darf nicht irreführend sein und muss deutliche Hinweise auf das Verbot der Teilnahme Minderjähriger, die von dem jeweiligen Glücksspiel ausgehende Suchtgefahr und Hilfsmöglichkeiten enthalten

Auch das Verbot irreführender Werbung ist nicht neu und bereits im Gesetz gegen unlauteren Wettbewerb vorgesehen. Doch die Verpflichtung zu den deutlichen Hinweisen zum Schutz der besonders schutzbedürftigen Gruppen der Verbraucher, dies sind Kinder und Jugendliche sowie gefährdete bzw. pathologische Spieler, gilt in dieser Form nur für Werbung für Glücksspielprodukte. Bei Alkohol gibt es keinen derartige Werbeverpflichtungen. Die Warnhinweise auf den Verpackungen bei Tabakprodukten sind jedoch vergleichbar.

---

55 Vgl. hierzu Engels, S., Glücksspielstaatsvertrag 2008, In: Wettbewerb in Recht und Praxis 2008/4, S. 470-478.

56 Vgl. ausführlich Kapitel 3.2.

57 Vgl. Hecker, M./Ruttig, M., § 5 Werbung. In: Dietlein, J. et al., Glücksspielrecht, München 2008, S. 76.

5 Schlussfolgerungen

Die internationale und europäische Gesetzgebung stehen einer Regulierung der Werbung bei Glücksspielprodukten nicht entgegen. Hier bleibt den nationalen Gesetzgebern ein erheblicher Entscheidungsspielraum. Bei Eingriffen in die Grundfreiheiten sind diese mit zwingenden Gründen des Allgemeininteresses zu begründen. Wenn Werbeeinschränkungen mit zwingenden Gründen des Allgemeininteresses legitimiert werden, wie bei Glücksspielprodukten, müssen diese Eingriffe gerechtfertigt, geeignet und verhältnismäßig sein. In diesem Sinn kann auch eine „aggressive Werbung" für Glücksspielprodukte mit einem unerheblichen Suchtgefährdungspotential geeignet sein, zur Konsumlenkung von gefährlichen Produkten hin zu ungefährlichen Produkten beizutragen. Eine Werbung für gefährlichere Glücksspielformen ist nur dann mit suchtpolitischen Gründen zu rechtfertigen, wenn hierdurch insgesamt zu einer Verringerung des Suchtgefährdungspotentials durch Glücksspiele beigetragen wird, bspw. wenn eine Konsumlenkung von noch gefährlicheren illegalen Glücksspielprodukten hin zu einem legalen Glücksspielangebot erreicht werden soll.

Werbung für Tabak-, Alkohol- und Glücksspielprodukte unterliegt wie jede Werbung einer Reihe von generellen rechtlichen Einschränkungen. Dabei darf die Werbung – wie jede geschäftliche Handlung – insbesondere die Mitglieder der Gruppe der besonders schutzbedürftigen Verbraucher, also Konsumenten mit einem problematischen oder gar pathologischen Konsumverhalten, nicht zu einer geschäftlichen Entscheidung veranlassen, die sie andernfalls nicht getroffen hätten. Diese generelle gesetzliche Vorschrift wird für Tabak- und Alkoholprodukte in einer Reihe von Spezialgesetzen ergänzt. Insbesondere der Schutz der Minderjährigen steht bei diesen Produkten im Vordergrund. Ein Konsum oder gar problematischer Konsum darf nicht verherrlicht werden.

Bei Tabakprodukten ist die Werbung im Internet, Fernsehen, Hörfunk und der Presse verboten. Nur Kinowerbung (mit weiteren Einschränkungen) und Plakatwerbung sind zulässig. Bei Alkohol ist kein Werbemedium prinzipiell verboten. Bei Glücksspielen gibt es ein Werbeverbot in Internet und, mit gewissen Ausnahmen, auch im Fernsehen.

Die Werbeeinschränkungen bei Tabakprodukten können gesundheitspolitisch gerechtfertigt werden, da hier jeder Konsum zu negativen Folgen führen kann. Bei Alkohol hingegen führt nicht jeder Konsum generell, sondern nur ein zumindest nicht unerheblicher oder gar problematischer Konsum zu Gesundheitsschäden.

Bei Glücksspielprodukten sind Werbeeinschränkungen suchtpolitisch begründet. Dabei ist als erstes das Suchtgefährdungspotential des jeweilig beworbenen Glücksspielproduktes zu beachten. Als zweites sind die Auswirkungen der Werbung auf die Gruppe der besonders schutzbedürftigen Spieler in Rechnung zu stellen.

Der Glücksspielstaatsvertrag untersagt in dem Gesetzestext jede Werbung, die zum Spielen anreizt, auffordert oder ermuntert. Nur informative und aufklärende Werbung ist zulässig. Andererseits ist Werbung rechtlich definiert als jede geschäftliche Handlung mit dem Ziel, den Absatz von Waren oder die Erbringung von Dienstleistungen zu fördern. Dies legt es nahe, nur die Information zu erlauben, die zur Spielteilnahme notwendig ist, also praktisch jede Werbung zu verbieten. Aber es ist auch, unter Berücksichtigung der Erläuterungen zum Glücksspielstaatsvertrag und dessen Ziele, die Auslegung möglich, dass nur unangemessene und unsachliche Werbung verboten ist. In der juristischen Literatur werden beide Standpunkte vertreten. Die Rechtsprechung und damit auch die Werberichtlinien gehen von der ersteren, sehr restriktiven Auslegung aus.

Es bleibt zu wünschen, dass sich die Rechtsprechung und die Glücksspielaufsichtsbehörden mehr an den Zielen des Glücksspielstaatsvertrags orientieren und diese zukünftig in den Vordergrund stellen, anstatt eine Interpretation eines Gesetzestextes ohne jede Berücksichtigung des Tatbestandes und der Ziele des Glücksspielstaatsvertrags vorzunehmen. Zu einer Tatsachenfeststellung gehört die Beachtung der Suchtgefährdung, die durch das jeweilig beworbene Glücksspiel ausgeht und die Wirkung der Werbeaussagen nicht auf den „verständigen Betrachter", sondern auf die Gruppe der Personen, die eines besonderen Schutzes bedarf, wie Kinder und Jugendliche und Personen, die ein pathologisches Spielverhalten aufweisen oder dazu neigen. Die Werberichtlinien sollten deutlich unterscheiden, um welches Glücksspiel es sich handelt, das beworben wird. Die Auswirkungen auf die Gruppe der schutzbedürftigen Personen sollten dabei den Beurteilungsrahmen bilden.

Gegenwärtig beurteilen sowohl die Rechtsprechung als auch die Werberichtlinien die Werbung aus der Sicht eines „normalen Konsumenten". Alles was geeignet ist, den Konsumenten zum Kauf aufzufordern, zu ermuntern oder anzureißen, ist untersagt. Dabei wird die Perspektive des unproblematischen Verbrauchers bei der Bewertung eingenommen. Dies ist nicht sachgerecht. Auch das Suchtgefährdungspotential des jeweils beworbenen Glücksspiels wird nicht berücksichtigt.

Die Rechtsprechung der Landes- und Oberlandesgerichte zeigt eine weitestgehend einheitliche Linie auf.[58] Werbung mit jeder Information, die über die zum Spielen notwendige Information hinausgeht und nicht mit dem Schutz der Jugendlichen und der Suchtprävention begründet werden kann, ist als unzulässige Werbung anzusehen. Eine Ausnahme bildet die Werbung mit Information über die Verwendung der Einnahmen für soziale Zwecke.

Die Abgrenzung von zulässiger zu unzulässiger Werbung findet anhand der (von den Richtern vermuteten) Anreizwirkung statt. Die Richter urteilen hier anhand der eigenen Erfahrung als Verbraucher. Dies ist nicht sachgerecht. Es wäre differenziert zu untersuchen, wie das Suchtgefährdungspotential des jeweiligen Glücksspiels beschaffen ist, welches beworben wird, und es wäre zu fragen, wie die Werbung auf die schutzbedürftigen Spieler wirkt.

Es dürfte bei der Lotterie „6 aus 49“ in der deutschen Bevölkerung etwa 500 bis 1.500 gefährdete und damit schutzbedürftige Spieler geben, für die dieses Glücksspiel ein Problem ist. Bei Fernseh- und Klassenlotterien sind dies noch weniger Personen. Es stellt sich hier zunächst die Frage, ob Werbeeinschränkungen für Glücksspielprodukte mit einem derartig geringen möglichen Suchtgefährdungspotential noch verhältnismäßig sind. Selbst wenn dem zugestimmt werden sollte, stellt sich die weitere Frage, wie eine zu beurteilende Werbung auf die Gruppe dieser Spieler wirkt. Nur wenn die Werbung als Auslöser zu einem Rückfall oder zu dem Beginn einer Glücksspielsucht führen könnte, ist überhaupt ein mögliches Interesse der schutzbedürftigen Spieler an Werbeeinschränkungen vorhanden.

Die Auswirkungen der Werbung auf die schutzbedürftigen Verbraucher, d. h. auf die gefährdeten und die pathologischen Spieler, sollten den Maßstab für die Unterscheidung zwischen erwünschter und unerwünschter Werbung abgeben. Die Grenzziehung zwischen erwünschter und unerwünschter Werbung sollte in Übereinstimmung mit den Zielen des Glücksspielstaatsvertrags auch das unterschiedliche Suchtgefährdungspotential verschiedener Formen des Glücksspiels berücksichtigen. Die Werbung sollte nicht zu einem problematischen Spielverhalten bei solchen Glücksspielprodukten auffordern, die ein Suchtgefährdungspotential ha-

58 Vgl. zu den Entscheidungen der Rechtsprechung zu der Werbung für Glücksspielprodukte ausführlich Becker, T., Werbung für Produkte mit einem Suchtgefährdungspotential, Frankfurt 2010.

ben, doch ein fast umfassendes Werbeverbot in dem Sinne der gerichtlichen Auslegung des Glücksspielstaatsvertrags steht nicht im Einklang mit dessen Zielen.

Nicht jede Form der Werbung stellt für die Gruppe der schutzbedürftigen Spieler einen „Trigger", der ein starkes Verlangen zum Spielen auslöst, dar. Nur wenn die Werbung von den schutzbedürftigen Personen auch wirklich als „Trigger" wahrgenommen werden könnte bzw. wahrgenommen wird, ist die Werbung problematisch. Letztendlich wäre es die Aufgabe des Gesetzgebers bzw. der Gerichte, dies zu klären. Die Gerichte machen keinen Unterschied zwischen „zum Kauf auffordern" und „für die schutzbedürftigen Verbraucher ein Problem darstellen". Wenn die Gerichte die Werbung aus der Perspektive der schutzbedürftigen Verbraucher betrachten würden, wären viele richterliche Entscheidungen anders ausgefallen, erst recht bei einer Abwägung der Interessen der nicht-schutzbedürftigen und der schutzbedürftigen Verbraucher.

In der ordentlichen Gerichtsbarkeit finden die Ziele bei der Interpretation der Werbevorschriften des Glücksspielstaatsvertrags keine Berücksichtigung. Es findet keine Berücksichtigung, dass eine Werbung für ungefährliche Formen des Glücksspiels ganz im Sinne der Ziele des Glücksspielstaatsvertrags wäre.

Hingegen werden von der Verwaltungsgerichtsbarkeit die Ziele des Staatsvertrags eher berücksichtigt. Diese machen deutlich, dass es in dem Glücksspielstaatsvertrag nicht um ein generelles Werbeverbot geht. Der Auftrag der Kanalisierung des Spieltriebes wird von den Verwaltungsgerichten herausgestellt. Da es in diesen Entscheidungen um Sportwetten geht, dient hier die Kanalisierung weg von dem illegalen hin zum legalen Angebot als Begründung für zulässige Werbeaktivitäten. Auf die staatlich angebotenen Lotterien übertragen, müsste der Auftrag lauten, den Spieltrieb weg von gefährlichen hin zu ungefährlichen Glücksspielen zu kanalisieren. Damit würde der Kanalisierungsauftrag aus der Perspektive der Suchtprävention ernst genommen werden.

Für eine Beurteilung der Glücksspielwerbung ist zuerst zu fragen, wie das Suchtgefährdungspotential der beworbenen Form des Glücksspiels beschaffen ist. Falls ein signifikantes Suchtgefährdungspotential besteht, ist als zweites zu fragen, wie die Werbung auf die gefährdeten Konsumenten wirkt. Diese Auffassung wird mittlerweile auch explizit von dem Europäischen Gerichtshof geteilt, der in dem Fall Ladbrokes (Rechtssache C-258/08) zu dem Ergebnis kommt, dass bei einer nationalen Regelung, die die Eindämmung der Spielsucht und die Betrugsbekämpfung bezweckt und wirksam zur Erreichung dieser Ziele beiträgt, davon ausgegangen werden kann, dass sie die Wetttätigkeit in kohärenter und systematischer Weise begrenzt, obwohl der oder die Inhaber einer ausschließlichen Erlaubnis berechtigt sind, ihr Angebot auf dem Markt durch die Einführung neuer Spiele und durch Werbung attraktiver zu machen.

Die Abgrenzung von zulässiger und unzulässiger Werbung sollte sich an dem Ziel der Suchtprävention orientieren. Solche Werbung, die dem Ziel der Suchtprävention entgegenwirkt, ist zu untersagen. Dies kann nicht im Umkehrschluss bedeuten, dass nur Werbung in der Form von Information zu dem jeweiligen Glücksspiel und zur Suchtprävention gestattet ist.

Bei einer zukünftigen Überarbeitung des Glücksspielstaatsvertrags wäre dem unterschiedlichen Suchtgefährdungspotential der verschiedenen Glücksspielformen auch in dem Gesetzestext durchgängig und insbesondere bei den Werbeeinschränkungen selbst besser Rechnung zu tragen. Werbeeinschränkungen für die bisher angebotenen Lotterien tragen nicht signifikant zum Spielerschutz bei, sondern sind eher kontraproduktiv. Bei den gefährlichen Formen des Glücksspiels hingegen sollte eine Werbung, in der mögliche „Trigger“ verwendet werden, aus Gründen des Spielerschutzes untersagt werden.

Angesichts der gerichtlichen Entscheidungen wird überaus deutlich, dass eine Auseinandersetzung mit dem unterschiedlichen Suchtgefährdungspotential der angebotenen und beworbenen Produkte und mit der Wirkung von Werbung auf die Gruppe der schutzbedürftigen Verbraucher gar nicht oder nur rudimentär stattfindet.

Aus diesen Gründen sollte sich der deutsche Gesetzgeber dazu entschliessen, die Einschränkungen der Werbung zu überarbeiten. Insbesondere die Formulierung, dass jede Werbung untersagt ist, die gezielt zur Teilnahme am Glücksspiel „auffordert, anreizt oder ermuntert“, sollte in dieser Form nicht gestrichen werden. Die Werberichtlinien der Glücksspielaufsichtsbehörden sollte sich auf die vorliegenden wissenschaftlichen Erkenntnisse zur Wirkung von Werbung auf jugendliche sowie problematische und pathologische Spieler stützen und nicht auf die Entscheidung von Gerichten, die nur den Wortlaut des Gesetzestexts auslegen können. Vor Erlass und wesentlichen Änderung der Werberichtlinie sollte den beteiligten Kreisen Gelegenheit zur Stellungsnahme gegeben werden.

Literaturverzeichnis

BAUMEISTER, S. E.; KRAUS, L.; STONNER, T. K. und METZ, K. (2008): Tabakkonsum, Nikotinabhängigkeit und Trends. Ergebnisse des Epidemiologischen Suchtsurveys 2006. In: Sucht 2008 (54) Sonderheft 1, S. 26-35.

BECKER, T. (2007): Glücksspiel im Umbruch. Frankfurt: Peter Lang.

BECKER, T. (2009): Glücksspielsucht in Deutschland. Frankfurt: Peter Lang.

BECKER, T. (2010): Werbung für Produkte mit einem Suchtgefährdungspotential. Frankfurt: Peter Lang.

BÖNING, J. und GRÜSSER-SINOPOLI, S. M. (2009): Neurobiologie der Glücksspielsucht. In: BATTHYANY, D. und A. PRITZ: Rausch ohne Drogen - Substanzungebundene Süchte. Wien: Springer, S. 45-66

BÜHRINGER, G.; AUGUSTIN, R.; BERGMANN, E.; BLOOMFIELD, K.; FUNK, W.; JUNGE, B.; KRAUS, L.; MERFERT-DIETE, C.; RUMPF, H.-J.; SIMON R. und TÖPPICH, J. (2000): Alkoholkonsum und alkoholbezogene Störungen in Deutschland. Band 128 der Schriftenreihe des Bundesministeriums für Gesundheit. Baden-Baden: Nomos Verlagsgesellschaft.

DEUTSCHE HAUPTSTELLE FÜR SUCHTFRAGEN (DHS): Jahrbuch Sucht 2009. Geesthacht: Neuland.

ELSTER, J. und SKOG, O.-J. (1999): Introduction, in: ELSTER, J. und O.-J. SKOG (Hrsg.): Getting Hooked: Rationality and Addiction. Cambridge: University Press.

ENGELS, S. (2008): Glücksspielstaatsvertrag 2008 – Marketing und Vertrieb für erlaubtes Glücksspiel. In: Wettbewerb in Recht und Praxis 2008/04, S. 470-478.

EZZATTI, M. (2010): Chapter 4. In: WHO (ed.): Global burden of disease and risk factors. Oxford University and The World Bank, S. 241-397, zitiert nach KÜFNER, H. (2010): Epidemiologie des Substanzkonsums und der Suchterkrankungen in Deutschland. In: Bundesgesundheitsblatt 2010, 53:271-283, Springer Verlag.

HANKE, M. und JOHN, U. (2003): Tabak- oder alkohol-attributable stationäre Behandlungen. In: Deutsche Medizinische Wochenschrift, 128: 1387-1390.

HECKER, M. und RUTTIG, M. (2008): § 5 Werbung. In: DIETLEIN, J., M. HECKER und M. RUTTIG: Glücksspielrecht - Kommentar. München: Beck Verlag, S. 54-76.

HEERMANN, P. (2008): Werbebeschränkungen für öffentliches Glücksspiel nach dem Glücksspielstaatsvertrag. In: Wettbewerb in Recht und Praxis, Heft 2008/04, S. 479-491.

KOOB, G. F.; LE MOAL, M. (2006): Neurobiology of Addiction. New York: Elsevier.

MEYER, G. (2009): Glücksspiel – Zahlen und Fakten. In: Deutsche Hauptstelle für Suchfragen (DHS): Jahrbucht Sucht 09. Geesthacht: Neuland.

MEYER, G.; HAYER, T. (2005): Das Gefährdungspotential von Lotterien und Sportwetten – Eine Untersuchung von Spielern aus Versorgungseinrichtungen. (http://www.mags.nrw.de/pdf/gesundheit/gefaehrdungspotenzial.pdf).

NEUBAUER, S.; WELTE, R., BEICHE, A.; KOENIG, H.-H.; BUESCH, K. und LEIDL, R. (2006): Mortality, morbidity and costs attributable to smoking in Germany; update and a 10-year comparison. In: Tobacco Control, 2006 (15), S. 464-471.

NUTT, D., KING, L. A.; SAULSBURY, W. und BLAKEMORE, C. (2007): Development of a rational scale to assess the harm of drugs. In: Lancet, Vol. 369, S. 1047-1053.

PABST, A.; KRAUS, L. (2008): Alkoholkonsum, alkoholbezogene Störungen und Trends. Ergebnisse des Epidemiologischen Suchtsurveys 2006. In: Sucht 2008 (54) Sonderheft 1. S. S36-S46.

ROSS, D., SHARP, C.; VUCHINICH, R. E. und SPURRETT, D. (2008): Midbrain Mutiny: The Picoeconomics and Neuroeconomics of Disordered Gambling. Cambridge: MIT Press.

SKOG, O.-J. (2005): Addiction, Choice and Irrationality. In: PARISI, F. und SMITH, V. L. (Hrsg.): The Law and Economics of Irrational Behavior. Standford, California: University Press, S. 111-136.

Statistisches Bundesamt (2005): Statistisches Jahrbuch für die Bundesrepublik Deutschland.

Stoehr, J. D. (2006): The Neurobiology of Addiction. Philadelphia: Chelsea House Publishers.

Zwischenbilanz zum Glücksspielstaatsvertrag aus Sicht bayerischer Lotto-Annahmestellen

Angela Rieck[1]

Nach zwei Jahren hat sich der Glücksspielstaatsvertrag (GlüStV) in Bayern als Erfolg herausgestellt. Die Annahmestellen in Bayern – derzeit etwa 3.800 – die sich relativ gleichmäßig auf dem Land und in den Städten verteilen, mussten zwar mit einigen Änderungen in ihrem täglichen Geschäftsablauf zurecht kommen, haben die Vorgaben jedoch inzwischen gut umgesetzt und die Notwendigkeit der Maßnahmen, die seitens der Staatlichen Lotterieverwaltung und der Bezirksstellen durchgeführt werden, erkannt.

Gerade die Annahmestellen auf dem Land stellen in Bayern eine wichtige Einrichtung der sozialen Kommunikation auch für die ältere Bevölkerung dar. Oftmals ist in kleineren Gemeinden der Lottoladen innerhalb des einzigen Lebensmittelgeschäftes integriert. Somit wird nicht nur ein wichtiger Beitrag zur Nahversorgung sichergestellt, sondern Lotto ermöglicht für die Einwohner auch eine Funktion des sozialen Kontakts.

Um die Vorgaben der Spielsuchtbekämpfung und des Minderjährigenschutzes umzusetzen, hat die Lotterieverwaltung in Bayern das „Zentrum für Interdisziplinäre Suchtforschung“ (ZIS) engagiert, das seit zwei Jahren mittels eigens konzipierter Schulungsmodi sowohl die Bezirksstellen und über diese auch die Annahmestellen in den Themenbereichen Spielsucht und Minderjährigenschutz geschult hat. Alle bayerischen Annahmestellen sowie das gesamte Personal haben seither die Schulungen absolviert und im Jahr 2009 wurden sowohl die Annahmestellenleiter als auch alle im Lottobereich beschäftigten Personen zertifiziert. Durch die Zertifizierung, die neben dem Schwerpunktbereich Spielsucht- und Minderjährigenschutz auch Themenbereiche zur Qualitätssteigerung und Kompetenzerweiterung der im Lottobereich tätigen Personen beinhaltete, konnte ermittelt werden, dass im Bereich Lotto-Toto allein in Bayern 16.000 Personen beschäftigt sind. Durch Lotto-Toto werden somit viele Existenzen in Bayern und Deutschland gesichert. Deutschlandweit sind etwa 90.000 Personen im Lottobereich tätig.

---

1 Dipl.-Oec., Dipl.-Pol. Angela Rieck leitet die Lotto Bezirksstelle und Lotterieeinnahme Kempten.

Um nach zwei Jahren des GlüStV ein Stimmungsbild bei bayerischen Annahmestellen in Erfahrung zu bringen, wurde Anfang Januar 2010 an fünf Bezirksstellen ein Fragebogen verschickt, der dann an insgesamt 705 Annahmestellen weitergeleitet worden war. Die befragten Annahmestellen waren geographisch auf Bayern verteilt; sowohl Annahmestellen im Süden, in der Mitte Bayerns als auch im Osten und Norden wurden durch den Fragebogen erfasst. Die Rücklaufquote lag mit 530 Bögen bei 75 %.

Als Fazit vorab ist festzuhalten, dass die Annahmestellen den Staatsvertrag positiv bewerten, trotz mancher Einschränkungen, die er mit sich bringt. Festzustellen bleibt, dass für viele Tausend kleinere und mittlere Betriebe die Existenz auch – und bei vielen vor allem – durch den Lottobereich geprägt wird. Sollte sich hier eine negative Entwicklung durch äußere Einflüsse ergeben, die aufgrund ihrer gesetzlichen Ausrichtung von den Annahmestellen nicht beeinflussbar sind, wären viele Tausend Betriebe davon einschneidend betroffen und die Sicherung von einer großen Zahl an Arbeitsplätzen wäre gefährdet.

Kurz zusammengefasst im Folgenden die einzelnen Fragen und Antworten in Prozent der Fragebogenaktion.

70% der Befragten gaben an, dass sie vom Lottoumsatz stark abhängig sind, knapp 90% gaben zudem an, dass Lotto in sehr erheblichem oder erheblichem Maß zur Kundenfrequenz beiträgt und somit natürlich das sonstige Sortimentsgeschäft positiv beeinflusst wird. Bei vielen Geschäften würde der Wegfall vom Lottobereich nicht nur einen Umsatzrückgang aufgrund dieses Wegfalls bedeuten, sondern auch eine Umsatzreduzierung bei den anderen Sortimenten, da durch die Kundenfrequenz das Geschäft insgesamt angekurbelt wird. Die überwiegende Anzahl an Annahmestellen (40 %) gab an, als zusätzliches Sortiment das traditionelle Zeitschriften- und Tabakwarengeschäft zu betreiben, 16 % betreiben zusätzlich ein Lebensmittelgeschäft (dies sind hauptsächlich die bereits angesprochenen Geschäfte auf dem Land, die in ihrem Laden alles für die Nahversorgung bereitstellen), 32 % fielen unter die Rubrik Sonstige (nur Lotto-Annahmestellen, Reinigungen, Reisebüros…).

Zur Ertragskategorie, in die die Annahmestellen fallen, ist Folgendes zu sagen: die überwiegende Zahl an Geschäften (70 %) hat bis zu 375.- € wöchentlichen Ertrag aus dem Lotto Bereich, 21 % bis 750.- € und 5,5 % liegen bei mehr als 750.- € Ertrag/Woche. 75 % der Annahmestellen ziehen bis zu 50 % ihres Bruttoertrages aus der Lottoprovision.

Wichtig bei der Befragung war zudem die Anzahl der Mitarbeiter im Geschäft: 52 % haben ein bis zwei Mitarbeiter, 32 % drei bis fünf Mitarbeiter, 13 % mehr als fünf Mitarbeiter. Es gibt jedoch auch bei den kleineren Geschäften eine Reihe von „Einzelkämpfern", die ohne Mitarbeiter auskommen müssen und ihr Geschäft alleine betreiben.

Um zu ermitteln, inwieweit Annahmestellen auf Lotto angewiesen sind, damit der Geschäftsbetrieb aufrecht erhalten werden kann, wurde gefragt: „In welcher Höhe könnte ihr Geschäft eine negative Geschäftsentwicklung im Lottobereich verkraften?" Hierbei gaben 56 % an, dass sie maximal eine Umsatzreduzierung in Höhe von 5 % verkraften könnten, 29 % führten an, sie könnten bis zu 10% verkraften. Personal ist gerade bei kleinen und mittleren Betriebsgrößen stets ein besonders wichtiger Faktor. Einerseits wird Personal benötigt, um bei Stoßzeiten und in der Urlaubszeit die Kunden optimal bedienen zu können, andererseits ist Personal einer der kostenintensivsten Bereiche und Firmen versuchen, gerade hier ihre Betriebsausgaben zu senken. Umsatzreduzierungen führen demzufolge relativ schnell zu einem Personalabbau. Dieser Punkt wurde in der Frage 8 behandelt: „Bei welcher negativen Geschäftsentwicklung im Lottobereich müssten Sie Personal entlassen?" 23 % gaben an, sie könnten nur maximal 5 % Umsatzrückgang verkraften, damit kein Personal entlassen werden muss, 29 % waren der Meinung, bis zu 10 % Umsatzrückgang verkraften zu können, ebenso viele gaben an, sie wären in der Lage, 20 % und mehr zu verkraften, bevor es zu einem Personalabbau kommen würde. Hierbei sind zwei Faktoren zu berücksichtigen: zum einen gibt es die bei vielen Geschäften temporären Gründe für Umsatzschwankungen, die jedoch auf die lange Sicht hin vom Betreiber einkalkuliert werden und wobei eine spätere Besserung erhofft wird, z. B. sind dies Umsatzreduktionen aufgrund von Straßenbautätigkeiten, Renovierungen usw. Die Kunden frequentieren in diesen Phasen das Geschäft nicht mehr so wie sonst und der Umsatz bricht teilweise drastisch ein. Der Annahmestellenleiter ist bestrebt, diese Schwächeperiode durchzustehen und erhofft sich später wieder einen besseren Umsatz. Andererseits gibt es jedoch auch äußere Einflüsse, die vom Betreiber nicht mehr beeinflusst werden können, die z. B. durch gesetzliche Regelungen eine permanente Änderung in den Geschäftsabläufen bewirken und somit zu Umsatzreduzierungen führen können, die nicht mehr abzuwenden sind. In solchen Fällen wird der Betreiber kaum noch in der Lage sein, Personal dauerhaft zu behalten.

Des Weiteren wurde ermittelt, welche Faktoren die Annahmestellen als Ursache für mögliche Umsatzschwankungen im Lottobereich betrachten. Drei Gründe für

Umsatzschwankungen waren vorgegeben, eindeutig als wichtigstes Kriterium mit 52 % wurden fehlende Jackpots aufgelistet, die stagnierende Wirtschaft sahen 40 % als sehr wichtigen Grund für mögliche Ertragseinbußen an, während Werberestriktionen nur von 26 % als sehr wichtig angesehen und von 36 % mit einer mittleren Wertung versehen wurden.

Die Lotterieverwaltung in Bayern und die bayerischen Bezirksstellenleiter sind verpflichtet, die Annahmestellen zu überprüfen, ob die Jugend- und Spielerschutzvorschriften konsequent umgesetzt werden. Hierbei werden Testkäufe in beiden Bereichen durchgeführt. Bei Verstößen werden die Annahmestellen abgemahnt und erhalten eine Geldbuße. Trotz dieser Sanktionen sehen die Annahmestellen in Bayern die Dringlichkeit der Maßnahmen und bewerteten zu 55 % die Maßnahmen als notwendig, zu 44 % als sinnvoll und nur 10 % gaben an, diese Maßnahmen als übertrieben zu empfinden. Hierdurch zeigt sich bereits die große Akzeptanz des GlüStV in Bayern, der von den Annahmestellen und deren Mitarbeitern positiv bewertet wird, wie auch die folgenden Fragen zeigten:

„Fühlen Sie sich durch den Einsatz der Jugend- und Spielerschutzmaßnahmen insgesamt verunsichert?“ Nur 5 % gaben an, dass dies völlig zutrifft, während 40 % sich nur etwas verunsichert fühlen und 53 % angaben, dass sie sich gar nicht verunsichert fühlen.

In Frage 12 wurde ermittelt, wie die Annahmestellen die Situation nach Einsetzen des GlüStV bewerten: „Hat der GlüStV Ihrer Meinung nach zu einer stabileren Situation im Glücksspielbereich beigetragen?“ 59 % gaben hierbei an, dass dies voll zutrifft, 34 % meinten, dies treffe etwas zu, nur 13 % waren der Meinung, dass dies nicht zutrifft.

Ein ähnliches Resultat ergab die Beantwortung der Frage 13: „Fühlen Sie sich in Ihrer Eigenschaft als Annahmestellenleiter durch den GlüStV gestärkt?“ Hier gaben 56% an, dass diese Aussage für sie voll zutrifft, 32 % gaben an, dass sie etwas zutrifft.

Ob der Staatsvertrag mit allen Konsequenzen weitergeführt werden soll wurde in der 14. Frage ermittelt; hierbei zeigte sich wieder das durchgängig positive Feedback der Annahmestellen, die zu 65 % der Meinung waren, dass dies für sie voll zutreffe und der Staatsvertrag auf jeden Fall weitergeführt werden soll; 30 % gaben an, dass dies für sie etwa zutrifft, nur 4,7 % führten an, dass sie eine Weiterführung des GlüStV nicht befürworten.

Die Einschränkungen aus dem Staatsvertrag werden von 66 % der Befragten als hinnehmbar eingestuft, 30 % sind der Meinung, sie seien gerade hinnehmbar; ebenfalls eine deutliche Bejahung der allgemeinen Situation, die sich aus dem Staatsvertrag ergeben hat.

Als abschließende Frage wurde ermittelt, inwieweit der Staatsvertrag für die Geschäfte zur Existenzsicherung wichtig ist; hier zeigte sich eindeutig der klare Zuspruch der bayerischen Annahmestellen zum Staatsvertrag; 66 % sehen den Staatsvertrag als sehr wichtig, 23 % als wichtig zur Existenzsicherung an. Damit sind etwa 90 % der Befragten der Meinung, dass der Staatsvertrag für die Existenz ihrer Geschäfte einen mittleren bis sehr wichtigen Einfluss hat.

Zusammengefasst kann man darstellen, dass Lotto in Bayern nicht nur einen großen Anteil an der allgemeinen Wirtschaftskraft hat, sondern für etwa 3.800 Betriebe einen wichtigen Punkt zur Erhaltung ihrer Geschäfte darstellt. Zudem arbeiten im Lottobereich mehr als 16.000 Personen in Bayern, die ihre Existenz zumindest zu einem Teil auch daran ausrichten. Eine Weiterführung des Staatsvertrages wird deshalb vom Großteil der Beteiligten bejaht und die Umsetzung der Maßnahmen der Jugend- und Spielerschutzkontrollen befürwortet.

Zwischenbilanz zum Glücksspielstaatsvertrag aus Sicht der Lotterie-Einnehmer

Christiane Paetsch-Friese[1]

1 Frau Christiane Paetsch-Friese ist Vorsitzende des Fachverbands der Lotterie-Einnehmer der Nordwestdeutschen Klassenlotterie e. V.

NKL

1. Struktur der Nordwestdeutschen Klassenlotterie NKL

a. **Traditionslotterie** über 400 Jahre alt

- Vertrieb ausschließlich durch staatlich zugelassene Lotterie-Einnehmer (Handelsvertreter)
- 96 % Versandweg
- 4 % Ladengeschäfte (Lotto-Annahmestellen)

b. Anzahl Lotterie-Einnehmer:

• Vor Beginn des GlüStV	2007:	71 Einnehmer
• Aktuell	2010:	52 Einnehmer

NKL

c. Absatzentwicklung Verkaufte Lose Hauptspiel

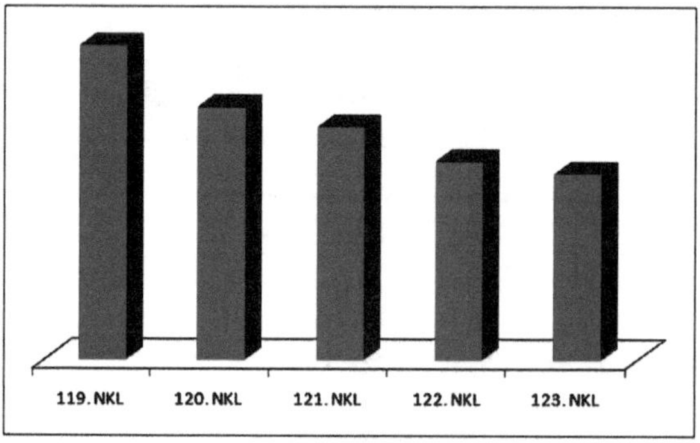

119. NKL: 176.600

120. NKL: 142.400

121. NKL: 131.130

122. NKL: 112.000

123. NKL: 105.000

Fachverband der Lotterie-Einnehmer
der Nordwestdeutschen Klassenlotterie e.V.

NKL

d. Absatzrückgang

durch:

- Werbebeschränkungen des GlüStV
- Erlaubnisverfahren
- Nebenbestimmungen der Erlaubnisbescheide (Altersverifikation)

NKL

2. Werbebeschränkungen

- Keine TV-Werbung (TV-Spots, TV-Show)
- Kein Telemarketing – Outbound
- Internetverbot
- Mailings ohne Aufforderungscharakter (Werberichtlinien)

Fachverband der Lotterie-Einnehmer

der Nordwestdeutschen Klassenlotterie e.V.

NKL

3. Erlaubnisverfahren:

a. Zulassung zum staatlichen Lotterie-Einnehmer durch den Veranstalter (NKL)

- Führungszeugnis
- Nachweis geeigneter kaufmännische Kenntnisse
- Abschluss von Vermögensschaden-haftpflichtversicherung, Vertrauensschadenversicherung
- Permanente Kontrolle der LE durch NKL

NKL

b. Neu – zusätzlich erforderlich:
Erlaubnis von Glücksspielaufsichten aus 16 Bundesländern

- Veranstalter- und Vermittlererlaubnis
- Langfristiger Prozess von Februar bis September 2008
- Unterschiedliche Laufzeiten (Zwischenerlaubnis, Enderlaubnis)
- Ermächtigung von12 Bundesländern an Hamburg
- Eigene Bescheide: Bayern, BW, ST, Thüringen, neu BB
- Prüfung des Gewinnplans vor jeder Lotterie

NKL

c. Antrag Vermittlererlaubnis

- Qualifiziertes Führungszeugnis
- Handelsregisterauszug
- Bankauskunft über Geschäftskonten
- Beschreibung der Geschäftsräume
- Sozialkonzept
- Datensicherheitskonzept
- Erklärung zur finanziellen Zuverlässigkeit
- Diverse Erklärungen zur Einhaltung GlüStV, Fachkenntnisse, etc.

NKL

d. Gebühren Vermittlererlaubnis

• Hamburg	0 Euro
• NRW	20 Euro
• Bayern	entsprechend Losabsatz 140 Euro pauschal bis zu hohem fünfstelligen Betrag

9

Fachverband der Lotterie-Einnehmer
der Nordwestdeutschen Klassenlotterie e.V.

NKL

4. Erlaubnisbescheide

a. Nebenbestimmungen

- Beachtung Werberichtlinien
- Jugendschutz (Altersverifikation)
- Einsicht in Vermittlungstätigkeit dokumentierende Unterlagen
- Nachträgliche Erweiterung der Auflagen jederzeit möglich

NKL

b. Altersverifikation

- Schufa Q-Bit (Bankgeprüfte Daten)
- Postident / DHL Express-Ident (ca. 10 Euro)
- Bankident
- Melderegisterauskunft
- Kopie Personalausweis mit Einschreiben eigenhändig

NKL

5. **Zwischenbilanz:**
Dramatischer Absatzrückgang der NKL
a. Schwächung der Ertragslage

- Einschränkung der Werbewege
- Hoher Verwaltungsaufwand (Kundenbearbeitung)
- Gestiegene Betriebskosten (EDV, Schulungen, Gebühren)
- Zusätzliche fachliche Beratung Externer

➢Minimierung der Firmenwerte
➢Eingeschränkter Firmenverkauf
➢Existenzbedrohung

NKL

b. Gründe

- Gleichbehandlung trotz unterschiedlicher Suchtpotenziale der Glücksspiele
- Verhältnismäßigkeit zu geringem Suchtpotenzial der NKL nicht gewahrt

c. Folgen

- Verlagerung der Umsätze zu ausländischen Anbietern
- Umsatzanstieg bei Automatenspielen

⇒ Auftrag GlüStV nicht erreicht:
Kein Kanal für die Kanalisierung der Sucht

13

Fachverband der Lotterie-Einnehmer
der Nordwestdeutschen Klassenlotterie e.V.

NKL

6. Ziel:
Neuer GlüStV 2012

a. Kompromiss für staatliche und private Anbieter

- Staatliches Veranstaltungsmonopol bleibt erhalten
- Vermittlung in Deutschland zugelassener Lotterien ist nur anzeigepflichtig
- Vereinfachtes Anzeigeverfahren durch eine Behörde

NKL

b. Werbung
- Alle Werbeformen sind wieder zulässig
- Prüfung der Inhalte erfolgt nach Wettbewerbsrecht

c. Jugendschutz
- Altersprüfung in angemessenem Verhältnis
- Erklärung der Volljährigkeit durch Spielteilnehmer
- Altersverifikation erfolgt erst bei Gewinnauszahlung

Fachverband der Lotterie-Einnehmer
der Nordwestdeutschen Klassenlotterie e.V.

Recent Developments in Belgium

Nele Hoekx[1]

1 The Gambling Act of 7 May 1999

Since 1999 the Law on gambling, gambling venues and the protection of players ('Gambling Act') regulates a substantial part of the Belgian gambling scene. The Gambling Act is a federal law, because the competence of the States to regulate gambling is restricted to some taxation issues. The Gambling Act regulates certain private operators, but not the National Lottery. The National Lottery enjoys a monopoly for the provision of lotteries and has also the right to offer gambling and betting, although it has not made use of the latter option to date. Moreover, it has the right to offer its products via the internet, an option brought into practice only very recently.

The underlying idea of the Gambling Act was to provide an overall regulation controlled by a single regulatory body (Gambling Commission). The Gambling Act prohibits all gambling, unless the activity is licensed. Five types of licence were created:

- licence type A for casinos (9 in total);
- licence type B for gaming machine halls (180 in total);
- licence type C for bars – they have the right to place two 'bingo' machines;
- licence type D for staff employed in a casino or gaming machine hall;
- licence type E for the sale, letting, lease, delivery, putting at disposal, import, export, manufacture and services concerning maintenance, repair and gambling equipment.

Regardless of how innovative the Act was in 1999, a need for modification quickly arose. There were three major challenges the Act did not deal with: betting, the internet and call-in television quizzes. In 2009 a bill containing substantial amendments was introduced in Parliament. Its final version was voted in December 2009. The modified Gambling Act will be entirely in force on

---

1 Nele Hoekx works as postdoctoral researcher at the University of Leuven. Together with Professor Alain Verbeke, she founded the Research Program on Gambling Law at the university.

1 January 2011 at the latest. Its entry into force will be gradual in practice, with the executive determining when certain provisions become effective along with the necessary implementing orders.

2 Recent Developments: Amendment of the Gambling Act

2.1 Betting

From now on all betting will be regulated by the Gambling Act. The regulatory framework provides some separate attention for horserace betting; the relevant provisions are very complicated. The racing associations receive a central role in the organisation of this type of betting. They can organize the totaliser betting on Belgian races themselves and have to award their authorisation to others, including bookmakers. Betting on horse races taking place abroad will be allowed.

The main innovation with regard to betting is the introduction of two new types of licence, the F1 and F2 licence. An F1 licence is required to organize betting. An F2 licence is required to accept wagers for the account of a F1 licensee. One F1 licensee may enter into an agreement with several F2 licensees. A new type of gambling venue is created as well, the class IV gambling establishment, which is a place exclusively reserved for placing wagers on the accounts of F1 licencees. The establishment can be mobile or fixed and a fixed one has the right to operate two automatic gaming machines offering wagers on virtual horse races etc.

2.2 Media Games

For the provision of media games a G type licence is required that, as the F licence, exists in two types. On the one hand there is the G1 licence that allows, for renewable periods of five years, the operation of call-in television quizzes. On the other hand there is the G2 licence that allows, for a period of one year, the operation of all other games of chance via the media. A considerable part of the regulation is left to secondary legislation.

2.3 Gambling through Information Society Instruments (Internet)

The Belgian legislature has opted resolutely for a system of supplementary licences. This means that only operators with a licence for a bricks and mortar gambling establishment will be able to obtain a licence to provide internet gambling. The licensees that are eligible for this supplementary licence are holders of class A, B and F1 licences. The supplementary licence can only relate to the games that are being offered in the corresponding bricks and mortar establishment. The requirement to have a physical establishment on the Belgian territory is burdensome and potentially incompatible with Union law. Besides that the question arises as to whether this division between forms of gambling is realistic.

The servers on which the data and the structure of the website are managed have to be located in a permanent establishment in Belgium. The presence of the server on Belgian territory provides the opportunity to take action on a technical level and to control data at the source. However this measure only applies to licensed operators. The location requirement does not offer a solution for the many foreign websites that are illegal according to Belgian law. To bar these sites effectively the support of third parties, like Internet Service Providers and credit card companies, is required. These parties are put under criminal liability in the amended Act. Given the fact that ISPs and bank companies risk criminal prosecution, a system to inform these parties is necessary. The Gambling Commission will keep a list of the supplementary licences granted (a '*white list*') that will be made available to anyone who wishes to consult it.

2.4 Enforcement

The enforcement of the Gambling Act has raised problems in the past, especially with regard to internet gambling. The Gambling Commission could do nothing more than inform the Crown prosecutor of an infringement, but the prosecutors did not consider illegal gambling as a priority. One of the amendments of the Act deals with this problem by granting the Gambling Commission the power to impose administrative fines. It is an alternative system; this means that the Gambling Commission can only take action in case the Crown prosecutor decides not to follow up the facts.

2.5 Player Protection

In Belgium a player can be excluded at his own request and this system of self-exclusion is closely monitored by electronic means. It was however deemed that persons close to the player, such as close relatives and friends, should also have the opportunity to ask for the player's exclusion in cases where the player neglects to do so himself and where exclusion would be advisable. The amended legislation includes this possibility. The request is open to every interested party and has to be motivated. The Gambling Commission takes the final decision after having heard the player.

For the first time in Belgian gambling history players who knowingly participate in illegal gambling will be criminally liable. It is hoped that this will dissuade players from engaging in what Belgian legislation considers to be illegal gambling. In the end this will hurt the (illegal) operators. It is questionable whether and how this measure will be effectively enforced in practice.

Recent developments in the Italian remote gambling market

Valérie Peano[1]

In compliance with the current statutory reserve for gambling activities, until 2002 the Italian gambling legislation handed over to the State responsibility for the management and operation of all gambling activities. The approach of the Italian legislator was extremely restrictive towards granting new gambling opportunities, thus limiting the offer to the games that already formed part of the society habits.

This peculiar framework gave rise to many disputes before National and European Courts promoted by foreign remote gambling operators and to several European Commission's infringement procedures, arguing the Italian system was not in accordance with the principles of the EC Treaty with particular reference to freedom of establishment and freedom to provide services within the internal market as referred to in articles 43 and 49 of the aforesaid treaty.

Moreover, the growing demand of Italian gamblers always more oriented to illegal forms of gambling has led the Italian legislator to grant all State-run gambling activities (with the exception of the four land based casinos) to a unique regulatory authority, *l'Amministrazione autonoma dei monopoli di Stato* - AAMS part of the Ministry of Economy and Finance, and to start a progressive and regulated process of opening the gambling market, offering new games through innovative protected channels.

Today, all the games that involve cash winning, with the exception of the four land based casinos, are regulated by the AAMS[2] and managed by private operators on behalf of the State through licenses ("concessions").

In year 2009, the total turnover of the Italian gambling market amounted to 54.4 billion Euros, +14,4% in respect of 2008. The online turnover amounted to 3.7 billion Euros, +153,7% in respect of 2008. The State revenue deriving from gambling amounted to about 8 billion Euros.

---

1 Valérie Peano is Senior Associate at the Studio di Consulenza Societaria e Tributaria, Rome, Italy. She can be contacted at peano@studiodiconsulenza.eu.

2 Slot machines, bingo, sports betting, betting on horse races, lotteries and scratch cards etc.

The remote gambling activities for betting, bingo and lotteries have been regulated with the Decree of 21 March 2006 and the Bersani Decree[3]. Further provisions regulated the introduction of remote skill games and card games such as the Budget Law for 2007 and the Ministerial Decree of 17 September 2007.

According to the *Bersani Decree*, in 2006, AAMS published two calls for tender to grant new concessions for horse and sports betting to Italian or foreign operators, which were suitably qualified and able to comply with a series of requirements to manage and offer off-line and on-line gaming activities in Italy, including remote skill games.

To operate regulated games offered over the Internet, interactive TV and fixed and mobile phones, Italian or foreign gambling operators who comply with the requirements set shall apply for the (single) remote gaming license (concession). Currently, about 60 companies have this license, including over 20 of the most important foreign gaming operators.

In 2010, a new tender procedure for remote gaming activities in accordance with the Italian Community Act for 2008 will be launched as well. Accordingly, the application process will be opened to gambling companies and/or other entities having the economic/financial and technical/organisational abilities required, with headquarters and technical infrastructure located in the EU/EEA that successfully perform the required technical authorisation process to be connected to the central system of the AAMS.

For each licensee, the gambling platform accessible to players has to be interconnected to its data processing centralized system for control, validation, registration and payment of the relevant tax.

Once licensed, it is made compulsory for the operators to promote responsible behaviour to protect players who must receive full information about the games being offered and their rules, and players must be assured of the safety, transparency and honesty of the games. The commitments to responsible gaming specifically include, among others, a mandatory self-limitation, a maximum time for winnings/withdrawals and a dedicated bank account for players' deposits.

---

3 D.L. 4 July 2006, no. 223, converted into Law 4 August 2006, no. 248.

Moreover, the licensee's direct or indirect offer on the".com" shall be banned for Italian residents.

The licensing conditions according to the Community Act for 2008 have successfully superseded the European Commission notification period of stand still.

The list of games that can be currently offered on-line by the licensed operators is already attractive as it includes: fixed odds sports betting, betting on horse races, scratch cards ("Gratta e vinci"), "ippica nazionale e internazionale", pool betting, bingo, "superenalotto" and "superstar" and games of skill with cash prizes as poker tournaments.

Remote fixed-odds games of chance, card games and casino games, betting exchange have been recently regulated by the Abbruzzo Decree[4] and will be introduced as well. For these games, according to the next tender procedure, the gambling platform has to be previously certified by a certification entity accredited by the AAMS.

The applicable tax rate depends of the type of game that is offered. For remote skill games, it is three per cent of the revenue, as charged each day by the centralised system. For remote fixed-odds games of chance and card games not organised in tournament form (such as poker cash), as well as for remote betting exchange and virtual betting, it is equal to twenty per cent of the sum that, based on the rules of the game, is not returned to the player (i.e. GPT).

The share of the concessionaire consists of that which remains of the revenue, net of the applicable tax and prize money paid out to players.

Concurrently, recent regulations made it compulsory for Internet and other network service providers and managers to block remote access to operators, without a permit and concession, offering remotely or by telephone games, lotteries, betting or pools with cash prizes to the Italian public. This is operated through a black-listing by the AAMS to service providers of those operators, without a permit or concession, offering on-line gambling and a subsequent readdressing to AAMS notice webpage. Again, the new tender procedure according to the

4 D.L. 28 April 2009, no. 39, converted into Law 24 June 2009, no. 77.

Community Act for 2008 clearly prohibits ".com" operations towards Italian residents.

The important market results both in terms of turnover and in terms of number of foreign operators that applied for an Italian licence of the legal suppliers shows these concurrent measures (regulation and inhibition) are successful.

The Italian long liberalisation process has rendered the current system a balanced "model" between strict monopoly and a fully liberalised system, that gained to be in line with the European perspective and incurred the interest of many other State members. Hopefully, this may contribute to the slow process of a concrete harmonised regulation at a European level.

The French Online Gambling Regulation Bill

Pascal Blyau[1]

1 Pascal Blyau Pascal Blyau ist Directeur Systèmes d'Information & Projets bei Française des Jeux.

PRESENT SITUATION OF GAMBLING IN FRANCE

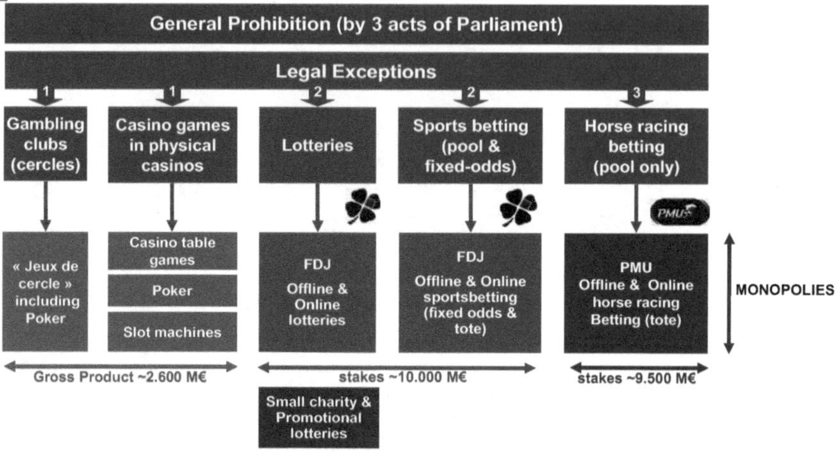

- 25.000 sites offering illegal gambling
- 20 % in French
- 75 % of stakes on Internet from France are registered on illegal sites

1

THE EXISTING REGULATION AUTHORITIES

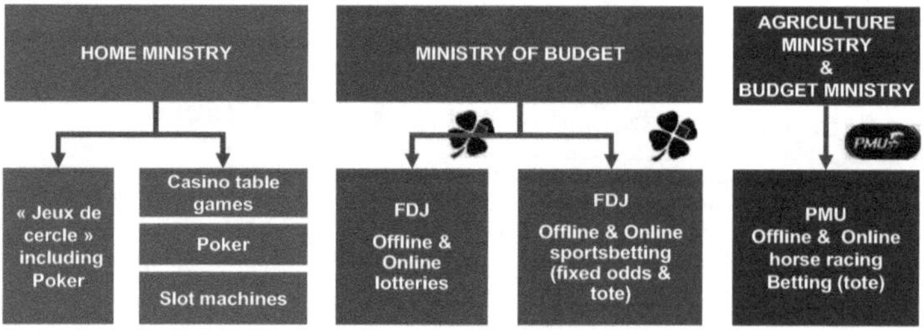

2

TODAY MANY GAMES ARE PROHIBITED IN FRANCE

- No online casinos
- No slot machines outside casinos
- No permanent charity lotteries
- No commercial bingo halls (except small charity bingo establishments)
- No live betting
- No exchange betting
- No spread betting
- No betting other than sportsbetting and horse racing betting
- No promotional lotteries with an obligation to buy a product or a service

CONSEQUENCES OF THE DEVELOPMENT OF ILLEGAL INTERNET GAMBLING

- The French gambling regulations are challenged by the European Commission which opened infringement proceedings against France because of its sportsbetting and horse racing betting regulations

- Consequences of ineffective public control over illegal internet gambling :

  - Prohibition of gambling for minors is not guaranteed
  - Fight against gambling addiction suffers
  - No protection of players against risks (cheating, fraud, etc…)
  - Ethics of sports and horse racing not properly protected
  - No funding of good causes through online gambling (except FDJ & PMU)
  - Unfair competition between legal operators paying taxes and illegal operators paying almost no taxes

BILL PURPOSE

- The goal is not financial but:
  - Fight against addiction
  - Protection of minors
  - Fight against fraud, crime and money laundering
  - Ensuring the integrity of gambling

  → Requirement to organize public control of gambling
  → Competition under strict public control governed by national licences
- Competition open for Internet gambling; where illegal activity is developed
- For the 3 most popular sectors, which are not too addictive if properly regulated:
  - Poker
  - Sportsbetting
  - Horse Racing Betting

5

THE FUTURE SITUATION (expected June 1st, 2010)

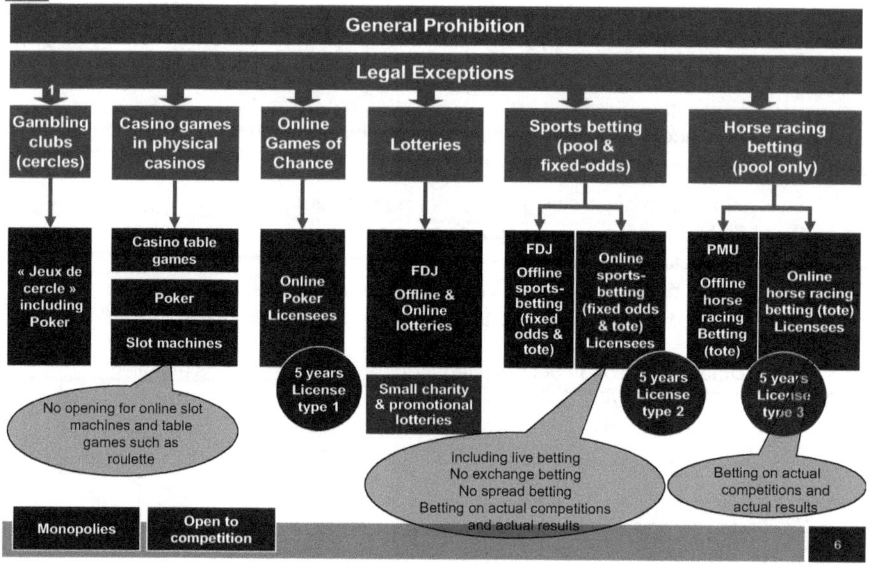

6

MANY GAMES WILL REMAIN PROHIBITED

- No online casinos
- No slot machines outside casinos
- No permanent charity lotteries
- No commercial bingo halls (except small charity bingos establishments)
- No exchange betting
- No spread betting
- No promotional lotteries with an obligation to buy a product or service

FDJ SITUATION AFTER THE VOTE OF THE ONLINE GAMBLING LAW

FDJ			
Online Poker License	Offline & Online lottery monopoly	Offline sports-betting (fixed odds & tote) monopoly	Online sports-betting (fixed odds & tote) License

Monopolies

Open to competition

THE ONLINE GAMBLING REGULATION AUTHORITY

- ARJEL: « Autorité de Régulation des Jeux En Ligne »
- Independent Authority for Online Gambling to regulate Internet gambling (not applicable for FDJ online lottery activity)
- ARJEL missions:
  - write specifications
  - grant 5 year licences to operators compliant with specifications
  - homologate technical platforms
  - verify operator compliance with technical standards and other specs
  - Active role in the detection and fight against illegal sites
  - cancel license when required

9

THE SPECIFICATIONS

- Bill provides the general characteristics. Details by decrees.
- General clauses applying to any type of gambling or betting:
  - Protection of vulnerable persons and prevention of addictive behaviors
  - Transparency and financial soundness of operators
  - Regularity of the game
  - Reliability and traceability of data involved
  - Fight against fraud and money laundering
  - Obligation to be established in Europe
  - Headquarters outside the French list of fiscal paradises
  - Access to technical and financial data for compliance verification
- Specific clauses, depending on the characteristics of each type of licence (horse racing betting, sportsbetting, poker)
  - Sportsbetting only on real sport events and for given types of bets
  - Horse racing betting only on authorized races
  - Poker: liquidity restricted to players accessing a dedicated ".fr" site
- Any kind of payment including prepaid cards & PSP such as paypal

10

OBLIGATIONS FOR THE OPERATORS:

- Separate accounting for operator activities on the French territory
- Players have a bank account in the EU or in the EEA
- Operators have a bank account in the EU or in the EEA
- No obligation of residence for the players
- Operators have a permanent correspondant in France

TECHNICAL REQUIREMENTS

- **".fr" domain name**
- **access to any other domain must be blocked**
- **Required front-end:**

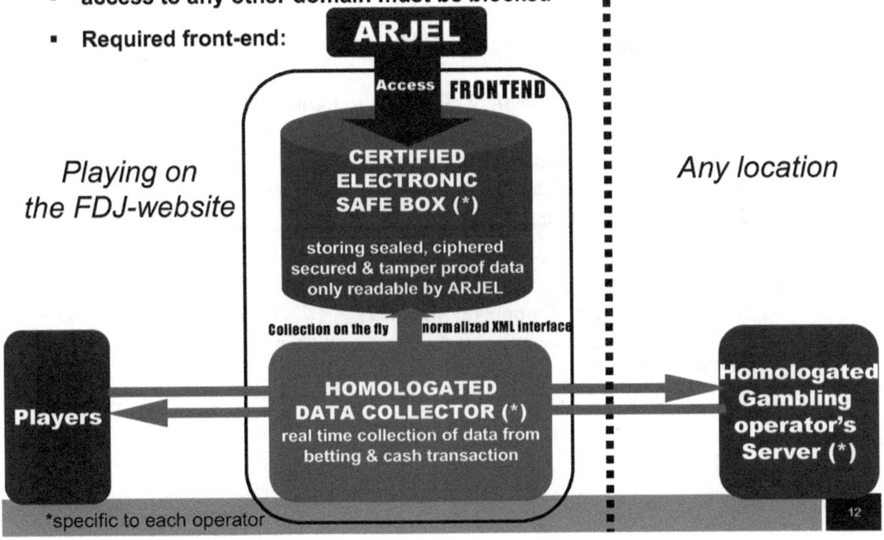

THE FUTURE REGULATION ENTITIES

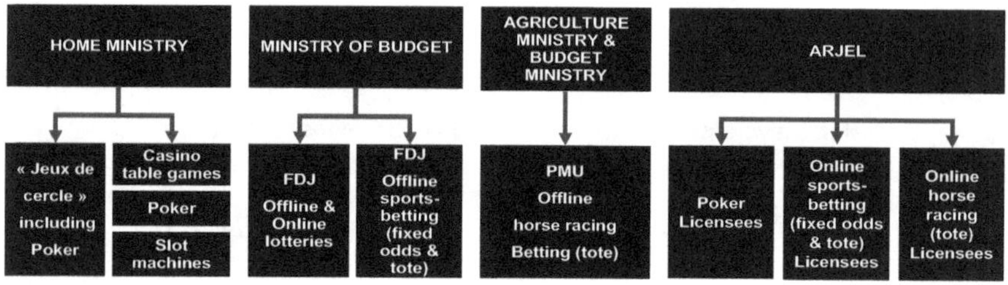

Monopolies | Open to competition

GAMBLING MODERATORS

- The specifications will define moderators to protect from addiction:
  - Stakes limitation
  - Balance limitation
  - Automatic transfer of balance in excess to bank account
  - Time spent playing display
  - Game session loss display
  - Auto exclusion possible
  - Casino banning procedure
- Limitation to advertising for gambling activities:
  - Information on risk of gambling addiction
  - Prohibition for publications, TV programs, cinema, online services meant for minors

ADIVISORY GAMBLING COMMITTEE

An Advisory Gambling Committee will be created (CCJ: Comité Consultatif des Jeux) to enforce Responsible Gambling (RG) Policy:

- The CCJ will be a unique "moral" authority focused on responsible gambling for all gambling activities in France, both online and offline.
- It will centralise the data coming from the control authorities and the operators and will guarantee the coherence of the regulation in relation with its general objectives.
- 19 members
- Chairman is a member of the Parliament.
- Made of:
  - a Gaming Observatory
  - 2 consultative commissions:
    - one for casinos,
    - one for La Française des jeux and PMU.

15

FIGHT AGAINST ILLEGAL ONLINE GAMBLING

- Illegal Internet gambling severely punished:
  - 3 years of imprisonment & € 90.000 fine
  - 7 years & € 200.000 if the infraction committed by an organised gang
- Advertising for legal online gambling authorised in all media
- Advertising for illegal gambling prohibited:
  - minimum fine of €100 000
  - fine may reach 4 times the amount of the advertising budget
- Blocking bank transactions to illegal sites
- Blocking access to illegal sites

16

FIGHT AGAINST ADDICTION

- Part of the taxes allocated to prevention of gambling addiction to the National Institute for Prevention and Health Education (INPES) to finance its activities of information, screening and operation

SPORT INTEGRITY

- The integrity of the competitions will be better protected than today by:
  - Limitation of bet types
  - Closed list of horse races on which parimutuel betting authorized
  - Fight against illegal sites with tools not used so far
  - Rights granted to sport event organizers:
    - Involvement in the decision making process:
      - in the definition of the bet types and the events selected
      - requirements for protection of ethics & image of competitions
    - Property right: non exclusive agreements with the operators to grant rights to offer bets on
- End of the current situation where the major competitions are used as betting supports without any possibility for the organizers to interfere

TAXATION

- Taxation on Stakes, not on Gross Gaming Product (wagers minus payout)
- GGP may be taxed where the operator is established
- Same Tax rate for online & offline sportsbetting and horse racing betting
- The tax (including the levy for social security) is:
  - 7,5% for sportsbetting and horse racing betting
  - 2% for poker (with a maximum of 1€ per deal for cash games)
- Good causes:
  - A part of the 7,5% tax on sportsbetting and horse racing betting will be used to finance the fight against gambling addiction (information, screening and management) via the INPES
  - A part of the 2% tax on poker will be used to finance the renovation of historic buildings through the Center of National Monuments

FUNDING OF SPORTS & HORSE RACING INDUSTRY

- Revenues for Sports
  - for amateur and high level sports:
    - 1,3% of the stakes to the National Center for the Development of Sport (CNDS), increased to 1,5% in 2011 and 1,8% in 2012.
  - for professionals:
    - Sponsorship authorized only if conflicts of interest are avoided
    - Non exclusive agreements with sport event owners property
- Revenues for Horse Racing Industry
  - About 8% of the stakes

FINANCIAL RELATIONS BETWEEN PLAYER AND OPERATOR

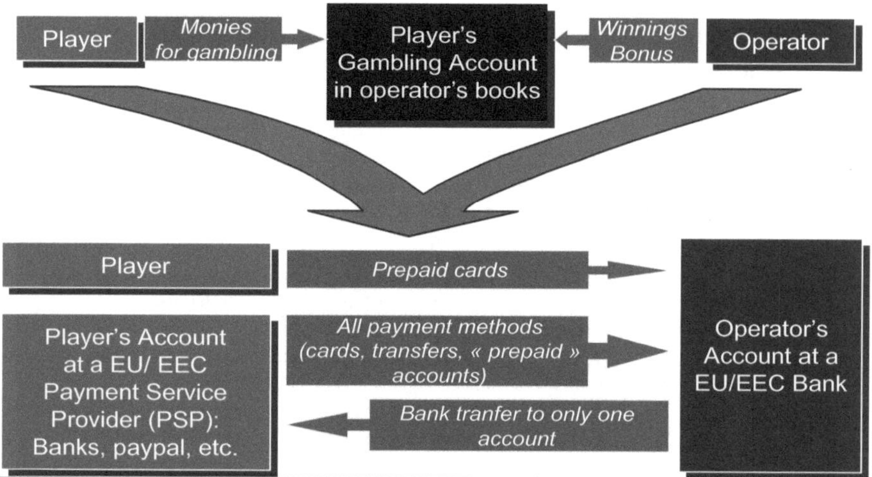

21

THE QUESTION OF GAMBLING TAXATION

- Stakes can be split in 3 parts:

- Two (*) bases of taxation (except VAT) are possible :
  - Tax on Sales
  - Tax on GGP - Gross Gambling Product (**)

(*): we do not consider possible taxation of winnings

(**): GGP equals stakes minus winnings

22

THE TWO TAX MODELS

Stakes are higher than the GGP; therefore taxation rate is lower (15%) compared to the one applicable to the GGP (60%). But in both cases, the final payout equals 75%.

TAXATION MODELS PERFORMANCE

Tax on GGP

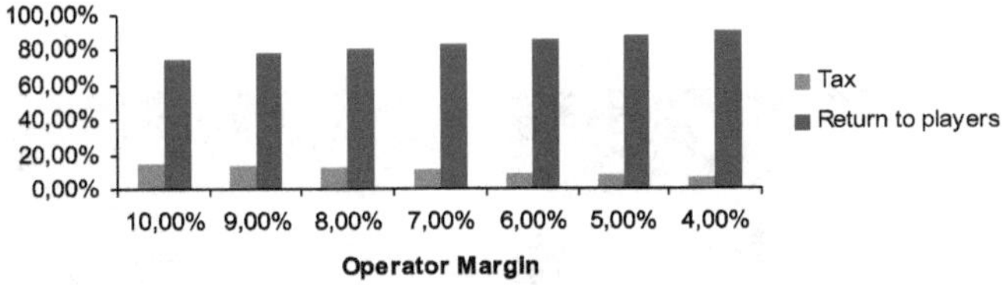

Tax on sales

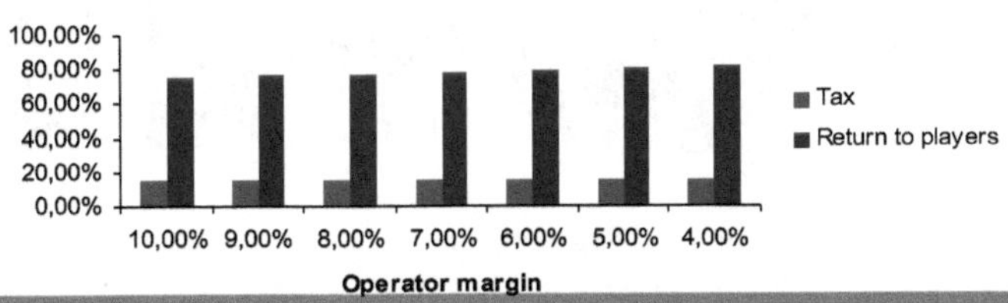

TAXATION MODEL HAS DIRECT IMPACT ON RETURN TO PLAYERS ELASTICITY
TAX ON SALES MODEL IS A GOOD WAY TO REGULATE PLAYER RETURN

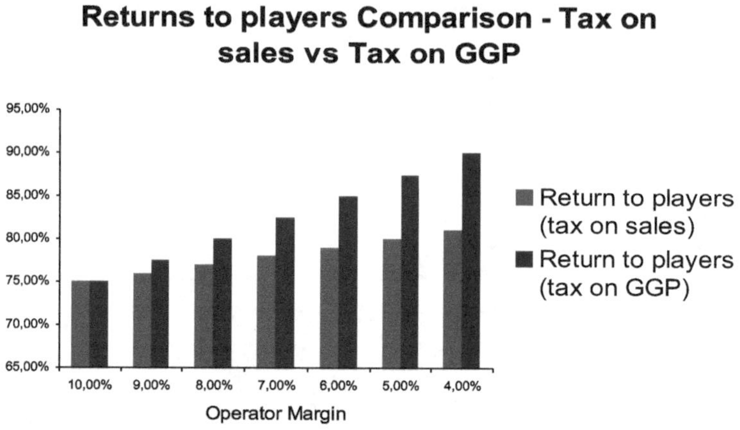

25

TAX MODEL DOES MATTER

Tax on GGP	Tax on Sales
Operator margin Policy => Payout	Tax Rate => Payout
Operator can return a high part of the sales, reducing its profits and the taxes.	Operator cannot regulate the payout in such extent.
Taxes not applicable to replayed money.	Taxes applicable to money initially invested & replayed.

26

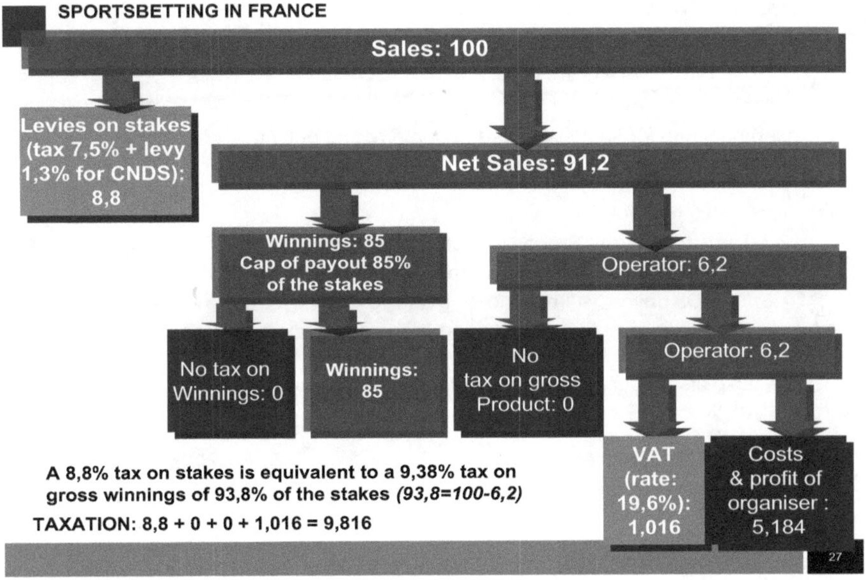
SPORTSBETTING IN FRANCE
Sales: 100
Levies on stakes (tax 7,5% + levy 1,3% for CNDS): 8,8
Net Sales: 91,2
Winnings: 85
Cap of payout 85% of the stakes
Operator: 6,2
No tax on Winnings: 0
Winnings: 85
No tax on gross Product: 0
Operator: 6,2
VAT (rate: 19,6%): 1,016
Costs & profit of organiser : 5,184
A 8,8% tax on stakes is equivalent to a 9,38% tax on gross winnings of 93,8% of the stakes *(93,8=100-6,2)*
TAXATION: 8,8 + 0 + 0 + 1,016 = 9,816
27

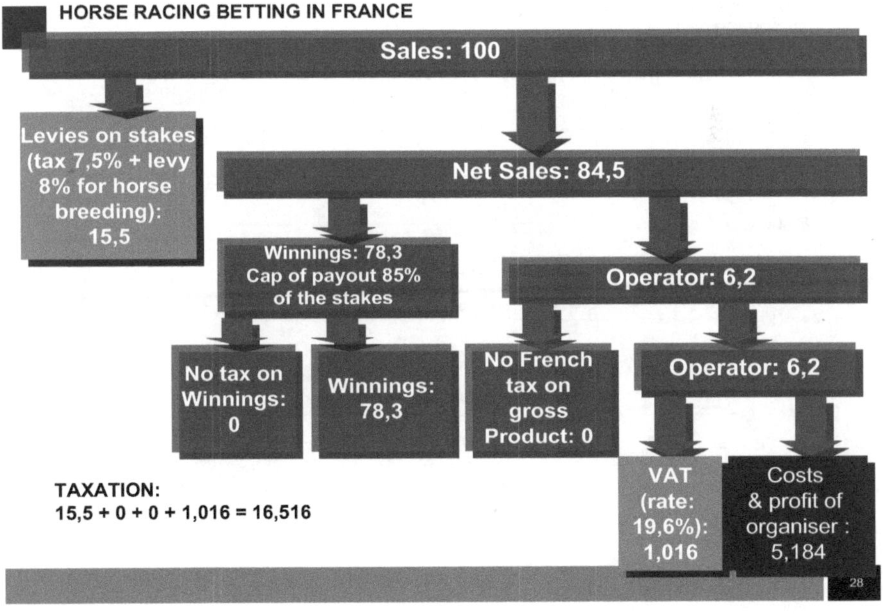
HORSE RACING BETTING IN FRANCE
Sales: 100
Levies on stakes (tax 7,5% + levy 8% for horse breeding): 15,5
Net Sales: 84,5
Winnings: 78,3
Cap of payout 85% of the stakes
Operator: 6,2
No tax on Winnings: 0
Winnings: 78,3
No French tax on gross Product: 0
Operator: 6,2
VAT (rate: 19,6%): 1,016
Costs & profit of organiser : 5,184
TAXATION:
15,5 + 0 + 0 + 1,016 = 16,516
28

PAYOUT LIMITATION

- Payout limited to a stakes %
- Cap common for sportsbetting and horse racing betting
- likely to be fixed by decree at 85% of stakes
- Why cap the payout?
  - To match current French gambling policy orientation:
    - PMU payout is limited to an average of 78%
    - FDJ payout is limited to an average of 75% for sportsbetting
  - Cap limits gambling amount and frequency: players win less and invest less. Addictive nature of the game is limited.
  - Cap also reduces money laundering risk (public and social order care)

29

EFFECT OF THE PAYOUT TO THE CAPACITY OF REINVESTMENT, A MAJOR COMPONENT OF ADDICTION

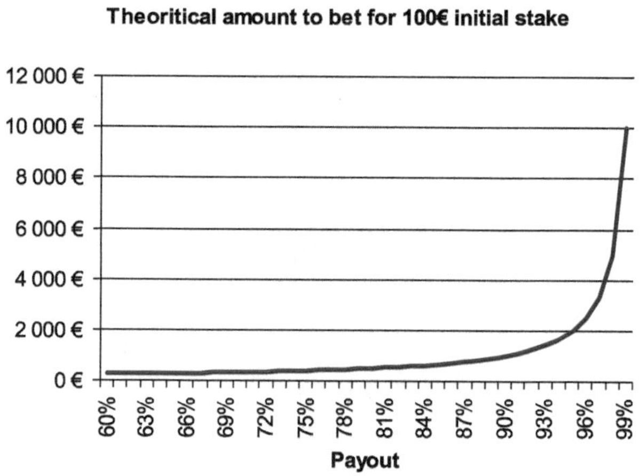

30

BILL IN LINE WITH SCHALDEMOSE REPORT OF THE EUROPEAN PARLIAMENT

- Member States have an interest & right to regulate & control their gambling markets
- Member States may legitimately restrict freedom to provide online gambling services in order to protect consumers
- Online gambling operators must comply with Member State legislation in which they provide their services and in which the consumer resides
- Protection of sports events integrity and competitions requires cooperation between sports rights owners, online betting operators and public authorities
- Recommendation that Member States protect non authorised commercial use of sport events, notably by recognition of a sport event organiser's right
- Under-age gambling prevention
- Adequate funding for research, prevention & treatment of online gambling problems
- Profits from gambling used for the benefit of society, including rolling funding for education, health, professional and amateur sport and culture
- Maximum monthly gambling budget
- Importance for the Member States of being able to control, limit and supervise gambling services provided on the territory of the consumer residence

Sports Betting in the United Kingdom

Alan Littler[1]

1 Introduction

With the passage of the Gambling Act 2005 (hereinafter the 'Act') a wholly reformed and unified regulatory regime was introduced into Great Britain for the regulation of commercial gambling. As a consequence of this thorough reformatory exercise, which sought to create a regime in which gambling could be regulated in a manner akin to other leisure activities, an entirely new regulatory landscape emerged. Sports-betting falls squarely within this regime and it is the object of this paper to briefly outline the main elements of this regime with an eye to the regulation of sports-betting.

In order to accomplish this goal, the overall architecture of the regulatory regime will be outlined before moving onto the objectives which are central to contemporary regulatory practice, respectively in the first and second sections. Thereafter in the third section the divisions which the Act constructs between different forms of gambling will be highlighted, concentrating upon the definition given to betting. Given the importance of gambling provided via the internet and other means of distance communication, and the relatively unique stance which the British government has taken with regards to the cross-border movement of such services, the fourth section will offer an oversight of the approach to 'remote gambling'. All operators with a physical presence within Great Britain must hold the relevant licences in order to legally supply gambling services and the fifth section will detail the three types of licence which exist. This will provide a natural step to the sixth section which introduces the conditions by which licence holders must abide, in order to secure the regulatory objectives. A few final remarks will then be made to conclude this overview of the regime introduced by the Act.

---

1 Ph.D (Tilburg), LL.M (Leiden), LL.B. (Dundee). Post-doctoral researcher at the Tilburg Center for Law & Economics (TILEC) and the Tilburg Law School, Tilburg University. This paper was presented at the Symposium Glücksspiel 2010, hosted by the Forschungsstelle Glücksspiel of the Universität Hohenheim, Stuttgart, Germany, in March 2010. The author can be contacted at a.d.littler@uvt.nl and remains responsible for any errors contained herein.

2 Architecture of the Regulatory Regime

Certain limitations prevail in terms of the scope of the Act, in relation to its substantive application as well as geographical coverage. In covering almost all forms of commercial gambling available in Great Britain, two important exceptions exist. Firstly the National Lottery is regulated by the National Lottery Act 1993 and subsequent amending legislation, for which the National Lottery Commission enjoys a mandate to uphold.[2] Secondly, spread-betting is seen as a financial services product and as such is regulated by the Financial Services Authority pursuant to the Financial Services and Markets Act 2000.[3] In geographical terms the vast majority of the provisions of the Act do not apply to the United Kingdom as a whole, but rather only to England and Wales, and Scotland, thus excluding Northern Ireland.[4] Henceforth, reference can only be made to Great Britain and not the United Kingdom as such.[5]

In institutional terms, an independent non-departmental public body has been established and this body, the Gambling Commission, represents the epicentre of the regulatory regime and replaces the earlier Gaming Board for Great Britain.[6] The Gambling Commission is responsible for a wide array of regulatory tasks yet it does not operate in isolation. Nevertheless, the establishment of national gambling policy remains the responsibility of government, namely the Department of Culture, Media and Sport (hereinafter referred to as 'DCMS') which falls within the portfolio of the Secretary of State for Culture, Media and Sport. Additionally, local authorities have a role to play in the granting of premises licences which operators have to obtain in order to open a bricks-and-mortar venue in a given locality.[7]

Two fundamental duties are vested within the Gambling Commission; firstly to pursue and have regard to the licensing objectives which form the backbone of this regulatory regime; and secondly to permit gambling as far as it thinks is

---

2 Section 15, Gambling Act 2005.

3 Section 10(1), Gambling Act 2005.

4 Section 361, Gambling Act 2005.

5 However, from an international perspective reference to the United Kingdom is correct as a reflection of the fact that this is the larger entity to which the constituent parts of Great Britain belong.

6 See provisions contained within Part 2 'The Gambling Commission' of the Gambling Act 2005.

7 The role of local authorities in this regard will be returned to in section 6 of this paper.

"reasonably consistent with the pursuit of the licensing objectives".[8] As a means of securing the attainment of the licensing objectives the Gambling Commission is required to issue codes of practice as to how gambling facilities are provided which in effect amount to the conditions applicable to licence holders, examples of which shall be provided later in this paper in relation to sports-betting operations. Reliance on the Gambling Commission to establish such codes is indicative of the framework which the Act provides; not only are a significant proportion of the fine details left to the Commission to formulate but also to secondary legislation. This creates a plethora of instances in which secondary legislation is required from the relevant Secretary of State, and these relate to a wide range of different regulatory aspects. Examples include statutory instruments specifying the permitted local authorities eligible to host the large and small casinos permitted by the Act;[9] the determination of from which non-EEA jurisdictions operators are permitted to advertise to UK residents;[10] and the exemptions applicable for the provision of poker gaming in public houses.[11]

Furthermore there is a duty on the Gambling Commission to cooperate with the National Lottery Commission, thus alleviating any problems which may arise due to the apparent separate nature of the two parallel regulatory regimes.[12] Unity is also furthered in terms of the duty of the Gambling Commission to issue guidance to local authorities as to how these authorities should exercise their functions under the Act. This is of relevance to sports-betting operations given that non-remote service providers will need to obtain authorisation to use individual premises for their commercial activities.[13] As a final point worthy of note, the Gambling Commission is responsible for ensuring compliance with the requirements of the Act,[14] and may investigate whether criminal offences have been committed under it, in addition to instituting criminal proceedings in relation to any such alleged offence.[15]

---

8 Section 22, Gambling Act 2005.
9 S.I. 2008/1327, The Gambling (Geographical Distribution of Large and Small Casino Premises Licences) Order 2008.
10 S.I. 2008/2829, The Gambling Act 2005 (Advertising of Foreign Gambling) (Amendment) (No. 2) Regulations 2008.
11 S.I. 2007/1940, The Gambling Act 2005 (Exempt Gaming in Alcohol-Licensed Premises) Regulations 2007.
12 Section 31, Gambling Act 2005.
13 Section 25, Gambling Act 2005.
14 Section 27, Gambling Act 2005.
15 Section 28, Gambling Act 2005.

3 Regulatory Objectives

The aforementioned licensing objectives, which are given prominence as 'key concepts' at the start of the Act, are threefold. Firstly the regulatory regime seeks to prevent that gambling is a source of crime or disorder, is associated with crime or disorder or, is used to support crime. Secondly, gambling activities are to be 'conducted in a fair and open way' whilst thirdly children and 'other vulnerable persons' are to be protected from harm or exploitation through gambling.

Against the background of these three objectives the Gambling Commission is to regulate gambling in line with the 'market philosophy' of the government, one which entails that "unnecessary barriers to customer access and new entrants to the industry [are] removed".[16] Subsequently, so as to provide scope for market forces to prevail in terms of the volume of gambling supplied, both the Gambling Commission and local authorities are prohibited from considering whether there is any unmet demand for gambling services during licence award procedures. Not only is the Gambling Commission required to permit gambling to the extent that it is 'reasonably consistent' with the licensing objectives but when deciding whether to grant an operating licence it may not pay regard to "the expected demand for facilities which it is proposed to provide."[17] Similarly, when granting premise licences local authorities "may not have regard to the expected demand for the facilities which it is proposed to provide".[18]

By preventing the consideration of unmet demand, the Act reverses the position embedded in earlier legislation, namely the Betting, Gaming and Lotteries Act 1963 and the Gaming Act 1968. In relation to the granting of licences for sports-betting offices the 1963 Act permitted the relevant authority to refuse an application on the ground "that the grant would be inexpedient having regard to the demand for the time being in the locality for the facilities afforded by licensed betting offices and to the number of such offices for the time being available to meet that demand".[19] Consequently, for gambling premises other than casinos,

---

16 Miers, D., A British View of European Gambling Regulation. In: Littler, A./Fijnaut, C. (eds), The Regulation of Gambling: European and National Perspectives, Leiden 2007, p. 90.

17 Section 72(b), Gambling Act 2005.

18 Section 153(2), Gambling Act 2005.

19 Section 19(b)(ii), Betting, Gaming and Lotteries Act 1963. Similarly, in relation to casinos, the Gaming Act 1968 established in Schedule 2, para. 19, that the relevant authority could

market forces determine how many venues there are within a given location, so long as the granting of an individual licence is compatible with the three licensing objectives.[20]

Therefore, media accounts of discontent have arisen following occurrences of high densities of sports-betting offices within close proximity of each other.[21] Indeed, this market orientated approach may conflict with the very objectives which the regime seeks to uphold; whilst licence applications may be unobjectionable on an individual basis the cumulative effect of a number of operators concentrated within a particular area may have negative consequences.

4 Defining Betting

Three broad categories of gambling are created by the Act, these being gaming, betting and lotteries. Given the focus of this paper, sections 9 to 13 are the most relevant given that these provisions define the different forms of betting which the can be supplied pursuant to the Act. Section 9 provides a general definition of betting in terms of upon what a bet maybe placed, and in this regard sports events and competitions only form one aspect of the type of events upon which bets can be made or accepted. Indeed, section 9(1) reads as follows:

> "(1) In this Act "betting" means making or accepting a bet on-
> (a) the outcome of a race, competition or other event or process,
> (b) the likelihood of anything occurring or not occurring, or
> (c) whether anything is or is not true."

Whilst the bet placed may relate to the outcome of a race, competition or other event or process, it may equally relate to a race, competition, event or process

---

refuse a licence if it was not shown that 'a substantial demand already exists on the part of the prospective players for gaming facilities of the kind proposed to be provided on the relevant premises.'

20 The number of casinos which may open under the Gambling Act 2005 has been established in secondary legislation, namely The Gambling (Geographical Distribution of Large and Small Casino Premises Licences) Order 2008, supra note 9. These sixteen new casinos are in addition to those which have been carried over from the earlier regulatory regime under the Gaming Act 1968.

21 See, for example Collinson, P., Too many bookies? You bet!, The Guardian, 12 January 2008 which refers to 'saturation' in one particular area of London.

which has already occurred and where "one party to the transaction knows the outcome".[22] Transactions regarding the likelihood of anything occurring or not occurring can constitute bets even where 'the thing has already occurred or failed to occur' and once again where one party to the transaction already knows the outcome.[23] Consequently the betting market operating under the auspices of the Act is broader than merely betting on the outcome of sporting events and competitions, and an example of the 'other' would be the annual bet on whether snow will fall on Christmas Day. Indeed, there does not appear to be any outer boundary in terms of what may or may not form the basis of a betting transaction, other than the prohibition on placing bets on the outcome of a lottery draw which forms part of the National Lottery.[24] Holders of licences for the provision of betting services are therefore prohibited from offering and accepting bets on the results of a National Lottery draw, but they are not prohibited from entering into betting transactions where the outcome in question are the numbers drawn in a national lottery of another EU Member State. Such practices do not amount to selling tickets for such other national lotteries, but rather enabling British customers to bet on which numbers will be the winning numbers of other national lotteries, thus creating somewhat of a parallel offer based on the lottery draws for which British residents by virtue of their location, are excluded from. The remainder of the provisions relate to the aforementioned exclusion of spread-betting,[25] defining prize competitions,[26] defining pool betting[27] and betting intermediaries.[28]

---

22 Section 9(2), Gambling Act 2005.

23 Section 9(3), Gambling Act 2005.

24 Regulatory practice on this point appears to be thin on the ground. In December 2008 the Advertising Standards Authority required that an Irish bookmaker removed its press based media advertisement for bets on which airline would be the next to enter into administration. However, it should be highlighted that it was not the Gambling Commission which required the advertising campaign to cease but the regulatory body responsible for upholding the applicable advertising standards established by the Broadcast Committee of Advertising Practice. These standards contain specifically designed to apply to the advertising of gambling services. BCAP Television Advertising Code, available at http://bcap.org.uk. Section 11.6 covers the National Lottery whilst 11.10 covers other forms of gambling. See ASA Adjudication on Paddy Power plc, Complaint Ref 70549, 10 December 2008. Available at http://asa.org.uk/Complaints-and-ASA-action/Adjudications/2008/12/Paddy-Power-plc/TF_ADJ_45453.aspx.

25 Section 10, Gambling Act 2005.

26 Section 11, Gambling Act 2005.

27 Section 12, Gambling Act 2005.

28 Section 13, Gambling Act 2005.

Given the widespread popularity of poker, it is hereby noted that poker is considered as a form of gaming, and more specifically as a 'casino game'. Casino gaming is generally defined as that which amounts to a game of chance which is 'not equal chance gaming', [29] and otherwise to other activities as specified by the Secretary of State as being treated as if they were 'casino games'.[30] Consequently, commercial poker can only be offered by casino operators, either operators of casinos originally licensed under the Gaming Act 1968 or in one of the 'new' casinos introduced by the 2005 Act, which are currently restricted to sixteen in number.[31] However, in addition to the exception for private gaming which is discussed below in relation to the requirement to hold the otherwise relevant licences, poker can be offered on a limited stakes basis as a form of 'exempt gaming'.[32] In essence, this category aims to fill the gap between commercial offers of poker and poker played between private persons in a non-commercial capacity. Such limited stakes poker requires compliance with one of two sets of regulations dependent upon the setting in which the poker is offered, and the relevant code of practice which in effect amounts to the conditions which providers have to abide by.[33] The role of codes of practice will be analysed in the section 'Conditions Attached to Licences', but suffice it to note that in this instance they seek to extend the three licensing objectives to situations where holding a licence is not prerequisite for offering poker. In terms of the limited stakes where poker is offered in pubs individuals cannot stake more than £5 per day and no more than £100 can be staked within a 24 hour period, whilst the maximum amount or value of a prize is limited to £100.[34] Slightly less restrictive limits are placed on the stakes when poker is offered within clubs, with the maximum stake an individual can place 'on any game of poker' being £10, with no more than £250 being staked on games of poker offered on any single day. An upper limit to the amount which can be staked over a seven day period on all games of poker played at a venue is set at £1000. The maximum prize is limited with a ceiling of £250.

29 Section 7(2), Gambling Act 2005.
30 Section 7(3), Gambling Act 2005.
31 Supra note 20.
32 Section 279, Gambling Act 2005.
33 See the 'Code of Practice for gaming in clubs and premises with an alcohol licence.'
34 As specified in secondary legislation, namely The Gambling Act 2005 (Exempt Gaming in Alcohol-Licensed Premises) Regulations 2007, supra note 11.

5 Non-Remote Gambling vs. Remote Gambling

Significantly, the Act attempts to regulate those gambling services, including sports-betting services, provided via the internet through its application to 'remote gambling'.

In this respect the licensing objectives encapsulate 'internet gambling' with software generated content forming the subject of the betting transaction in addition to 'online gambling' where the event, such as a horserace, takes place offline but the completion of the betting transaction occurs online. Contrasting with this, in the context of 'internet gambling' the horserace would be ran on a virtual track with virtual jockeys and virtual horses, rather than around an actual track.[35] Remote gambling is defined as that which enables participation "by the use of remote communication"[36] and the Act subsequently offers a future proof non-exhaustive list of means of remote communication, including the internet and "any other kind of electronic or other technology for facilitating communication."[37] Exactly the same licensing objectives apply to remote gambling as to non-remote gambling, with specific conditions being established within the licence conditions and codes of practice which are discussed below, in the section 'Conditions Attached to Licences'.

However, the principal difference compared to non-remote gambling is that, remote gambling, including sports-betting provided via means of remote communication, can be provided to British residents without the need to hold any of the required licences. Such a possibility does not prevail for non-remote gambling, including physical sports-betting offices. To provide facilities for gambling generally amounts to an offence under the Act, but for as long as an operator does not have a single piece of equipment located within Great Britain that operator will not be amenable to the regime established by the Act.[38] Rather, all operators based within the EEA or within a 'white-listed' jurisdiction are able to provide and advertise their gambling services to Great Britain,[39] whilst operators located outside of the EEA and 'white-listed' jurisdictions are merely permitted to provide their

35 The Gambling Commission establishes conditions applicable to software generated gambling, but these will not be detailed within the confines of this paper.

36 Section 4(1), Gambling Act 2005.

37 Respectively sections 4(2)(a) and (e) of the Gambling Act 2005.

38 Section 36(3), Gambling Act 2005.

39 Section 331(2) and (4), Gambling Act.

services to British residents without any advertising. This approach amounts to an absolute recognition of the regulatory efforts undertaken by all EEA jurisdictions, which as the Government has subsequently discovered has not been met with any degree of reciprocation. It is also interesting to note that the Secretary of State is empowered with the discretion to declare particular jurisdictions as 'prohibited territories', to which it is an offence for a holder of a Gambling Commission licence to invite or enable participation in remote gambling. [40] Reflecting the established attitude of the Government towards gambling in the internal market no EU Member State has been listed as such. Even those which do not permit online gambling or have a public monopoly for the provision of such services are not deemed to be 'prohibited territories'.

Given the very open nature of the regulatory regime for operators based within the EEA, British consumers are at the mercy of regulatory objectives, standards, and enforcement applicable in other EEA jurisdictions.[41] Now that the Act has been operative since 2007 concerns have arisen as to the discrepancies between the regulatory objectives and standards upheld by the Act compared to those prevailing in EEA jurisdictions, white-listed jurisdictions and those which are neither EEA jurisdictions nor white-listed jurisdictions.[42] In response to this particular regulatory experience the Government launched a consultation in March 2010 as a means to discuss how best to extend the objectives and standards of the Act to all operators providing services to British consumers.[43]

In relation to 'gambling services in Europe', the consultation document notes that:

40 Section 44, Gambling Act 2005.

41 This is also true of non-EEA jurisdictions and those which have not been white-listed. Regulatory divergence between the British system and such jurisdictions could be anticipated as being the most extreme.

42 'White-listed' jurisdictions are declared as such in regulations 2 and 3 S.I. 2007/2329 The Gambling Act 2005 (Advertising of Foreign Gambling) Regulations 2007, as amended by The Gambling Act 2005 (Advertising of Foreign Gambling) (Amendment) (No. 2) Regulations, supra note 10. These are Antigua and Barbuda, the Island of Alderney, the Isle of Man and Tasmania.

43 DCMS, A Consultation on the Regulatory Future of Remote Gambling in Great Britain, 22 March 2010. Available at http://www.culture.gov.uk/images/consultations/remotegambling_consultation.pdf (Accessed 10 April 2010).

"... the Government had hoped that jurisdictions would ensure that the EC Treaty principles, in particular those relating to the freedom of establishment and the freedom to provide services, would be afforded to British operators who demonstrated ... that they were socially responsible."[44]

Moreover, the Government further hoped that through "demonstrating best practice in gambling regulation" that Britain would play in influential role in improving gambling regulation across the internal market. However, the European legal context has not evolved in line with the Government's preferences since the current situation is one in which the European market "is moving towards individual approaches to regulation in each member state, including national licensing regimes". This has contributed to the Government questioning the 'sustainability' of the current approach,[45] an approach which appears to be founded on an understanding that "mutual recognition was the only way to comply with Treaty provisions."[46] Without entering into detail, the overriding concerns surround the ability of EEA-based operators to supply gambling services and advertise these services to British consumers whilst not being regulated to those standards encapsulated by the Act. Furthermore, difficulties surrounding cross-border cooperation and coordination between the Gambling Commission and national regulatory bodies of other EEA jurisdictions are noted as to their detrimental effect on the attainment of the licensing objectives. The consultation briefly discusses alternative methods for extending the application of British objectives and standards to EEA-based operators, those based in white-listed jurisdictions, and those found in all other legal systems. In relation to EEA jurisdictions the Government currently shows a preference for, albeit at this preliminary stage in any eventual reform process, amendments which would require operators located within these jurisdictions to obtain a licence from the Gambling Commission in order to advertise to, and transact with, British residents.[47]

On perhaps a more cynical note the Government may have realised that the regulatory costs and the rates of taxation applicable to operators established in Great Britain have failed to attract overseas operators to British shores.[48] Mo-

44 Ibid., para 2.15.
45 Ibid., para. 3.3
46 Ibid., para. 3.9.
47 Ibid., paras. 4.27-4.31.
48 Ibid., para. 3.5 where it is noted that "[f]ollowing the implementation of the Act, no major remote gaming operators chose to relocate their overseas operation in Britain." This con-

reover, operators who were once based in Great Britain have migrated to other jurisdictions so as to be able to compete with other firms serving the British market. Operators, including those offering sports-betting services, have not found the regime established by the Act sufficiently attractive so as to bear the costs of regulatory compliance, which has resulted in fewer operators being captured by this regime.[49] This in part may be due to the lack of recognition by other Member States of the regulatory stringency embodied in the Act.

6 Types of Licence

The requirement to hold the relevant licences for the provision of gambling services is established by section 33 of the Act. Section 33(1) establishes that a person commits an offence if they provide facilities for gambling unless an operating licence is held and the conditions attached thereto are complied with.[50] A person provides 'facilities for gambling' when inviting others to gamble "in accordance with arrangements made by him"; or "provides, operates or administers arrangements for gambling by others, or participates in the operation or administration of gambling by others".[51] However, the requirement to hold such licences relates to commercial gambling operations, with no offence being committed, if facilities are provided for non-commercial gambling, including non-commercial betting. This exception applies to 'private betting' and amounts to "making or accepting a bet, or by offering to make or accept a bet [...] otherwise than in the course of business".[52] To benefit from this exception betting has to take place at a non-commercial event from which "no part of the proceeds [are] appropriated for the purposes of private gain".[53]

---

trasts sharply with the situation envisioned by the Government in 2003 where it foresaw a "global market where a well regulated British based industry is able to establish itself as a world leader." See DCMS, The Future of Remote Gambling: A DCMS Position Paper, April 2003, para. 107.

49 Ibid., para. 3.6.

50 Section 33(2) and (3), Gambling Act 2005.

51 Section 5(1)(a) to (c), Gambling Act 2005.

52 Section 296(1) and (3), Gambling Act 2005. The same also applies to non-commercial gaming, referred to as 'private gaming'. There are other exceptions to the requirement to hold an operating licence, such as the provisions applicable to 'exempt gaming' in section 269 and others, as listed in section 33(1)(b)(i)-(vi).

53 Section 297(1) and (2), Gambling Act 2005. Section 3 proceeds to define the understanding attributed to 'proceeds of an event', which amount to sums raised by fees for entrance or

Three types of licence are established by the Act, namely the operating licence, the personal licence and the premise licence, with the latter not being applicable to operators providing only remote gambling services. The nature of these licences will now be outlined.

Operating licences are dealt with in Part 5 of the Act, with ten different operating licences each pertaining to a particular form of gambling. For the purposes of (sports-) betting three of these licences are relevant; the general betting operating licence, the pool betting operating licence and the betting intermediary licence.[54] These three betting related operating licences permit the holder to offer offline betting services, such as in a bookmaker's shop, but do not amount to a basis for the provision of online gambling nor any other form of gambling via a means of remote communication. Should an operator wish to provide online gambling services from within Great Britain then a 'remote operating licence' must be obtained from the Gambling Commission, and a remote permutation can be obtained for all of the non-remote betting operating licences.[55] The Gambling Commission is not empowered to issue licences which simultaneously authorise the provision of non-remote and remote gambling of a particular form. In such a case an operator would hold two licences, the non-remote and remote versions appropriate for the particular form of gambling. However, it is not necessary to have a non-remote operating licence as a condition of eligibility for a remote operating licence, a single piece of equipment in Great Britain is deemed as providing a sufficient degree of connection.[56]

The situation is a little more nuanced however, with regards to combined licences and the notion of ancillary remote operating licences. Firstly, combined licences permit the Gambling Commission to combine the authorisation for the offering of more than one category of gambling by a single operator. Thus an operator may hold a single licence which permits them to operate to both forms of amusement arcade permitted by the Act.[57] Moreover, and of relevance for the purposes

participation, sponsorship, by commission or other means once costs reasonably incurred in the organisation of the event have been deducted.

54 Respectively sections 65(2)(c), (d) and (e) of the Gambling Act 2005.

55 Section 67, Gambling Act 2005.

56 Section 89(2), Gambling Act 2005.

57 Miers refers to the example whereby a licence may be awarded for the operation of a family entertainment centre and an adult gaming centre, under this power granted to the Gambling Commission under section 68(1). Under section 65 these two environments where gambling machines can be made available both have a different operating licence, section 65(2)

of this paper, the Act widens the range of operators who are entitled to offer a particular type of betting service to operators who do not actually hold an operating licence pertaining to this form of gambling. Betting services are included within this aspect of the regime to the effect that casino operators, thus operators holding a casino operating licence, are permitted to offer betting on the outcome of virtual events.[58] In practice therefore, casinos can offer casino customers the opportunity to place bets on the outcome of a virtual horserace from within the casino itself. Similarly, non-remote general betting licence holders can do likewise, which whilst less surprising than it is in relation to casino operators given the nature of the primary activity of such a licence holder, it is interesting to observe how the Act blurs the boundaries between the categories which it establishes. Not only does this occur between means of supplying gambling services, i.e. between bricks-and-mortar venues and remote means, it also occurs between operators given that casino operators are able to offer betting services.[59] Similarly, the availability of ancillary licences permits holders of non-remote operating licences to provide a limited amount of their services via means of remote communication, blurring the distinction between remote and non-remote operators.

Holders of such an ancillary licence are not free to offer an unlimited volume of remote gambling given that the offer of remote gambling is ancillary or secondary to their primary activity of supplying non-remote gambling services. However, this legal construction is not found within the Act itself, but rather within secondary legislation relating to the fees applicable to the various forms of operating licence.[60] Operators of non-remote betting services are permitted to offer remote gambling, but only by means of telephone and not via the internet; thus a full remote gambling licence would be required to offer internet based gambling services.

(f) for the adult gaming centre and section 65(2)(g) for the family gaming centre. See Miers, D., A View from the British Isles. In: Littler, A./Hoekx, N./Fijnaut C./Verbeke, A., Gambling Regulation in Europe (provisional title), Leiden, forthcoming 2010.

58 Section 68(3)(a), Gambling Act 2005.

59 Although it should be noted in this regard that 'virtual' does not imply 'via a means of distance communication'. However, the experience of the end-user of the electronic, screen-based experience may be similar other than for the fact that betting on a virtual race in a betting-shop is less likely to be a solitary activity than betting online in the privacy of the home.

60 See Regulation 14 of S.I. 2006/3284 The Gambling (Operating Licence and Single-Machine Permit Fees) Regulation 2006 and the Explanatory Memorandum attached thereto. By virtue of Regulation 14(4)(a) these provisions apply to non-remote betting.

The Gambling Commission decides whether to award an operating licence on the basis of the three objectives which underpin the Act and whether the applicant is 'suitable' to carry on the activity in question, thus including betting.[61] Suitability is to be determined by reference to the integrity of the applicant, the competence of the applicant to supply betting services, or another form of gambling as applicable, in compliance with the licensing objectives and the financial probity of the applicant.[62]

This understanding of suitability extends to the award of the personal licence, covered by Part 6 of the Act, which is required by those working in positions of responsibility within the gambling industry.[63] Section 80 establishes the duty on the Gambling Commission to ensure that in relation to each operating licence which it awards there is at least one person who holds a specified management function and a specified operational function. In order to give effect to this section 127 establishes that a 'personal licence' is a licence which authorises an individual to perform functions relating to the provision of gambling services, either in a management or operational capacity. A 'personal management licence' proves the integrity and suitability of directors and those who facilitate or ensure compliance with conditions applicable to the operating licence.[64] Whereas a 'personal functional licence' does likewise with regards to persons employed in a function which enables them to exercise influence over the outcome of gambling, are involved in receiving or paying money, or hold a specific role regarding machine gaming.[65] These licences are attached to individual persons, rather than the operator, thus further ensuring the attainment of the regulatory objectives to the extent that the Gambling Commission acts as a gatekeeper in terms of persons permitted to work within the industry.

The final licence type, which is only required in relation to non-remote betting, and other forms of non-remote gambling, is the premise licence. Given that local authorities and not the Gambling Commission are responsible for awarding

61 Section 70(1)(a) and (b), Gambling Act 2005.
62 Section 70(2), Gambling Act 2005.
63 Not all of the provisions covering operating licences are applicable to personal licences, to the extent that Part 6 of the Act (personal licences) expressly modifies or excludes provisions of Part 5 (operating licences). For exact details reference should be made to S.I. 2006/3267 The Gambling (Personal Licences) (Modification of Part 5 of the Gambling Act 2005) Regulations 2006.
64 Section 80(5), Gambling Act 2005.
65 Section 80(6), Gambling Act 2005.

this licence, there is an element of decentralisation in the exercise of the regulatory regime established by the Act. To offer certain forms of gambling, including betting, from a premise without having a licence to use that location for the supply of a particular form of gambling, constitutes an offence under the Act.[66] Therefore, to offer betting services from a particular premise a 'betting premises licence' is required on a premise by premise basis.[67] In a manner similar to the personal licence requirement, the premise licence requirement relates to a single premise, thus an operator will have to obtain a licence for an individual address regardless of how many other premises it may have within the area covered by the relevant local authority. Nevertheless, the local authorities are not wholly free to implement their own policy preferences. Indeed, they are obliged to permit the use of premises as far as they consider it to be in accordance with the guidance issued by the Gambling Commission and reasonably consistent with the three licensing objectives.[68] This notwithstanding, each local authority is required to have a statement of principles by which they will uphold the over-arching licensing objectives and requirements of the Act.[69] Such a statement has to be compatible with the guidance issued by the Gambling Commission,[70] but given the scope of this paper, the "substantial" *Guidance to Local Authorities* will not be discussed any further.[71] Perhaps most significantly in this aspect, and as already highlighted, local authorities cannot consider whether there is any demand for the (betting) facilities which the operator proposes to supply.[72]

This three-pronged approach thus regulates access to the gambling market in terms of operators, personnel and the location of non-remote gambling supplies, and thus contributes to the attainment of the three licensing objectives. Yet, the three objectives are general in nature, and many conditions are attached to the operating licences in terms of securing these objectives and indeed, to set the

---

66 Section 37, Gambling Act 2005.

67 The relevant provision, section 150(1)(e) refers to the "provision of facilities for betting" which is somewhat broader than simply "making or accepting bets", but also encompasses "acting as an intermediary or by providing other facilities for the making or acceptance of bets".

68 Section 153(1)(b) and (c), Gambling Act 2005.

69 Sections 153(1)(d) and 349, Gambling Act 2005.

70 In accordance with the Gambling Commission's competence under section 25. The May 2009 version from the Gambling Commission can be found at http://www.gamblingcommission.gov.uk/pdf/GLA%203%20May%2009%20revised pdf.

71 Miers, D., A View from the British Isles, supra note 57.

72 Section 153(2), Gambling Act 2005.

standard to which they are to be adhered to, including concerns relating to social responsibility. This shall be the focus of the following section.

7 Conditions Attached to Licences

The mandate for the Gambling Commission to define and attach conditions and codes of practice to operating licences takes the form of two parallel strands of activity. Firstly, on the basis of section 75, the Gambling Commission is permitted to specify conditions attached to each operating licence or all operating licences falling within a particular class thereof,[73] such as the 'general betting operating licences'. Failure to adhere to these conditions could give rise to criminal liability.[74] Secondly, and concurrently, the Gambling Commission is obliged and empowered to issues 'codes of practice' as to "the manner in which facilities for gambling are provided".[75] The Act establishes that the Gambling Commission is bound to "describe arrangements that should be made by a person providing facilities for gambling" so as to ensure that gambling is conducted in an open and fair way, that children and other vulnerable persons are protected from being harmed or exploited by gambling, and finally making assistance available to those who are or maybe affected by gambling related problems.[76] These three elements form the basis of the social responsibility code provisions, which constitute a key element in the Gambling Commission discharging its duty to permit gambling as far as it considers is reasonably consistent with the three licensing objectives.[77] Indeed, the importance of the social responsibility code provisions is reflected in the weight given to them in terms of supervision and enforcement. Whilst the somewhat more general 'ordinary' codes of practice will not give rise to criminal or civil liability, but rather the suspension, revocation of a licence or

73 Section 75(1), Gambling Act 2005.
74 Section 33(3)(b), Gambling Act 2005.
75 Section 24(1), Gambling Act 2005.
76 Section 24(2), Gambling Act 2005.
77 See Miers on this point for further elaboration. Miers, D., Gambling in Great Britain: Implementing a Social Responsibility Agenda. In: Gaming Law Review and Economics, 2008, 12(6), p. 588.

the imposition of a financial penalty,[78] breaching a social responsibility code provision amounts to a criminal offence.[79]

In executing its duties in relation to licence conditions and codes of practice, the Gambling Commission has issued a general set of conditions and codes of practice, applicable to all operators licensed by it, namely *Licence Conditions and Codes of Practice*.[80] The document is thus divided into licence conditions and code of practice provisions, the latter of which can be sub-divided to distinguish between 'ordinary' code provisions and 'social responsibility' code provisions. At the juncture, an illustration of all three shall be provided. As a licence condition all licence holders offering gambling via a website have to include a statement that they are licensed and regulated by the Gambling Commission.[81] In terms of the codes of practice, an 'ordinary' provision is that members of staff are obliged to check the age of all customers who appear to be under 21 years of age.[82] Whilst in terms of a 'social responsibility' code provision non-remote operators are required to have policies and procedures to prevent underage gambling and monitor the effectiveness of such policies.[83]

In addition to the more generally applicable *Licence Conditions and Codes of Practice*, specific sets of conditions and codes of practice apply per type of operating licence, which again distinguish between conditions, and the two forms of code provisions. Maintaining the betting theme, non-remote operators would have to adhere the *Conditions and Codes of Practice applicable to Non-Remote General Betting Licences*.[84] As an example of an 'ordinary' code provi-

---

78 Sections 118, 190 and 120 respectively. These codes remain admissible as evidence in criminal and civil proceedings (section 24(8)) and may be taken into account by the Gambling Commission (section 24(9)).

79 Criminal liability is established in what Miers refers to as a somewhat roundabout manner. For further details on this see Miers, D., Gambling in Great Britain: Implementing a Social Responsibility Agenda, supra note 77.

80 Gambling Commission, Licence Conditions and Codes of Practice, October 2008, as amended. Available at http://www.gamblingconnission.gov.uk/pdf/LCCP%20-%20Oct%20 2008.pdf.

81 Ibid., condition 8, p. 12.

82 Ibid., code provision 2.2., albeit in relation to all non-remote casino licensees.

83 Ibid.

84 Gambling Commission, Conditions and Codes of Practice applicable to Non-Remote General Betting Licences, December 2009. Available at http://www.gamblingconnission.gov.uk/pdf/Licence%20conditions%20and%20codes%20of%20practice%202009%20betting%20-%20December%202008.pdf.

sion a non-remote operator is obliged to offer customers the possibility to self-exclude for a period of at least six months without a cooling-off period applying to the commencement of the cooling-off period.[85] A separate set applies to those offering remote betting services, namely the *Conditions and Codes of Practice applicable to: Remote General Betting Licences*.[86] From these provisions a 'social responsibility' code provision is provided as an example, namely that under the heading of 'customer interaction' an operator must have a policy where it is specified which types of player behaviour will be logged and that could subsequently trigger interaction with the customer so as to avoid excessive gambling behaviour.[87]

8 Concluding Remarks

This paper has aimed to show how betting is regulated with the context of the Gambling Act 2005, and in doing so has illustrated the complex web of licences and conditions and codes of practice attached thereto. Moreover, it provides an insight into what can perhaps be considered as a dynamic regulatory regime in which, subject to the three licensing objectives, market forces determine the fate of operators offering betting services. Nevertheless, it also pointed towards the limits of such openness to market forces, with the doubts that the British regulatory authorities have developed regarding the stance towards operators regulated and licensed elsewhere within the internal market. Given the relatively young nature of the Act, and the regulatory regime which it embodies, time will prove whether it is capable of meeting the objectives it seeks to attain.

---

85 Supra, p. 11-2.

86 Gambling Commission, Conditions and Codes of Practice applicable to: Remote General Betting Licences, December 2009. Available at http://www.gamblingconnission.gov.uk/pdf/Licence%20conditions%20and%20codes%20of%20practice%202009%20betting%20-%20December%202008.pdf.

87 Supra, p. 12.

Literaturverzeichnis

COLLINSON, P. (2008): Too many bookies? You bet!, The Guardian, 12 January 2008.

MIERS, D. (2007): A British View of European Gambling Regulation. In: LITTLER, A.; FIJNAUT, C. (eds): The Regulation of Gambling: European and National Perspectives. Leiden: Martinus Nijhoff.

MIERS, D. (2008): Gambling in Great Britain: Implementing a Social Responsibility Agenda. In: Gaming Law Review and Economics, 12(6), 583-598.

MIERS, D. (forthcoming 2010): A View from the British Isles. In: LITTLER, A.; HOEKX, N.; FIJNAUT C.; VERBEKE, A.: Gambling Regulation in Europe (provisional title). Leiden: Martinus Nijhoff.

Rechtsquellen

- Gambling Act 2005
- S.I. 2006/3267 The Gambling (Personal Licences) (Modification of Part 5 of the Gambling Act 2005) Regulations 2006
- S.I. 2006/3284 The Gambling (Operating Licence and Single-Machine Permit Fees) Regulation 2006
- S.I. 2007/1940 The Gambling Act 2005 (Exempt Gaming in Alcohol-Licensed Premises) Regulations 2007
- S.I. 2007/2329 The Gambling Act 2005 (Advertising of Foreign Gambling) Regulations 2007
- S.I. 2008/1327 The Gambling (Geographical Distribution of Large and Small Casino Premises Licences) Order 2008
- S.I. 2008/2829 The Gambling Act 2005 (Advertising of Foreign Gambling) (Amendment) (No. 2) Regulations 2008
- Gambling Commission, Licence Conditions and Codes of Practice, October 2008, as amended. Available at http://www.gamblingcommission.gov.uk/pdf/LCCP%20-%20Oct%202008.pdf.
- Gambling Commission, Conditions and Codes of Practice applicable to Non-Remote General Betting Licences, December 2009. Available at http://www.gamblingconnission.gov.uk/pdf/Licence%20conditions%20and%20codes%20of%20practice%202009%20betting%20-%20December%202008.pdf.

- Gambling Commission, Conditions and Codes of Practice applicable to: Remote General Betting Licences, December 2009. Available at http://www.gamblingconnission.gov.uk/pdf/Licence%20conditions%20and%20codes%20of%20practice%202009%20betting%20-%20December%202008.pdf.

Internet-Quellen

- ASA Adjudication on Paddy Power plc, Complaint Ref 70549, 10 December 2008. Available at http://asa.org.uk/Complaits-and-ASA-action/Adjucications/2008/112/Paddy-Power-plc/TF_ADJ_45453.aspx.
- DCMS, A Consultation on the Regulatory Future of Remote Gambling in Great Britain, 22 March 2010. Available at http://www.culture.gov.uk/images/consultatons/remotegambling_consultation.pdf (Accessed 10 April 2010).

Konsequenzen einer Kommerzialisierung

Manfred Hecker[1]

CBH
RECHTSANWÄLTE

Konsequenzen einer Kommerzialisierung

von

Dr. Manfred Hecker

Rechtsanwalt

Cornelius • Bartenbach • Haesemann & Partner www.cbh.de

1 Dr. Manfred Hecker ist Rechtsanwalt der Kanzlei Cornelius Bartenbach Haesemann & Partner (CBH) in Köln. Schwerpunkte seiner Tätigkeit liegen in den Bereichen des Gewerblichen Rechtschutzes sowie des Urheber-, Medien- und des Glücksspielrechts.

CBH
RECHTSANWÄLTE

BVerfG Sportwettenurteil: Rn 149:
Gesetzgeber hat „rechtspolitischen Gestaltungsspielraum“: Er ist verfassungsrechtlich gehalten, den Bereich der Sportwetten unter Ausübung seines rechtspolitischen Gestaltungsspielraumes neu zu regeln.
Rn 148: Verfassungsmäßiger Zustand kann erreicht werden durch:

- Konsequente Ausgestaltung des Wettmonopols, die sicherstellt, dass es wirklich der Suchtbekämpfung dient
- Zulassung gewerblicher Veranstaltung durch Private

Cornelius • Bartenbach • Haesemann & Partner www.cbh.de 2

CBH
RECHTSANWÄLTE

Gründe des Gesetzgebers für das Staatsvertragsmodell

Der Gesetzgeber sieht das Glücksspiel als eine risikobehaftete Materie an und verfolgt die in § 1 Nr. 1 bis 4 GlüStV genannten Ziele:

- Glücksspiel- und Wettsucht zu verhindern;
- Voraussetzungen für wirksame Suchtbekämpfung zu schaffen;
- Das Glücksspielangebot zu begrenzen;
- Natürlichen Spieltrieb in legale Bahnen zu lenken;
- Jugend- und Spielerschutz zu gewährleisten;
- Ordnungsgemäße Durchführung sicherzustellen;
- Betrug, Folge- und Begleitkriminalität zu verhindern.

Cornelius • Bartenbach • Haesemann & Partner www.cbh.de 3

CBH
RECHTSANWÄLTE

Glücksspiel: Keine Quelle für Fortschritt und Entwicklung

Generalanwalt Yves Bot, Schlussanträge Liga Portuguesa, Rn 248

„Die Glücks- und Geldspiele können nur dann funktionieren und bestehen, wenn die allermeisten Spieler mehr verlieren als gewinnen. Eine Öffnung des Marktes in diesem Bereich, die eine Zunahme des für die Spiele bestimmten Teils der privaten Haushalte bedeuten würde, hätte unausweichlich nur eine Schmälerung der Mittel der meisten Haushalte zur Folge.“

Cornelius • Bartenbach • Haesemann & Partner www.cbh.de 4

CBH
RECHTSANWÄLTE

Umsetzungsdefizite beim Internet?

- Ignoranz der Rechtslage durch illegale Glücksspielanbieter.
- Vorgehen gegen Internetanbieter in Deutschland mit nahezu 100% erfolgreich.
- Vielzahl von Untersagungsverfügungen ist noch nicht vollstreckungsreif (Instanzenweg).
- Vollstreckungen laufen, aber Auslandsvollstreckung braucht Zeit.
- Frühere Verunsicherung der Gerichte wegen EU-Recht mit der Folge der Aussetzung der Verfahren.

Cornelius • Bartenbach • Haesemann & Partner www.cbh.de 5

CBH RECHTSANWÄLTE

Bestätigung des Staatsvertragsmodells durch die deutsche Rechtsprechung

Oberverwaltungsgericht Niedersachsen

16.02.2009
Der Glücksspielstaatsvertrag und das niedersächsische Glücksspielgesetz sind verfassungskonform.
(Az. 11 ME 367/07)

10.08.2009
Die Verfügung, dass bwin seinen niedersächsischen Internetzugang sperren muss, ist rechtswidrig. Der Senat stärkt gleichzeitig den Glücksspielstaatsvertrag.
(Az. 11 ME 399/08)

Oberverwaltungsgericht Hamburg

27.02.2009
Untersagung kommerzieller Sportwetten rechtmäßig.
Das BVerfG hat nicht verlangt, dass der gesamte Glücksspielbereich kohärent an dem Ziel der Bekämpfung von Suchtgefahren ausgerichtet sein müsse, um den Glücksspielstaatsvertrag zu legitimieren.
(Az. 4 Bs 235/08)

Oberverwaltungsgericht Nordrhein-Westfalen

11.02.2009
Das im Glücksspielstaatsvertrag verankerte Modell für die Durchführung von Sportwetten verstößt weder gegen den EG-Vertrag noch gegen den Grundsatz der Berufsfreiheit.
(Az. 6 S 3328/08)

24.02.2009
Der Glücksspielstaatsvertrag und das nordrhein-westfälische Ausführungsgesetz sind verfassungs- und europarechtlich zulässig. Es besteht kein Verstoß gegen das Kohärenzgebot.
(Az. 4 B 415/08)

09.03.2009
Kommerzielle Anbieter dürfen verboten werden. Keine verfassungsrechtlichen oder europarechtlichen Bedenken bzgl. des Glücksspielstaatsvertrags. Ein Verstoß gegen das Kohärenzgebot ist nicht erkennbar.
(Az. 4 B 556/08)

12.11.2009
Das Internetglücksspiel in NRW ist verboten. DDR-Lizenzen sind in NRW nicht gültig.
(Az. 13 B 959/09)

Verwaltungsgerichtshof Hessen

28.01.2009
Das Staatsvertragsmodell normiert im Hessischen Glücksspielgesetz verstößt weder gegen das Recht der EU noch gegen die Dienstleistungsfreiheit.
(Az. 7 B 2539/08)

Oberverwaltungsgericht Saarland

05.10.2009
Der Staatsvertrag ist verfassungs- und europarechtlich zulässig.
(Az. 3 B 321/09)

Oberverwaltungsgericht Rheinland-Pfalz

23.10.2009
Die Vorgaben des Sportwetten-urteils des BVerfG sind erfüllt. Kommerzielle Sportwettenanbieter sind verboten.
(Az. 6 B 10998/09)

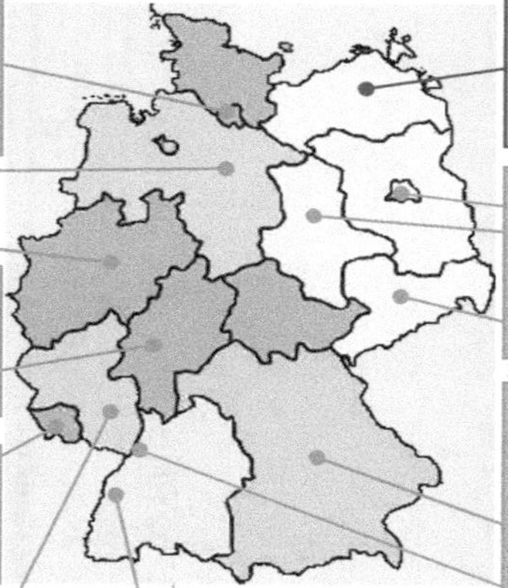

Bundesverfassungsgericht

20.03.2009
Der Glücksspielstaatsvertrag ist verfassungsrechtlich zulässig. Kommerzielle Sportwettenanbieter dürfen verboten werden.
(Az. 1 BvR 2410/08)

Oberverwaltungsgericht Mecklenburg-Vorpommern

29.01.2009
Die Rechtmäßigkeit des Glücksspielstaatsvertrages wird nicht in Frage gestellt. Die DDR-Genehmigung zu Eröffnung eines Wettbüros für Sportwetten ist wirksam. Das OVG hat die Beschwerde des Innenministeriums zurückgewiesen.
(Az. 2M 151/08)

Oberverwaltungsgericht Berlin-Brandenburg

26.02.2009
Der Glücksspielstaatsvertrag ist verfassungsrechtlich und gemeinschaftsrechtlich zulässig.
(Az. 1 S 93.08)

21.12.2009
Untersagung kommerzieller Sportwetten rechtmäßig
(Az. 1 S 11.09

Verwaltungsgerichtshof Baden-Württemberg

11.02.2009
Der Glücksspielstaatsvertrag ist verfassungs- und europarechtlich zulässig. (Az. 6 S 3328/08)

09.06.2009
Das Staatsvertragsmodell verstößt weder gegen Bestimmungen des EG-Vertrags noch gegen die Berufsfreiheit.
(Az. 6 S 3205/08)

15.07.2009
Das im Glücksspielstaatsvertrag enthaltene Werbeverbot für kommerzielle Anbieter wird bestätigt.
(Az. 6 S 1565/09)

10.12.2009
Der Glücksspielstaatsvertrag ist verfassungs- und europarechtlich zulässig (Hauptsache).
(Az. 6 S 1110/07)

Oberverwaltungsgericht Sachsen-Anhalt

18.08.2009
An der Rechtmäßigkeit des Staatsvertrags besteht kein Zweifel. Das Werbe- und Vermittlungsverbot von Glücksspielanbietern gilt weiterhin.
(Az. 3 M 415/08)

10.08.2009
Der Glücksspielstaatsvertrag ist rechtlich und tatsächlich konsistent ausgestaltet. An der Rechtmäßigkeit des Staatsvertrages besteht kein Zweifel. Das Werbe- und Vermittlungsverbot von Glücksspielanbietern gilt weiterhin.
(Az. 2 M 414/08)

Oberverwaltungsgericht Sachsen

10.06.2009
Der Glücksspielstaatsvertrag ist verfassungsrechtlich und gemeinschaftsrechtlich zulässig.
(Az. 10 CS 09/1184)

09.10.2009
Die staatlichen Regelungen zur Veranstaltung von Sportwetten sind verfassungskonform.
(Az. 3 BS 155/07)

06.11.2009
Staatsvertrag verfassungs- und europarechtskonform
(Az. B 120/08
)

Verwaltungsgerichtshof Bayern

22.07.2009
Kommerzielle Anbieter dürfen nicht im Internet werben. Die verfassungs- und europarechtliche Gültigkeit des Glücksspielstaatsvertrags wird bestätigt.
(Az. 10 CS 09/1184)

Obergerichte bestätigen, dass der Glücksspielstaatsvertrag verfassungsrechtlich zulässig ist.

CBH
RECHTSANWÄLTE

Bestätigung des Modells durch die europäische Rechtsprechung 1994 - 2009

Unibet-Urteil
13. März 2007
Rechtssache C-432/05

Kernaussage
Der EuGH stellt fest, dass das europäische Recht einem Unternehmen nicht den Anspruch gibt, die Vereinbarkeit eines nationalen Gesetzes mit der EU-Dienstleistungsfreiheit außerhalb eines vor schwedischen Gerichten anhängigen Hauptsacheverfahrens klären zu lassen.

EFTA-Court-Urteil zur Norwegischen Regelung
30. Mai 2007
Rechtssache E-3/06 EFTA

Kernaussage
Ausschließlich staatliche Angebote bei Lotterien und Sportwetten sind zulässig, wenn sie sich an der Spielsuchtbekämpfung orientieren.

EFTA-Court-Urteil zur Norwegischen Regelung
14. März 2007
Rechtssache E-1/06 EFTA

Kernaussage
Beschränkung auf ausschließlich staatliches Spielautomatenangebot ist zulässig, da sich die entsprechende Regelung sich an der Spielsuchtbekämpfung orientiert.

Gambelli-Urteil
6. November 2003
Rechtssache C-243/01

Kernaussage
Das Staatsvertragsmodell ist europarechtskonform.
Es ist ausschließlich Sache des nationalen Gerichts zu prüfen, ob ein Verbot der Vermittlung und Veranstaltung von Wetten den selbst formulierten Zielen Rechnung trägt. Die Abschöpfung von Erträgen für das Gemeinwohl ist als erfreuliche Nebenfolge zulässig.

Läärä-Urteil
21. September 1999
Rechtssache C-124/97

Kernaussage
Nationale ausschließlich staatliche Glücksspielangebote sind europarechtskonform. Zwar stellen sie eine Beschränkung des freien Dienstleistungsverkehrs dar, können jedoch aus Gründen des Schutzes der Verbraucher und der Sozialordnung gerechtfertigt sein.

Placanica-Urteil
6. März 2007
Rechtssache C-338/04

Kernaussage
Nationale ausschließlich staatliche Angebote sind vereinbar mit EU-Recht, wenn sie sich an zwingenden Allgemeininteressen wie dem Spielerschutz ausrichten. Begrenzte Konzessionsmodelle sind nicht realisierbar.

Schindler-Urteil
24. April 1994
Rechtssache C-275/92

Kernaussage
Ein Verbot ausländischer Glücksspielanbieter ist europa-rechtskonform. Die Beschränkung der Dienstleistungs- und Niederlassungsfreiheit kann aus Gründen des Schutzes der Verbraucher und der Sozialordnung gerechtfertigt sein.

Liga Portuguesa-Urteil
08. September 2009
Rechtssache C-42/07

Kernaussage
Ein ausschließlich staatliches Glücksspielangebot ist (auch im Internet!) europarechtlich zulässig. Kommerzielle Sportwettenanbieter dürfen verboten werden, weil Gefahren für die Integrität des Sports nicht ausgeschlossen werden können.

Zenatti-Urteil
21. Oktober 1999
Rechtssache C-67/98

Kernaussage
Die nationalen Glücksspielordnungen (in diesem Falle Italien) stehen der Dienstleistungsfreiheit nicht entgegen, wenn diese Rechtsvorschriften tatsächlich den nationalen sozialpolitischen Vorgaben entsprechen.

Die europäische Rechtsprechung hat stets bestätigt, dass ein ausschließlich staatliches Glücksspielangebot zulässig ist.

CBH
RECHTSANWÄLTE

Parlamentarische Wertentscheidung

Kein Paradigmenwechsel wegen Umsetzungsdefiziten erforderlich:

hM: *„Eine Maßnahme ist bereits dann geeignet, wenn durch sie eine Förderung des gewünschten Erfolgs möglich ist bzw. sie einen Beitrag zu dessen Erreichen leistet. Eine vollständige Gefahrenabwehr ist nicht Voraussetzung. Es muss sich um einen „Schritt in die richtige Richtung“ handeln.“*

Mengozzi (Markus Stoß, Rn 79): *„Wie die französische Regierung in ihren Erklärungen ausführt, sind die Schwierigkeiten, denen ein Staat bei der Wahrnehmung seiner Aufgabe, eine nationale Regelung durchzusetzen, begegnen mag, für die Beurteilung ihrer Vereinbarkeit mit dem Unionsrecht unerheblich.“*

Cornelius • Bartenbach • Haesemann & Partner www.cbh.de 8

CBH
RECHTSANWÄLTE

Gründe gegen eine Kommerzialisierung 1.

Wettbewerb führt zu einer Vergrößerung des Spielsuchtproblems:

- aktive Einbindung des Spielers in den Spielablauf
- die Steigerung der möglichen Gewinnsummen
- die Steigerung der Gewinnwahrscheinlichkeit und der Spielfrequenz sowie der Auszahlungsintervalle
- eine Erleichterung der Verfügbarkeit
- Vorspiegelung von „Fastgewinnen“
- präsente und anreizende Werbung

Cornelius • Bartenbach • Haesemann & Partner www.cbh.de 9

CBH
RECHTSANWÄLTE

Deloitte Studie Oktober 2006

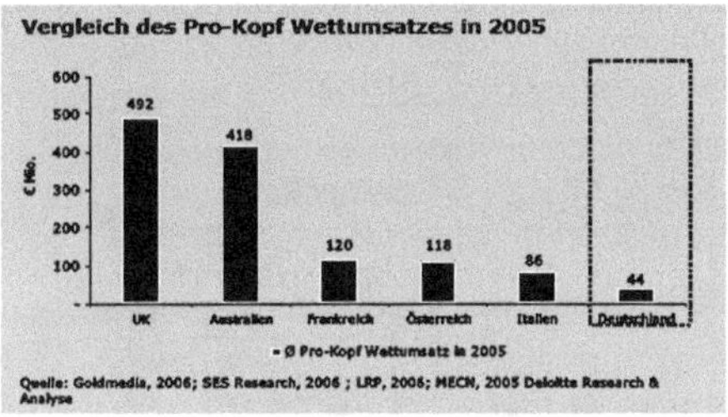

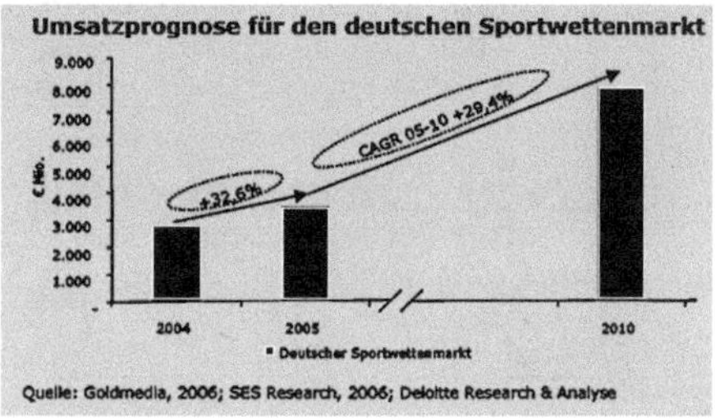

CBH
RECHTSANWÄLTE

Gründe gegen eine Kommerzialisierung 2.

- Begrenzung des Glücksspielangebotes faktisch nicht möglich.
- Überwachung des Glücksspielangebotes der im Ausland ansässigen Veranstalter faktisch nicht möglich
  „Die gegenseitige Anerkennung ist nur möglich, wenn der Herkunftsmitgliedstaat ähnliche Kontrollen vorgenommen hat, wie sie im Bestimmungsmitgliedstaat gefordert werden." (GenAnw. Mengozzi, Schlussanträge iS Carmen Media, Rn 36).
- Spieler- insbes. Jugendschutz nicht überwachbar.
- Signifikante Einnahmeverluste der öffentlichen Hand unvermeidbar.

CBH
RECHTSANWÄLTE

Kommerzialisierung nicht auf Sportwetten beschränkbar

BVerfGE 7, 378 f: Eingriff in Freiheit der Berufswahl nur *„soweit der Schutz besonders wichtiger Gemeingüter es zwingend erfordert. Ist ein solcher Eingriff unumgänglich, so muß der Gesetzgeber stets diejenige Form des Eingriffs wählen, die das Grundrecht am wenigsten beschränkt."*

BVerfG Sportwettenurteil, Rn 116: Hinsichtlich der „Erforderlichkeit" kann die Einschätzung des Gesetzgebers *„verfassungsrechtlich nur beanstandet wenn nach den dem Gesetzgeber bekannten Tatsachen und im Hinblick auf die bisher gemachten Erfahrungen feststellbar ist, dass Beschränkungen, die als Alternativen in Betracht kommen, die gleiche Wirksamkeit versprechen, die Betroffenen indessen weniger belasten"*

Cornelius • Bartenbach • Haesemann & Partner www.cbh.de 12

CBH
RECHTSANWÄLTE

Kommerzialisierung erfasst auch LOTTO

Tabelle 2: Bedeutung verschiedener Formen des Glücksspiels für das pathologische Spielverhalten auf Grund von Therapeutenberfragungen[38] und Klientenberfragungen[39]

Hauptproblem	Becker	Meyer und Hayer
Geldspielautomaten in Spielhallen/Gaststätten	69,0%	63,5%
Glücksspielautomaten in Spielbanken	11,4%	13,5%
Sportwetten (Wettbüros, Internet)	6,8%	1,7%
Roulette	5,8%	6,2%
Poker (Karten- und Würfelspiele)	3,6%	1,7%
ODDSET Kombi-/TOP-Wette	1,6%	2,8%
Pferdewetten	0,6%	1,7%
Zahlenlotto 6 aus 49	0,5%	0,9%
Rubbellose	0,4%	0,0%
Toto-/Auswahl-/13er-Wette	0,2%	0,0%
Klassenlotterie (SKL/NKL)	0,1%	0,2%
Summe gesamt:	100%	100%

Quelle: Tilman Becker, Ermessensspielraum des Gesetzgebers bei der Regulierung des Glücksspielmarktes, ZfWG 2009, 1 ff, 6

Cornelius • Bartenbach • Haesemann & Partner www.cbh.de 13

CBH
RECHTSANWÄLTE

Verfassungsrechtliche Konsequenz

Im Falle der Kommerzialisierung der Sportwetten zeigt der Gesetzgeber, dass ein höheres Suchtpotential bei Wetten mit weniger belastenden Mitteln hinreichend wirksam bekämpft werden kann.

Kommerzialisierung der Sportwetten mit relativ hohem Suchtpotential zwingt zu entsprechender Absenkung der restriktiven Regelungen bei Lotterien, insbesondere „LOTTO 6 aus 49".

=> (nach BVerfG): Bei geringerem Suchtpotential von LOTTO ist die Kommerzialisierung nach den Erfahrungen bei Sportwetten eine Alternative zum staatlichen Angebot mit geringerer Belastung für die Betroffenen.

Cornelius • Bartenbach • Haesemann & Partner www.cbh.de 14

CBH
RECHTSANWÄLTE

Von den staatlichen Lotterie-Gesellschaften an die Bundesländer abgeführte Mittel 2007-2009: ca. 40 % der Umsätze

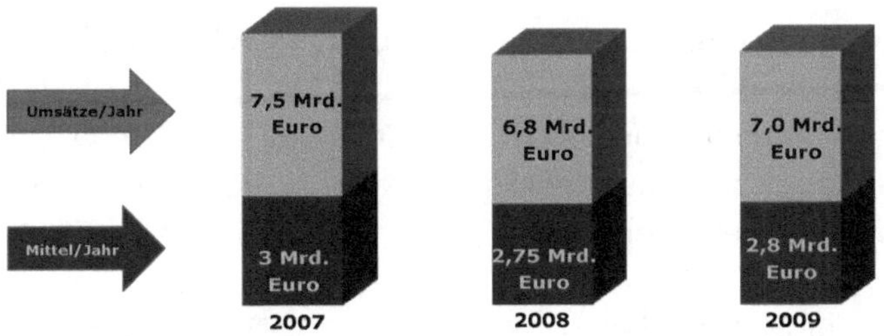

Cornelius • Bartenbach • Haesemann & Partner www.cbh.de 15

CBH
RECHTSANWÄLTE

Konzessionsmodell nach § 12 Abs. 1 Arp-Model: 15 % vom Rohertrag = Spieleinsatz - Spielgewinn

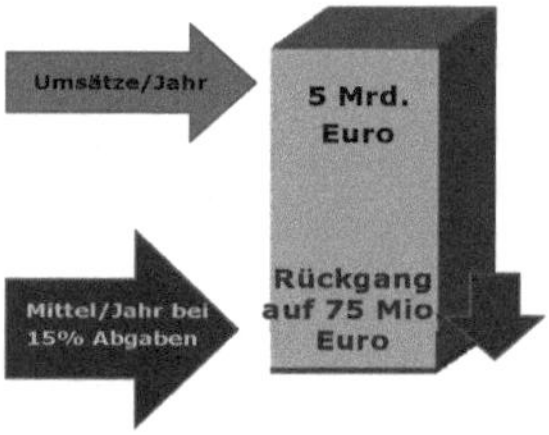

Rohertrag:	**5 Mrd. €**
90 % Gewinnausschüttung:	**4,5 Mrd. €**
Rohertrag nach Arp:	**0,5 Mrd. €**
davon 15 %:	**75 Mio. €**

CBH
RECHTSANWÄLTE

Spieleinsätze ODDSET und TOTO, Basis 2009

Spieleinsätze ODDSET:	184,5 Mio. EURO
Spieleinsätze TOTO:	52,3 Mio. EURO
Spieleinsätze gesamt ODDSET und TOTO:	236,8 Mio. EURO
Glücksspielabgaben für Sportwetten ODDSET und TOTO	
Zweckabgaben nach Landesregelungen:	33,2 Mio. EURO
Summe der Lotteriesteuern:	39,1 Mio. EURO
Abgaben für Sportwetten insgesamt:	72,3 Mio. EURO

CBH
RECHTSANWÄLTE

Keine Abkehr von parlamentarischer Grundsatzentscheidung

- Gefahrenlage unverändert seit der Entscheidung des Gesetzgebers
- Defizite bei der Durchsetzung der Verbotsnormen sprechen nicht gegen die Beibehaltung der Werteentscheidung des Gesetzgebers
- Aber: Anpassung erkannter Defizite

CBH
RECHTSANWÄLTE

Konsequenz eines Umsetzungsdefizits beim Internetverbot: Internetmonopol

Mengozzi, Schlussanträge Carmen Media, Rn 70:

„Zwar können einige Punkte Zweifel an seiner Verhältnismäßigkeit aufwerfen, da ein vollständiges Verbot neben anderen weniger beschränkenden Maßnahmen (wie dem Monopol selbst) zur Folge haben könnte, dass die Nachfrage nach Glücksspielen auf illegale Websites abwandert. Ebenso könnte die Entscheidung in Widerspruch geraten zu der gleichzeitigen Beibehaltung eines Monopols für eben diese Spiele (auch wenn sie nicht im Internet angeboten werden), das auf das Erfordernis gestützt ist, das Verlangen nach Glücksspielen in Bahnen zu lenken."

BVerfG Sportwettenentscheidung, Rn 139:

„Wettteilnahme über das Internetangebot der staatlichen Lotterieveranstaltung [ist] bedenklich" weil sich „über diesen Vertriebsweg jedenfalls derzeit der im Rahmen der Suchtprävention besonders wichtige Jugendschutz nicht effektiv ermöglichen lasse."

CBH
RECHTSANWÄLTE

Ein Alleingang Schleswig-Holsteins führt zur Isolation und zu massiven Rückgängen der Erlöse für das Land:

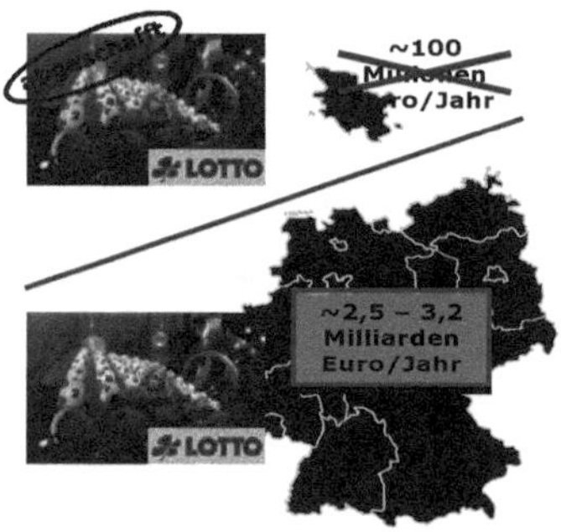

Folgen eines Alleingangs:

- Keine Teilnahme von SH am bundesweiten LOTTO 6 aus 49 mehr
- Keine großen Jackpots denkbar (nur 1,38 Mio. Haushalte in SH)
- Kommerzielle Anbieter müssen sich kleinen Markt in SH teilen. Angebot in andere Bundesländer ist unzulässig.
- Einnahmen fließen in das europäische Ausland
- Keine Unterbindung illegaler Wetten
- Gefährdung der europarechtlichen Kohärenz

Das deutsche Glücksspielrecht im Jahr 2009

Joachim Brückner[1]

1 Einführung und Überblick

Die rechtlichen Auseinandersetzungen im Glücksspielbereich blieben auch 2009 zahlreich und heftig. Im Mittelpunkt standen weiterhin die Regelungen des Glücksspielstaatsvertrages (GlüStV). Seit seinem Inkrafttreten am 1. Januar 2008 haben sich die konkreten Gegenstände der Auseinandersetzung, wie auch das rechtswissenschaftliche Interesse an diesem Regelwerk, aber immer wieder verschoben. Nach und nach bearbeitete die Rechtsprechung die aufgeworfenen Fragen zu der neuen Regulierung. Angriffe gegen den verfassungsrechtlichen und europarechtlichen Bestand des GlüStV wurden seitens der Verwaltungsgerichtsbarkeit überwiegend abgewehrt. Lediglich vereinzelt stellten die Gerichte im Rahmen der Überprüfung behördlicher Untersagungsverfügungen gegen Veranstalter und Vermittler von unerlaubten Glücksspielen noch die Verfassungs- oder Europarechtswidrigkeit des GlüStV fest. Die privatwirtschaftlichen Akteure auf dem Glücksspielmarkt, insbesondere im Bereich der Sportwetten, setzten weiterhin Hoffnungen auf die Rechtsprechung des Europäischen Gerichtshofs. Dessen lange erwartetes Urteil zum portugiesischen Internet-Glücksspielmonopol (Rechtssache Liga Portuguesa) vom 8. September wurde allerdings nicht bzw. nicht einhellig als abschließende Klärung der aus deutscher Sicht gestellten Frage verstanden, ob das staatliche Monopol des GlüStV den europarechtlichen Vorgaben entspricht. Die Erwartungen richteten sich dementsprechend auf die 2009 beim Europäischen Gerichtshof weiterhin anhängigen Vorlagen mehrerer deutscher Gerichte.

Zu der Auseinandersetzung über die Geltung des GlüStV traten weitere Schauplätze hinzu, die inzwischen auch den Inhalt des GlüStV betrafen: Die Zulässigkeit der ersten Hausverlosungen in Deutschland wurde Gegenstand gerichtlicher Verfahren. Andere Verfahren betrafen die glücksspielrechtliche Qualifizierung und Zulässigkeit von Pokerturnieren. Besondere öffentliche Aufmerksamkeit fand die Diskussion über das Maß rechtlich zulässiger Werbung für staatliche

1 Joachim Brückner, Ass. iur., ist Wissenschaftlicher Mitarbeiter am Lehrstuhl für Öffentliches Recht (Prof. Dr. Armin Dittmann) der Universität Hohenheim.

Glücksspielangebote. Außerhalb des Regelungsbereiches des GlüStV sorgte die Regulierung der Gewinnspiele in Rundfunk und vergleichbaren Telemedien für Aufsehen und rechtlichen Diskussionsbedarf. Die Medienaufsichtsbehörden der Länder schufen auf Grundlage des Rundfunkstaatsvertrages mit der gemeinsam erlassenen so genannten Gewinnspielsatzung ein neues Instrumentarium zum Schutz der Verbraucher. 2009 schritten die Behörden auf dieser Grundlage in zahlreichen Fällen gegen Rundfunkanbieter ein und verhängten Bußgelder.

Im folgenden Beitrag werden die Ereignisse und Entwicklungen, welche das deutsche Glücksspielrecht im Jahr 2009 geprägt haben, als Überblick dargestellt. Weiterführende Hinweise zu den rechtlichen Auseinandersetzungen können den Anmerkungen entnommen werden. Selbstverständlich sind die Entwicklungen nicht abgeschlossen, sondern werden auch über das Jahr 2009 hinaus Staatspraxis, Literatur und Rechtsprechung weiter beschäftigen.[2]

2 Warten auf Europa: Die Rechtsprechung des Europäischen Gerichtshofs zur nationalen Regulierung des Glücksspiels

Es ist Aufgabe der mitgliedstaatlichen Gerichte, über die Vereinbarkeit der nationalen Rechtvorschriften mit dem Recht der Europäischen Union zu entscheiden. Die deutschen Gerichte überprüfen demnach selbst, ob das Glücksspielrecht dem Europarecht, insbesondere den Grundfreiheiten, widerspricht und deswegen unangewendet bleibt. Sie können allerdings dem Europäischen Gerichtshof einzelne Fragen zur Auslegung des Europarechts vorlegen. Deren Klärung ermöglicht die einheitliche Rechtsprechung in den Mitgliedstaaten.

2.1 Urteil vom 8. September 2009 – Liga Portuguesa

In der Rechtssache „Liga Portuguesa“ wurde ein Urteil seit längerer Zeit erwartet.[3] Das portugiesische Recht sieht ein Sportwettenmonopol zugunsten einer

---

2 Zur Entwicklung vor 2009 siehe Brückner, J., Das deutsche Glücksspielrecht im Jahr 2008. In: Becker, T. (Hrsg.): Glücksspiel im Internet, Frankfurt a. M. 2011, S. 289 ff. und Becker, T./Barth, D., Der deutsche Glücksspielmarkt im Jahr 2007. In: Becker, T. (Hrsg.): Der Staatsvertrag zum Glücksspielwesen und dessen Umsetzung, Frankfurt a. M. 2009, S. 153 ff.

3 Das Vorabentscheidungsersuchen dazu wurde am 02.02.2007 eingereicht (ABl. EG vom 24.03.2007, C 69/9). Die Schlussanträge des Generalanwalts wurden am 14.10.2008 ver-

privaten gemeinnützigen Einrichtung vor („Departamento Santa Casa da Misericórdia de Lisboa“). Das Angebot von Sportwetten und die Werbung hierfür sind Santa Casa vorbehalten. Von der Regelung erfasst sind insbesondere auch das Angebot und die Werbung im Internet. Die portugiesische Fußballliga und der in Gibraltar zugelassene Sportwettenanbieter Bwin setzten sich vor portugiesischen Gerichten gegen Bußgelder zur Wehr, die aufgrund von Verstößen gegen das Monopol verhängt worden waren. Mit Blick auf die portugiesische Rechtslage bestand auch aus deutscher Sicht eine besondere Erwartung an diese Entscheidung, sah der GlüStV doch ein (staatliches) Sportwettenmonopol (§ 10 Abs. 2, 5 GlüStV) und ein generelles Internetverbot (§ 4 Abs. 4 GlüStV) vor. Zudem erhoffte man sich eine inhaltliche Präzisierung der Rechtsprechung des Gerichtshofs, wonach eine verhältnismäßige Regulierung kohärent und systematisch ausgestaltet sein muss.

Am 8. September verkündete der Europäische Gerichtshof sein Urteil.[4] Die Dienstleistungsfreiheit (Art. 49 EG[5]) steht danach einer mitgliedstaatlichen Regelung wie derjenigen Portugals nicht entgegen. Ein Exklusivrecht für die Veranstaltung von Glücksspielen im Internet zugunsten einer einzelnen staatlich kontrollierten Einrichtung kann danach das Glücksspiel in kontrollierte Bahnen lenken und die Spieler vor Betrug durch die Anbieter schützen.[6] Anbieter aus anderen Mitgliedstaaten können zu diesem Zweck vom Markt ausgeschlossen werden, auch wenn sie dieses Angebot dort rechtmäßig erbringen.[7]

Im Rahmen der Verhältnismäßigkeitsprüfung legte der Europäische Gerichtshof ausschließlich das Regelungsziel der Kriminalitätsbekämpfung, insbesondere den Schutz der Glücksspieler vor Betrug durch die Anbieter, zugrunde.[8] In diesem Punkt unterscheidet sich die portugiesische Rechtslage wesentlich von der deutschen Regelung im GlüStV. Vorrangiges[9] Ziel des Staatsvertrages ist, das Entstehen von Glücksspielsucht und Wettsucht zu verhindern und eine Voraus-

---

öffentlicht (abgedruckt in ZfWG 2008, 323 ff.).

4 EuGH, Urt. v. 08.09.2009 – C-42/07, ZfWG 2009, 304.

5 Nach Inkrafttreten des Vertrages von Lissabon Art. 56 AEUV.

6 Rn. 67 des Urteils.

7 Rn. 69 des Urteils.

8 Rn. 62 ff. des Urteils.

9 Vgl. Dietlein, ZfWG 2009, 327; Koenig/Ciszewski, ZfWG 2009, 330 f. Ausdrücklich in diesem Sinne auch die Erläuterungen zum Glücksspielstaatsvertrag, abgedruckt in Ennuschat, J. (Hrsg.), Aktuelle Probleme des Rechts der Glücksspiele, München 2008, Anhang 2, 2.1.

setzung für eine wirksame Suchtbekämpfung zu schaffen (§ 1 Nr. 1 GlüStV). Diese Zielsetzung geht auf die Mängel der alten Rechtslage zurück, die das Bundesverfassungsgericht in seinem Urteil vom 28. März 2006 festgestellt hatte.[10] Sicherzustellen, dass Glücksspiele ordnungsgemäß durchgeführt und die Spieler vor betrügerischen Machenschaften geschützt werden, ist ein weiteres Regelungsziel (§ 1 Nr. 4 GlüStV). Mit der Frage, ob und unter welchen Umständen die in Deutschland im Vordergrund stehende Bekämpfung der Spielsucht eine Beschränkung der Dienstleistungsfreiheit durch ein Monopol rechtfertigen kann, befasste sich der Gerichtshof demnach nicht. Er präzisierte auch nicht die Anforderungen des Kohärenzgebotes.

Mit Blick auf die Besonderheiten, die mit dem Anbieten von Glücksspielen über das Internet verbunden sind, positionierte sich der Europäische Gerichtshof demgegenüber deutlich: „Außerdem bergen die Glücksspiele über das Internet, verglichen mit den herkömmlichen Glücksspielmärkten, wegen des fehlenden unmittelbaren Kontaktes zwischen dem Verbraucher und dem Anbieter anders geartete und größere Betrugsgefahren in sich, dass die Verbraucher eventuell von den Anbietern betrogen werden."[11] Die Mitgliedstaaten dürfen daher annehmen, dass eine rechtmäßige Betätigung eines Anbieters in einem anderen Mitgliedstaat keine hinreichende Garantie für den Schutz des nationalen Verbrauchers bietet. Auch das Bundesverfassungsgericht hatte die besondere Gefährlichkeit des Internet hervorgehoben – allerdings (wiederum) gerade mit Blick auf die davon ausgehende Suchtgefahr.

Das Urteil[12]„Liga Portuguesa" brachte danach nicht die für die deutsche Glücksspielregulierung insgesamt erhoffte Klärung.[13] Sowohl über die Deutung des Urteils als auch die Bedeutung für das deutsche Recht herrschte in der Literatur Uneinigkeit.[14] Aus deutscher Sicht blieb insbesondere offen, ob ein staatliches Monopol zur Bekämpfung der Spielsucht erforderlich ist. Aus diesen Gründen

---

10 BVerfGE 115, 276 (304 f.).

11 Rn. 70 des Urteils. Mit Blick darauf gehen Dietlein und Stein von der Vereinbarkeit des § 4 Abs. 4 GlüStV mit dem Gemeinschaftsrecht aus (ZfWG 2009, 327 und 333).

12 BVerfG, NVwZ 2008, 1338 (1341 f.). Für Dietlein (ZfWG 2009, 327) ist die „gedankliche Nähe (…) förmlich mit den Händen zu greifen".

13 Vgl. die Rezeptionen Koenig, EuZW 2009, 673; Winkelmüller, EuZW 2009, 692.

14 Vgl. das Meinungsspektrum von Alber, Dietlein, Ennuschat, Koenig/Ciszweski, Stein und Mailänder in ZfWG 2009, 325 ff.

kam den beim Gerichtshof anhängigen deutschen Verfahren weiterhin eine entscheidende Bedeutung zu.

2.2 Weiter anhängige Verfahren vor dem Europäischen Gerichtshof

Am 8. Dezember 2009 fand die mündliche Verhandlung in mehreren deutschen Vorabentscheidungsverfahren vor dem Europäischen Gerichtshof in Luxemburg statt.[15] Eines der Verfahren war die Rechtssache Carmen Media Group Ltd.[16] Das Schleswig-Holsteinische Verwaltungsgericht hatte in seinem Vorabentscheidungsersuchen eine europarechtliche Klärung angestrengt, die sich gerade auf die Besonderheiten der deutschen Rechtslage bezog.[17] Die Prozessvertreter von Carmen Media Ltd. griffen die deutsche Glücksspielregulierung in ihrem Prozessvortrag insbesondere unter dem Gesichtspunkt der Kohärenz an.[18] Mit Blick auf das Urteil in der Rechtssache Liga Portuguesa konzentrierten sie sich im Rahmen der Argumentation auf die Problematik der Spielsuchtbekämpfung als vorrangiges Ziel des Glücksspielstaatsvertrages. Die Organisationsstrukturen des deutschen Glücksspielmonopols vereitelten eine kohärente Spielsuchtbekämpfung. Der technische Aufbau des Internet verhindere die Wirksamkeit des dort geltenden Veranstaltungsverbots. Zudem rügten sie, dass die Gefahrenzusammenhänge zwischen Glücksspiel und problematischem bzw. pathologischem Glücksspielen im Vorfeld der Regulierung nicht ausreichend nachgewiesen worden seien.

Die Schlussanträge des Generalanwalts Mengozzi zu den deutschen Vorlagen wurden für März 2010 angekündigt.[19] Neben den deutschen sind weitere Ver-

---

15 Nach Hilf/Ploeckl, ZfWG 2009, 8 (12), sind mittlerweile acht deutsche Vorlagen anhängig.

16 Rechtssache C-46/08. Verhandelt wurde im Übrigen in den Verfahren Stoß u.a. (Rechtssache C 316/07, C 358/07 bis C 360/07, C 409/07 und C 410/07).

17 Vgl. die Vorlagefrage Nr. 2 des Vorabentscheidungsersuchens, eingereicht am 08.02.2008, AblEU vom 24.05.2008, C-128/17: „Ist Art. 49 EG dahingehend auszulegen, dass dieser einem maßgeblich mit der Bekämpfung von Spielsuchtgefahren begründeten nationalen staatlichen Veranstaltungsmonopol auf Sportwetten und Lotterien (mit nicht nur geringem Gefährdungspotenzial) entgegensteht, wenn in diesem Mitgliedstaat andere Glücksspiele mit erheblichem Suchtgefährdungspotenzial von privaten Dienstleistungsanbietern erbracht werden dürfen und die unterschiedlichen rechtlichen Regelungen zu Sportwetten und Lotterien einerseits und anderen Glücksspielen andererseits auf der unterschiedlichen Gesetzgebungskompetenz der Länder und des Bundes beruhen?"

18 Abdruck in Time Law News 1/2010; http://www.timelaw.de/cms/front_content.php?idcat=12&lang=1, abgerufen am 06.06.2010.

19 Sie sind am 04.03.2010 ergangen. Das Urteil erging am 08.09.2010.

fahren zum Glücksspielrecht anhängig.[20] Darunter sind auch die Rechtssachen Betfair und Ladbrokes.[21] Generalanwalt Bot hat hierzu am 17.12.2009 seine Schlussanträge veröffentlicht.[22] Aus deutscher Sicht ist an diesem Verfahren von besonderem Interesse, ob eine nationale Regelung mit den Zielen der Spielsuchtbekämpfung und Betrugsabwehr die Anforderungen an kohärente und systematische Regulierung erfüllt, wenn der zugelassene Glücksspielanbieter sein Angebot durch Einführung neuer Spiele attraktiver macht und darüber hinaus auch bewirbt. Nach Ansicht des Generalanwalts „ist die den Inhabern ausschließlicher Rechte für den Betrieb von Glücksspielen (…) eingeräumte Befugnis, ihr Angebot durch die Einführung neuer Spiele und durch Werbung attraktiver zu machen, als solche nicht inkohärent mit den (…) verfolgten Zielen in ihrer Gesamtheit, weil dieses Verhalten durchaus zur Bekämpfung von Betrügereien beiträgt. (…) Soweit die niederländische Regelung die Verbraucher ebenfalls gegen die Spielsucht schützen will, müssen jedoch die Einführung neuer Spiele und die Werbung vom Mitgliedstaat streng kontrolliert und begrenzt werden, um ebenfalls mit der Verfolgung dieses Ziels vereinbar zu sein.“[23] Die Werbung darf danach nicht zu übermäßigem Spiel verleiten.

Sollte der Europäische Gerichtshof dieser Meinung folgen, ergeben sich zumindest konkrete Anforderungen an die Auslegung und Anwendung der Werbevorschriften aus § 5 GlüStV, wenn nicht das Monopol an sich dadurch Gefahr läuft, als unverhältnismäßig zu gelten.

---

20 Z. B. die Rechtssache Engelmann, C-64/08 (Österreich). Die mündliche Verhandlung hierzu findet am 14.01.2010 statt.

21 Rechtssachen C-203/08 und 258/08. Am 03.06.2010 ergingen dazu die Urteile des EuGH (ZfWG 2010, 250 und 256).

22 ZfWG 2009, 445. Generalanwalt Bot war auch schon zuständig für das Verfahren in der Rechtssache Liga Portuguesa. Die Ausführungen in den Schlussanträgen sind teilweise identisch.

23 Schlussanträge Rn. 77 f. Abdruck in ZfWG 2009, 445.

3 Rechtliche Auseinandersetzungen in Deutschland

3.1 Verfassungs- und europarechtliche Beurteilung des Glücksspielstaatsvertrages, insbesondere des Sportwettenmonopols

3.1.1 Nichtannahmebeschluss des Bundesverfassungsgerichts vom 20. März 2009

Das Bundesverfassungsgericht bekam Anfang 2009 die Gelegenheit sich zur Verfassungsmäßigkeit des Sportwettenmonopols nach dem GlüStV zu äußern – so hatte es den Anschein. Das Land Niedersachsen hatte einem Unternehmer die gewerbliche Vermittlung von Sportwetten untersagt und die sofortige Vollziehung der Verfügung angeordnet. Das Ersuchen um einstweiligen Rechtsschutz vor den Fachgerichten blieb ohne Erfolg. Dagegen richtete sich die Verfassungsbeschwerde des Unternehmers.

Eine abschließende Aussage zur Verfassungsmäßigkeit des Sportwettenmonopols blieb jedoch aus. Das Bundesverfassungsgericht nahm die Verfassungsbeschwerde nicht zur Entscheidung an.[24] Die für diesen Fall entscheidenden verfassungsrechtlichen Anforderungen sah das Bundesverfassungsgericht durch seine bisherige Rechtsprechung geklärt. Zu beachten ist dabei aber der eingeschränkte Prüfungsmaßstab des Gerichts. Er ergibt sich aus der Überprüfung einer Entscheidung zum einstweiligen Rechtsschutz. Insofern äußerte sich das Bundesverfassungsgericht im vorliegenden Zusammenhang (nur) zu den verfassungsrechtlichen Anforderungen an die Gewährung effektiven Eilrechtsschutzes (Art. 19 Abs. 4 GG), also dazu, ob der Umfang und die Intensität der fachgerichtlichen Prüfung ausreichend war, den Betroffenen bis zur Entscheidung im Hauptsacheverfahren vor unzumutbaren Nachteilen zu schützen. Das Gericht betonte dies in seinem Beschluss an verschiedener Stelle.[25] Im Eilverfahren durfte das OVG Niedersachsen somit das Sportwettenmonopol als verfassungsgemäß

---

24 BVerfG, Beschl. v. 20.03.2009 – 1 BvR2410/08, NVwZ 2009, 1221.

25 Vgl. Rn. 14, 26 des Beschlusses. Besonders deutlich in Rn. 29: „Vorbehaltlich einer eingehenden verfassungsrechtlichen Prüfung der neuen gesetzlichen Regelungslage und der durch sie gewährleisteten Ausgestaltung des staatlichen Sportwettangebots im Rahmen von Verfassungsbeschwerden gegen fachgerichtliche Hauptsacheentscheidungen ist insoweit festzustellen, dass das grundlegende Regelungsdefizit, welches die alte Rechtslage kennzeichnete, als grundsätzlich behoben angesehen werden kann“ (Hervorhebung durch Verfasser).

einschätzen. Das Bundesverfassungsgericht behielt sich jedoch eine umfassende verfassungsrechtliche Bewertung der neuen Rechtslage vor. Es könnte dazu Gelegenheit erhalten, wenn die Hauptsacheverfahren vor den Fachgerichten in letzter Instanz abgeschlossen sind.

3.1.2 Rechtsprechung der Verwaltungsgerichtsbarkeit

Die Auseinandersetzung um die Rechtswirksamkeit des Glücksspielstaatsvertrages (GlüStV) vor den deutschen Verwaltungsgerichten hielt auch im Jahr 2009 an.[26] Die Verwaltungsgerichte überprüften die zahlreichen behördlichen Untersagungsverfügungen gegen Veranstalter und Vermittler von unerlaubten Glücksspielen, insbesondere im Bereich der Sportwetten. Nachdem die Gerichte zunächst im Verfahren des vorläufigen Rechtsschutzes entschieden hatten, ergingen 2009 immer mehr Urteile in Hauptsacheverfahren. Vor den meisten Oberverwaltungsgerichten hielt das Sportwettenmonopol letztendlich stand.[27] Das OVG Niedersachsen ließ allerdings weiterhin offen, ob auch bei einer Gesamtbetrachtung des Glücksspielmarktes die europarechtlichen Anforderungen erfüllt sind.[28] Der VGH Baden-Württemberg bestätigte Ende 2009 den GlüStV als zweites Obergericht im Hauptsacheverfahren.[29] Lediglich vereinzelt stellten Gerichte noch die Verfassungs- oder Europarechtswidrigkeit des Sportwettenmonopols im GlüStV fest und hoben folglich behördliche Untersagungsverfügungen auf bzw. gewährten vorläufigen Rechtsschutz.[30]

---

26 Siehe auch die 2009 ergangene Rechtsprechung zu inhaltlichen Fragen des GlüStV in der weiteren Darstellung.

27 Vgl. die Entscheidungen im vorläufigen Rechtsschutz: OVG Berlin-Brandenburg, Beschl. v. 08.04.2009, ZfWG 2009, 227; Hamburgisches OVG, Beschl. v. 27.02.2009, ZfWG 2009, 152; HessVGH, Beschl. v. 28.01.2009, ZfWG 2009, 151; OVG NRW, Beschl. v. 18.02.2009 – 4 B 298/08, juris; OVG Rheinland-Pfalz, Beschl. v. 23.10.2009, ZfWG 2009, 417; OVG Saarland, Beschl. v. 05.10.2009, ZfWG 2009, 369; Sächsisches OVG, Beschl. v. 09.10.2009, ZfWG 2009, 463; OVG Sachsen-Anhalt, Beschl. v. 18.08.2009, ZfWG 2009, 355; Thüringer OVG, Beschl. 08.12.2009, ZfWG 2009, 464.

28 Beschl. v. 16.02.2009, ZfWG 2009, 107.

29 Urt. v. 10.12.2009, ZfWG 2010, 24. Nach dem Urteil des BayVGH vom 18.12.2008, ZfWG 2009, 27.

30 Beharrliche Rechtsprechung des VG Berlin: Zuletzt Urt. v. 17.11.2009 – 35 A 247.06, juris. Im vorläufigen Rechtsschutz z. B. VG Frankfurt a. M. Beschl. v. 01.12.2009 – 7 L 2657/09.F, juris; VG Arnsberg Beschl. v. 07.10.2009 – 1 L 243/09, juris; VG Mainz Beschl. v. 04.09.2009 – 6 L 760/09.MZ, juris.

Mit anderen Regelungen des GlüStV setzten sich die Gerichte deutlich seltener auseinander. Im Bereich des Internetverbots gem. § 4 Abs. 4 GlüStV mag das daran liegen, dass das Bundesverfassungsgericht in seinem Nichtannahmebeschluss vom 14.10.2008 zu erkennen gab, dass es die Regelung für verfassungsgemäß hält.[31] Von dieser Einschätzung nicht betroffen sind etwaige Bedenken gegen die europarechtliche Konformität.[32]

3.2 Inhaltliche Fragen zum Glücksspielstaatsvertrag

Neben der Frage der Verfassungs- und Europarechtskonformität des deutschen Glücksspielrechts gewannen immer mehr auch inhaltliche Fragen an Bedeutung, insbesondere zu den Regelungen des GlüStV.[33] Die starke Tendenz der obergerichtlichen Rechtsprechung, die Vereinbarkeit des GlüStV mit höherrangigem Recht zu bestätigen, und das Ausbleiben einer für Deutschland maßgeblichen Entscheidung des Europäischen Gerichtshofs mochten ihren Anteil daran haben. Im Rahmen dieses Beitrages kann nur eine beschränkte Auswahl der vielfältigen Auseinandersetzungen angesprochen werden.

3.2.1 Glücksspielwerbung

Seit dem Inkrafttreten des GlüStV am 1. Januar 2008 befassen sich die deutschen Gerichte auch mit den neuen in § 5 Abs. 1 bis 4 GlüStV enthaltenen Vorschriften über Werbung für Glücksspielprodukte.[34] Das Bundesverfassungsgericht hat in seinem Nichtannahmebeschluss vom 14. Oktober 2008[35] diese Vorschriften verfassungsrechtlich nicht beanstandet. Allerdings war darüber hinaus umstritten, welche Werbemaßnahmen nach § 5 GlüStV noch zulässig sind. Die dort normierten Anforderungen richten sich auch an die staatlichen Glücksspielanbieter. Ge-

---

31 BVerfG, ZfWG 2008, 351.

32 Vgl. dazu OLG Koblenz ZfWG 2009, 346 (347).

33 Einige Fragen waren allerdings schon seit geraumer Zeit umstritten: Auch 2009 setzten sich z. B. Gerichte mit der Geltungsweite der sog. DDR-Lizenzen auseinander. Vgl. dazu OVG Meck.-Vorp., Beschl. v. 29.01.2009 – 2 M 151/08, juris – Fortgeltung jedenfalls in den neuen Bundesländern ohne Beschränkung auf das die Lizenz ausstellende Bundesland. Anders OVG Berlin-Bbg., Beschl. v. 21.12.2009 – 1 S 215/08, juris.

34 Vgl. dazu Becker, T., Werbung für Produkte mit einem Suchtgefährdungspotential, Frankfurt a. M. 2010; Brugger, ZfWG 2009, 256 sowie Brückner, J., Das deutsche Glücksspielrecht im Jahr 2008. In: Becker, T. (Hrsg.): Glücksspiel im Internet, Frankfurt a. M. 2011, S. 289 ff.

35 NVwZ 2008, 1338.

rade das Erscheinungsbild der staatlichen Glücksspielangebote war ein maßgeblicher Kritikpunkt des Bundesverfassungsgerichts in seinem Sportwettenurteil.[36] Abgesehen von einem verfassungsrechtlich nicht legitimen Interesse des Staates an Einnahmen aus der Glückssielveranstaltung steht § 5 GlüStV im Spannungsfeld verschiedener Regelungsziele: Auf der einen Seite die Suchtbekämpfung durch Verminderung des Glücksspielangebotes, wozu auch eine Reduzierung der Werbung zählt, auf der anderen Seite die Kriminalitätsbekämpfung durch Kanalisierung des Spieltriebs, die ein gewisses Maß an Glücksspielwerbung erfordert. Die Rechtsprechung musste die inhaltlichen Anforderungen des § 5 GlüStV damit für den konkreten Einzelfall unter Berücksichtigung des gesamten Erscheinungsbildes der Werbemaßnahmen bestimmen.[37]

Bemerkenswerterweise waren es schon von 2008 an private Mitbewerber der jeweiligen Landeslottogesellschaften, die in diesem Bereich die Einhaltung der gesetzlichen Vorschriften und mittelbar der verfassungsrechtlichen Anforderungen an das staatliche Glücksspielmonopol vorantrieben. Private Glücksspielanbieter gingen vor allem wettbewerbsrechtlich gegen ihre staatlichen Konkurrenten vor,[38] mit zum Teil beachtlichem Erfolg. 2009 kamen weitere Entscheidungen hinzu.[39] Als unangemessene oder unsachliche Maßnahmen im Sinne des § 5 Abs. 1 und 2 GlüStV beanstandete beispielsweise das LG Berlin eine Aufstellerwerbung mit der Aufschrift „Der Lotto-Trainer meint: Viel Glück!" und sogar die Fassadenleuchtwerbung mit dem Lotto-Kleeblatt, soweit kein deutlicher Hinweis auf das Teilnahmeverbot für Minderjährige und die vom jeweiligen Glücksspiel ausgehende Suchtgefahr an den Annahmestellen angebracht ist.[40] In der Berufungsinstanz bestätigte das KG Berlin die Einschätzung bezüglich des „lachenden Lotto-Trainers", hob aber die Entscheidung zum Fassadenleuchtmittel auf.[41] Ausreichend seien Warnhinweise im Inneren der Annahmestelle. Bereits zuvor hatte das KG im Einklang mit weiteren Gerichten die Mitteilung des möglichen Höchstgewinns (Jackpot) für den Fall untersagt, dass dies blickfangmäßig im

36 BVerfGE 115, 276 (314 f.).

37 Vgl. dazu OLG Koblenz, ZfWG 2009, 404 (Werbung für die „Goldene 7" mit großer goldener Schrift, Hinweisen zu Gewinnmöglichkeiten und Abbildung von Goldbarren).

38 Als Anspruchsgrundlage ist hier § 8 Abs. 1 S. 1, 3, 4 Nr. 11 UWG i.V.m. § 5 GlüStV heranzuziehen.

39 Vgl. aus der Verwaltungsgerichtsbarkeit VG München, ZfWG 2009, 382, zur Stadionbandenwerbung.

40 LG Berlin, Urt. v. 03.03.2009 – 102 O 273/08.

41 KG Berlin, ZfWG 2009, 341.

Verhältnis zu den Warnhinweisen erfolgt.[42] Grundsätzlich wurde eine Mitteilung des Jackpots als wesentliche Verbraucherinformation nach dieser Rechtsprechung für zulässig befunden. Das galt nicht für die Mitteilung des letzten Gewinnerfolges an einer Annahmestelle.[43] Die Bewerbung der Glücksspielprodukte in öffentlich zugänglichen Ladenlokalen im Zusammenhang mit einem Süßwarenangebot wurde dagegen für zulässig erachtet.[44] Das OLG München beanstandete eine Werbung für Spielbanken bei der die blickfangmäßige Überschrift „Tatendrang“ mit dem im Mittelpunkt stehenden Bild einer Frau in einem schwarzen Abendkleid sowie den Texten „CASINO. RESTAURANT. BAR.BÜHNE“ und „SPIELBANKEN BAYERN STAATLICH - BAYERISCH - AUFREGEND ANDERS“ kombiniert wurden.[45]

Mit Blick auf das Internetwerbeverbot nach § 5 Abs. 3 GlüStV wurde in den Verfahren teilweise vorgebracht, dass nach Sinn und Zweck des § 5 Abs. 3 GlüStV nur solche Werbung verboten sein könne, die unmittelbar zu einer Spielteilnahme führt. Bei einer Werbung für „offline“ angebotene Glücksspiele sollte das Internetwerbeverbot nicht gelten.[46] Der Hintergrund dieser Auffassung ist, dass das BVerfG in seinen Entscheidungen eine besondere Gefahr des Spielens im Internet angenommen hat.[47] Dieser Argumentation traten die Gerichte entgegen:[48] Das Verbot der Internetwerbung nach § 5 Abs. 3 GlüStV gilt danach ausnahmslos und nicht nur dann, wenn das Medium zugleich die Möglichkeit bereithält, an einem Glücksspiel teilzunehmen. Der sofortige Übergang zur Teilnahme am Spiel sei lediglich ein vom Gesetzgeber aufgegriffenes Gefährdungspotenzial neben der bei allen in § 5 Abs. 3 GlüStV genannten Medien bestehenden Breitenwirkung und Zielgruppenorientierung.

---

42 KG Berlin, ZfWG 2009, 174. Vgl. dazu auch OLG Koblenz, GRUR-RR 2010, 20; OLG Brandenburg, Urt. v. 18.08.2009 – 6 U 103/08, juris.

43 OLG Brandenburg, Urt. v. 18.08.2009 – 6 U 103/08, juris.

44 KG Berlin, ZfWG 2009, 174; OLG Koblenz, GRUR-RR 2010, 20; OLG Brandenburg, Urt. v. 18.08.2009 – 6 U 103/08, juris.

45 OLG München, WRP 2009, 1014.

46 Vgl. dazu Hecker, M./Ruttig, M. in: Dietlein/Hecker/Ruttig, Glücksspielrecht, München 2008, § 5 GlüStV Rn. 63.

47 BVerfGE 115, 276, 315; BVerfG NVwZ 2008, 1338, 1341 f.

48 OLG Frankfurt, ZfWG 2010, 99; OLG Koblenz, ZfWG 2009, 404. Zuvor schon OLG München, Urt. v. 31.07.2008 – 29 U 2786/08, S. 25 des amtlichen Umdrucks.

3.2.2 Poker

Andere Verfahren vor den Verwaltungsgerichten betrafen die glücksspielrechtliche Qualifizierung und Zulässigkeit von Pokerturnieren. Dabei setzten sich die Gerichte wie schon 2008 mit der Frage auseinander, ob der strafrechtliche Glücksspielbegriff in § 284 StGB und die Legaldefinition des Glücksspiels in § 3 Abs. 1 S. 1 GlüStV übereinstimmen oder sich unterscheiden.[49] Die Tendenz der Rechtsprechung ging im Jahr 2009 dahin, beide Begriffe als deckungsgleich anzusehen.[50] Dabei waren die Merkmale des Glücksspielbegriffs auf unterschiedliche Ausgestaltungen von Pokerveranstaltungen anzuwenden. Beim Pokerspiel soll danach die Entscheidung über den Gewinn überwiegend vom Zufall abhängen.[51] Vom Spielerfolg und der Gewinnfinanzierung unabhängige Unkostenbeträge zur Erlangung der Mitspielberechtigung stellen kein Entgelt für den Erwerb einer Gewinnchance nach § 3 Abs. 1 S. 1 GlüStV dar.[52]

3.2.3 Hausverlosungen

Nachdem das Modell der Hausverlosungen[53] im Ausland schon erfolgreich durchgeführt wurde, setzten sich die Verwaltungsgerichte mit der rechtlichen Zulässigkeit der ersten Hausverlosungen in Deutschland auseinander. Die Ordnungsbehörden hatten die Verlosungen wegen Verstoßes gegen die Vorschriften des GlüStV untersagt. Entscheidend ist hierbei die Qualifizierung als öffentliches Glücksspiel. Ist von der Entgeltlichkeit und Öffentlichkeit als Merkmale des Glücksspielbegriffs bei einer Hausverlosung in der Regel auszugehen, kommt es maßgeblich auf die Frage an, ob die konkrete Verlosung als Geschicklichkeits-

---

49 Vgl. dazu auch Liesching, ZfWG 2009, 320.

50 OVG Rheinland-Pfalz, ZfWG 2009, 413 (415) unter Berufung auf den landesgesetzgeberischen Willen, kompetenzielle Überschneidungen mit dem gewerblichen Spielrecht zu vermeiden (vgl. § 33h Nr. 3 Ge-wO); als Vorinstanz VG Trier, ZfWG 2009, 66; OVG Berlin-Bbg., Beschl. v. 20.04.2009 – OVG 1 S 203.08, juris Rn. 6; offen gelassen OVG Sachs.-Anh., ZfWG 2009, 277 (278).

51 OVG Niedersachsen, ZfWG 2009, 349 (350), auch für Turnierpoker in der „Texas Hold'em"-Variante; OVG Berlin-Bbg., Beschl. v. 20.04.2009 – OVG 1 S 203.08, juris Rn. 7; OLG München, Urt. v. 28.07.2009 – 5St RR 132/09, juris.

52 OVG Rheinland, ZfWG 2009, 413 (415); als Vorinstanz VG Trier, ZfWG 2009, 66; OVG Niedersachsen, ZfWG 2009, 349 (350 f.); OVG Berlin-Bbg., Beschl. v. 20.04.2009 – OVG 1 S 203.08, juris Rn. 9 – Indiz für einen unzulässigen Spieleinsatz kann ein sog. „Rebuy" sein; zu § 284 StGB OLG München, Urt. v. 28.07.2009 – 5St RR 132/09, juris.

53 Vgl. dazu P. Mailänder, ZfWG 2009, 395; Sterzinger, NJW 2009, 3690.

spiel[54] oder überwiegend vom Zufall abhängiges Glücksspiel ausgestaltet ist. Das VG München hatte Anfang 2009 in einem Verfahren des vorläufigen Rechtsschutzes über eine Ausgestaltung zu entscheiden, die in einer Kombination aus Quizteil und anschließender Verlosung bestand.[55] Die Behörde hatte die Veranstaltung im Internet nach § 4 Abs. 4 GlüStV untersagt, weil bei einer Gesamtbetrachtung des Spiels das Zufallselement überwiege. Dem Quizteil komme für sich betrachtet keine eigenständige Bedeutung zu, sondern diene der Begrenzung der Teilnehmerzahl an der eigentlichen Verlosung. Dieser Einschätzung schloss sich das VG München an. Den Teilnehmern sei es gerade nicht möglich den Ausgang des kombinierten Spiels durch Geschicklichkeit zu bestimmen. Das gelte auch dann, wenn die Entscheidung über die Glücksspieleigenschaft des Spiels danach beurteilt werden müsste, welches der beiden Elemente überwiegt. Der Schwerpunkt des Spiels liege nach der äußeren Darstellung und Zielrichtung bei der Auslobung des Hausgrundstücks. In weiteren Verfahren entschieden das VG Göttingen über eine Hotelverlosung[56] und das VG Berlin über die Vermittlung eines Gaststättenpachtvertrages;[57] darüber hinaus befanden sich offenbar weitere Fälle im Verwaltungsverfahren.[58]

3.2.4 Durchsetzung von Untersagungsverfügungen

Trotz des Verbots, im Internet öffentliches Glücksspiel anzubieten oder dafür zu werben (§ 4 Abs. 4, § 5 Abs. 3 GlüStV), bestanden weiterhin zahllose illegale, häufig ausländische Online-Angebote, die in Deutschland abrufbar waren und sich an Kunden dort richteten. Aufgrund der Teilnahmemöglichkeit im Inland fielen sie nach § 3 Abs. 4 GlüStV in den Anwendungsbereich des GlüStV. Die Durchsetzung der Verbote gegenüber ausländischen Anbietern stellte die zuständigen Behörden vor große Schwierigkeiten. Diese betrafen sowohl die Auffindbarkeit und Erreichbarkeit der jeweiligen Anbieter als auch die Durchsetzbarkeit des Verbots. Als erfolgversprechender wurden dagegen Sperrverfügungen gegen die inländischen Internetzugangsanbieter angesehen.[59]

---

54 Die rechtliche Zulässigkeit beurteilt sich dann nach den Vorschriften der GewO.

55 VG München, ZfWG 2009, 70.

56 VG Göttingen, ZfWG 2009, 440. In diesem handelte es sich um eine reine Verlosung.

57 VG Berlin, ZfWG 2009, 380. Nach der Gestaltung des Spiels ging das VG von einem anderen Spiel mit Gewinnmöglichkeit nach § 33d Abs. 1 S. 1 GewO aus.

58 Hinweise bei Mailänder, ZfWG 2009, 395.

59 Vgl. dazu Ennuschat/Klestil, ZfWG 2009, 389.

Die Problematik der Durchsetzbarkeit behördlicher Untersagungsverfügungen in diesem Bereich wurde zudem bereits bei der Frage der Rechtmäßigkeit der Verfügungen diskutiert, nicht lediglich als Problem der Verwaltungsvollstreckung. Gegen die Rechtmäßigkeit von Verfügungen gegen Online-Anbieter wurden beispielsweise das Fehlen der Verbandskompetenz, die Unzumutbarkeit einer vollständigen Sperrung und die technische Unmöglichkeit einer partiellen Sperrung (Geolokalisationsverfahren) geltend gemacht.[60] Das betraf neben Fällen mit Auslandsbezug auch Sachverhalte, in denen die Behörde eines Bundeslandes ein Online-Angebot bundesweit, d. h. ohne räumliche Begrenzung, untersagt.[61]

3.3 TV-Gewinnspielsendungen

Bereits seit Jahren standen Gewinnspielsendungen auf der Grundlage so genannter Call-In-Formate in der Kritik.[62] Freiwillige Vereinbarungen zur Sicherstellung transparenter Spielabläufe waren gescheitert. Erst im Lauf des Jahres 2008 wurde im Rahmen der Novellierung des Rundfunkstaatsvertrages eine Rechtsgrundlage für ein aufsichtsrechtliches Verfahren geschaffen (§§ 8a, 46 S. 1, 58 Abs. 4 RStV). Am 23. Februar 2009 trat die von den Landesmedienanstalten gemeinsam erlassene Gewinnspielsatzung in Kraft.[63] Ihr Anwendungsbereich umfasst Gewinnspielsendungen in Rundfunk (Hörfunk und Fernsehen) und vergleichbaren Telemedien. Die Satzung enthält Vorgaben zum Verbraucher- und Jugendschutz. Nach Angaben der Anbieter führten sie zu einem Rückgang der Anrufe und einem Einbruch des Umsatzes.[64]

Im Laufe des Jahres schritten die Landesmedienanstalten auf dieser Grundlage in 25 Fällen gegen private Rundfunkanbieter ein und verhängten Bußgelder in einer Gesamthöhe von 280.000 €. Damit wurden irreführende Äußerungen, Intranspa-

---

60 Vgl. OVG Lüneburg, ZfWG 2009, 184; BayVGH, ZfWG 2009, 387; OVG NRW, Beschl. v. 28.12.2009 – 13 B 309/09, juris. Nach dem LG Köln ist es objektiv nicht unmöglich, im ganzen Bundesgebiet verbotene Glücksspielwerbung zu unterlassen, da sich die innerhalb der BRD abgegebenen Angebote anhand der IP-Adressen lokalisieren lassen (Beschl. v. 08.10.2009 – 31 O 605/04 SH II).

61 Vgl. dazu § 9 Abs. 1 S. 4 GlüStV.

62 Zur anhaltenden Diskussion über den Glücksspiel- und Gewinnspielbegriff vgl. Liesching, ZfWG 2009, 320; Bolay, MMR 2009, 669 jeweils m. w. N.

63 Die Satzung ist abrufbar auf der Internetseite der Arbeitsgemeinschaft der Landesmedienanstalten (ALM); www.alm.de.

64 Vgl. der Vortrag der Antragstellerin im Normenkontrollverfahren vor dem BayVGH, DVBl. 2010, 267.

renz, Vorspiegelung von Zeitdruck und mangelhafte Hinweise in Gewinnspielsendungen als Verstöße gegen die Gewinnspielsatzung geahndet. Die Anbieter setzten sich sowohl gegen die Bußgeldbescheide als auch die Gewinnspielsatzung selbst zur Wehr.

Am 28. Oktober entschied der Bayerische Verwaltungsgerichtshof über einen Normenkontrollantrag eines bayerischen Medienunternehmens.[65] Teile der Gewinnspielsatzung erklärte der Gerichtshof für unwirksam. Nicht von der Ermächtigungsgrundlage im RStV gedeckt seien die Vorschriften der Satzung zum Schutz der Teilnehmer vor einer wiederholten Teilnahme an Gewinnspielen (§ 8), die Festlegung eines Zeitraums von höchstens 30 Minuten für das Durchstellen eines Anrufers (§ 9 Abs. 7) und die Begrenzung der Höchstdauer einer Gewinnspielsendung auf drei Stunden (§ 9 Abs. 8). Außerdem sei die Erstreckung der Satzung auf Telemedien, d. h. vor allem auf Internetangebote, unzulässig. Dagegen hielten die übrigen Regelungen der Satzung, insbesondere diejenigen zum Schutz von Kindern und Jugendlichen, zur Transparenz der Spielgestaltung, zum Verbot der Irreführung und zu den Informationspflichten während des Spielverlaufs, der gerichtlichen Kontrolle stand.[66] Nach Angaben der Landesmedienanstalten waren die im Jahr 2009 erlassenen Bußgeldbescheide auf die nicht beanstandeten Teile der Gewinnspielsatzung gestützt.

4 Ausblick

Obwohl der GlüStV grundsätzlich für die Dauer von vier Jahren gelten sollte (vgl. § 28 Abs. 1 GlüStV), waren seine Tage nach dem Willen der CDU/FDP-Koalition in Schleswig-Holstein schon 2009 gezählt. Der Koalitionsvertrag vom Oktober sieht vor, den Staatsvertrag nach § 28 Abs. 2 GlüStV zu kündigen und das staatliche Glücksspielmonopol zu beenden. Als Alternative dazu wurde ein Konzessionsmodell ins Auge gefasst. Der Vorschlag erhielt aus anderen Bundesländern nur vereinzelt Zustimmung, insbesondere von Seiten der FDP. Neben dieser politischen Initiative muss sich der GlüStV im Jahr 2010 in mehreren Verfahren dem Urteil des Europäischen Gerichtshofs stellen. Obwohl der Gerichtshof stets die Gestaltungsfreiheit der Mitgliedstaaten bei der Regelung

65 BayVGH, Urt. v. 28.10.2009 – 7 N 09.1377, DVBl. 2010, 267. Der Bayerische Verwaltungsgerichtshof ließ die Revision zum Bundesverwaltungsgericht zu.

66 Die Dokumentationspflicht nach § 5 Abs. 2 S. 2 wurde allerdings für unwirksam erklärt, da sie keinem rundfunkgesetzlich vorgegebenen Zweck diene.

des Glücksspiels hervorgehoben und ein staatliches Monopol zu den zulässigen Instrumenten der Bekämpfung der dadurch hervorgerufenen Gefahren angesehen hat, ist eine Entscheidung gegen die Konformität des GlüStV mit dem Europarecht nicht ausgeschlossen.[67] Eine der deutschen Rechtslage mit Blick auf Zielsetzungen und Komplexität vergleichbare mitgliedstaatliche Regelung stand in Luxemburg bisher nicht auf dem Prüfstand. 2010 kann sich angesichts dieser Entwicklungen als Schicksalsjahr des GlüStV erweisen.

---

67 Vgl. inzwischen das Urteil des EuGH v. 08.09.2010 (C 316/07 – Stoß), wonach deutsche Gerichte nach näherer Maßgabe „berechtigten Anlass“ (Rn. 107 des Urteils) zur der Schlussfolgerung haben dürfen, dass der GlüStV den europarechtlichen Verhältnismäßigkeitsanforderungen nicht entspricht.

Zeittafel: Die wichtigsten Ereignisse 2009

1. Januar	Mit Ablauf der Übergangsfrist (§ 25 Abs. 6 GlüStV) gilt das Verbot der Vermittlung von Glücksspielen im Internet gem. § 4 Abs. 4 GlüStV fortan ausnahmslos.
23. Februar	Die gemeinsame Gewinnspielsatzung der Länder tritt in Kraft.
3. März	Das LG Berlin untersagt die Fassadenwerbung mit dem Lotto-Kleeblatt.
20. März	Das Bundesverfassungsgericht entscheidet über die Anforderungen an die Versagung einstweiligen Rechtsschutzes im Bereich der Sportwetten.
10. Juni	Das Sächsische Oberverwaltungsgericht sieht in den „fortgeltenden DDR-Genehmigungen" weiterhin eine Ausnahme vom Sportwettenmonopol.
8. September	Der Europäische Gerichtshof verkündet das Urteil in der Sache Liga Portuguesa.
17. Oktober	Der Koalitionsvertrag von CDU und FDP in Schleswig-Holstein sieht eine Kündigung des GlüStV und die Prüfung eines Konzessionsmodells vor.
28. Oktober	Der Bayerische Verwaltungsgerichtshof erklärt die Regelungen der gemeinsamen Gewinnspielsatzung der Länder teilweise für unwirksam.
8. Dezember	Verhandlung in Sachen Carmen Media Group Ltd. u. a. vor dem Europäischen Gerichtshof.
10. Dezember	Der VGH Mannheim bestätigt als zweites Oberverwaltungsgericht im Hauptsacheverfahren die Rechtmäßigkeit des Sportwettenmonopols.

Literaturverzeichnis

Alber, S.: Anmerkungen zum Urteil in der Sache Liga Portuguesa, ZfWG 2009, 325.

Becker, T.; Barth, D. (2009): Der deutsche Glücksspielmarkt im Jahr 2007. In: Becker, T. (Hrsg.): Der Staatsvertrag zum Glücksspielwesen und dessen Umsetzung. Frankfurt a. M.: Peter Lang.

Becker, T. (2010): Werbung für Produkte mit einem Suchtgefährdungspotential. Frankfurt a. M.: Peter Lang.

Bolay, S.: Glücksspiel, Glücksspiel oder doch Gewinnspiel, MMR 2009, 669.

Brugger, Ch.: Werbeverbote und -beschränkungen des GlüStV für staatliches Glücksspiel im Fokus der Rechtsprechung, ZfWG 2009, 256.

Dietlein, J.: Anmerkungen zum Urteil des EuGH in der Sache Liga Portuguesa ZfWG 2009, 327.

Ennuschat, J.: Erneute Anerkennung der mitgliedstaatlichen Gestaltungsspielräume im Glücksspielbereich durch den EuGH, ZfWG 2009, 329.

Ennuschat, J.; Klestil, S.: Sperrverfügungen gegenüber dem Access-Provider als Instrument zur Bekämpfung des illegalen Online-Glücksspiels?, ZfWG 2009, 389.

Hecker, M.; Ruttig, M.: (2008): Kommentierung zu § 5 GlüStV. In: Dietlein, J.; Hecker, M.; Ruttig, M. (Hrsg.): Glücksspielrecht, München: C.H. Beck.

Hilf, J.; Ploeckl, B.: Der Nichtannahmebeschluss des BVerfG vom 14.10.2008 (Az. 1 BvR 928/08), ZfWG 2009, 8.

Koenig, Ch.; Ciszewski, S.: Die Bedeutung des Urteilstenors und der Urteilsgründe in der Rs. C-42/07 (Liga Portuguesa) für die deutsche Rechtslage im Glücksspielsektor, ZfWG 2009, 330.

KOENIG, CH.: Das Urteil Liga Portuguesa – nicht nur deutsche Glücksspieler warten weiter!, EuZW 2009, 673.

LIESCHING, M.: 50 Cent-Games im Internet und im Rundfunk – Straf- und ordnungswidrige Glücksspiele oder zulässige Medien-Gewinnspiele?, ZfWG 2009, 320.

MAILÄNDER, P.: Aus aktuellem Anlass: Kartellrechtliche Überlegungen zur Kohärenzdebatte – eine Anmerkung zum Urteil des EuGH vom 08.09.2009 – Rs C-42/07 Liga Portuguesa, ZfWG 2009, 334.

MAILÄNDER, P.: Haus im Glück. Hausgewinne bei Internetspielen – wenn überhaupt, dann nur mit Geschick!, ZfWG 2009, 395.

STEIN, T.: „Do princípio ao fim“ – Bemerkungen zum Urteil des EuGH in der Rs. C-42/07 (Liga Portuguesa), ZfWG 2009, 333.

STERZINGER, CH.: Zulässigkeit von Hausverlosungen im Internet und steuerliche Konsequenzen, NJW 2009, 3690.

WINKELMÜLLER, M.: Anmerkung zu EuGH, Urt. v. 8.9.2009 – C-42/07 (Liga Portuguesa), EuZW 2009, 692.

RECHTSQUELLENVERZEICHNIS

Staatsvertrag zum Glückspielwesen in Deutschland (Glücksspielstaatsvertrag – GlüStV), z. B. in: Gesetzblatt für Baden-Württemberg 2007, 571 ff.

Staatsvertrag für Rundfunk und Telemedien (Rundfunkstaatsvertrag – RStV) vom 31.08.1991 in der Fassung des 13. Änderungsstaatsvertrages, z. B. in: Gesetzblatt für Baden-Württemberg 2010, 307 ff.

SYMPOSIUM GLÜCKSSPIEL 2010

Universität Hohenheim, 11. und 12. März 2010

ZWISCHENBILANZ ZUM GLÜCKSSPIELSTAATSVERTRAG FÜR LOTTERIEN UND SPORTWETTEN

Donnerstag, 11. März 2010

10:30 Uhr **Eröffnung**

Prof. Dr. Jochen Streb, Dekan der Fakultät Wirtschafts- und Sozialwissenschaften, Universität Hohenheim

Dr. Wolfgang G. Crusen, Vorsitzender des Beirats und des Kuratoriums der Forschungsstelle Glücksspiel

Prof. Dr. Tilman Becker, Geschäftsführender Leiter der Forschungsstelle Glücksspiel

11:00 Uhr **Berichte aus der Forschung**

Prävention der Glücksspielsucht: Stand in Deutschland und internationale Forschungsergebnisse
Dr. Jens Kalke, Zentrum für interdisziplinäre Suchtforschung der Universität Hamburg

Woran leiden Glücksspieler? Erste Ergebnisse der Baden-Württemberg-Studie
Prof. Dr. Karl Mann, Zentralinstitut für Seelische Gesundheit, Mannheim

Diskussionsleitung: ***Günther Zeltner,*** Evangelische Gesellschaft Stuttgart e.V.

12:00 Uhr **Exzessives Online-Spielen und Games-Abhängigkeit: Forschungsergebnisse zu extremer bis pathologischer Nutzung**
Prof. Dr. Thorsten Quandt, Kommunikationswissenschaft, Universität Hohenheim

Evaluation des Mess- und Bewertungsinstruments AsTERiG - Ergebnisse der Pilotstudie
Dipl.-Psych. Chantal Mörsen, Charité - Universitätsmedizin Berlin

Diskussionsleitung: ***Dr. Martin Beutel,*** Kraichtal-Kliniken, Therapiezentrum Münzesheim

13:00 Uhr **Mittagsimbiss**

14:00 Uhr **Zwischenstand Glücksspielstaatsvertrag**

Stand der Rechtsprechung zum Glücksspielstaatsvertrag
Stephanie Klestil / Prof. Dr. Jörg Ennuschat, Öffentliches Recht und

Europarecht mit Schwerpunkt Verwaltungsrecht, Universität Konstanz

Werbeeinschränkungen bei Produkten mit einem Suchtgefährdungspotential
Prof. Dr. Tilman Becker, Forschungsstelle Glücksspiel, Universität Hohenheim

15:00 Uhr **Erfahrungsbericht aus Sicht der Glücksspielaufsicht**
RD Ulrich Pelzer-Müller, Regierungspräsidium Karlsruhe

Diskussionsleitung: ***Prof. Dr. Rüdiger Wulf***, Institut für Kriminologie, Universität Tübingen

15:30 Uhr **Kaffeepause**

16:00 Uhr **Zwischenbilanz aus Sicht der gewerblichen Spielevermittler**
Norman Faber, Deutscher Lottoverband

Zwischenbilanz aus Sicht der Lottoannahmestellen
Dipl.-Oec., Dipl.-Pol. Angela Rieck, Lotto Bezirksstelle und Lotterieeinahme Kempten

Zwischenbilanz aus Sicht der Lotterieeinnehmer
Christiane Paetsch-Friese, Fachverband der Lotterie-Einnehmer der Nordwestdeutschen Klassenlotterie e.V.

Diskussionsleitung: ***Prof. Dr. Tilman Becker,*** Forschungsstelle Glücksspiel, Universität Hohenheim

16:40 Uhr **Podiumsdiskussion zu Lotterien**
Prof. Dr. Tilman Becker, Forschungsstelle Glücksspiel, Universität Hohenheim

Armin von Buttlar, Aktion Mensch

Jürgen Rehm, GewinnSparverein der VB/RB in Württemberg e.V.

Dr. Gerhard Rombach, Süddeutsche Klassenlotterie

Dr. Winfried Wortmann, Westdeutsche Lotterie GmbH & Co. OHG

Leitung: ***Prof. Dr. Johannes Dietlein,*** Zentrum für Informationsrecht, Universität Düsseldorf

19:00 Uhr **Empfang in der Mensa der Universität Hohenheim mit anschließendem Abendessen**

Eröffnung durch ***Herrn Alfred Funk***, den Kanzler der Universität Hohenheim

Freitag, 12. März 2010

09:00 Uhr **Regulierungen in anderen Ländern Europas**

Recent Developments in Belgium
Nele Hoekx, Universität Leuven, Belgien

Recent Developments in Italy
RA Valérie Peano, Studio di Consulenza Societaria e Tributaria, Italien
Diskussionsleitung: ***Martin Oelbermann***, Media & Entertainment Consulting Network (MECN)

10:00 Uhr **Kaffeepause**

10:30 Uhr **Recent Developments in France**
Pascal Blyau, La Française des Jeux, Frankreich
Sports Betting in the UK
Dr. Alan Littler, Universität Tilburg, Niederlande
Erfahrungen aus Österreich
DI Friedrich Stickler, Österreichische Lotterien, European State Lottery and Toto Association
Diskussionsleitung: ***Martin Oelbermann,*** Media & Entertainment Consulting Network (MECN)

12:00 Uhr **Mittagsimbiss**

13:00 Uhr **Liberalisierung des deutschen Sport- und Wettenmarktes**
Initiative der Schleswig-Holsteinischen Schwarz-Gelben Koalition
Hans-Jörn Arp, MdL Schleswig-Holstein
Konsequenzen einer Liberalisierung
Dr. Manfred Hecker, CBH Rechtsanwälte
Diskussionsleitung: ***Prof. Siegbert Alber,*** Alber & Geiger

14:00 Uhr **Podiumsdiskussion zu Sportwetten**
Dr. Norman Albers, Deutscher Buchmacherverband Essen e.V.
Hans-Jörn Arp, MdL Schleswig-Holstein
Dr. Manfred Hecker, CBH Rechtsanwälte
Dr. Ronald Reichert, Redeker Sellner Dahs und Widmaier Rechtsanwälte
DI Friedrich Stickler, Österreichische Lotterien, European State Lottery and Toto Association
Dr. Helmut Grubmüller, Geschäftsführer des Österreichischen Buchmacherverbandes
Leitung: ***Prof. Dr. Armin Dittmann,*** Öffentliches Recht, Universität Hohenheim

15:50 Uhr **Schlusswort**
Prof. Dr. Tilman Becker, Leiter der Forschungsstelle Glücksspiel

Schriftenreihe zur Glücksspielforschung

Herausgegeben von Tilman Becker

Band 1 Tilman Becker / Christine Baumann (Hrsg.): Gesellschaft und Glücksspiel: Staatliche Regulierung und Suchtprävention. Beiträge zum Symposium 2005 der Forschungsstelle Glücksspiel. 2006.

Band 2 Tilman Becker / Christine Baumann (Hrsg.): Glücksspiel im Umbruch. Beiträge zum Symposium 2006 der Forschungsstelle Glücksspiel. 2007.

Band 3 Tilman Becker (Hrsg.): Der Staatsvertrag zum Glücksspielwesen und dessen Umsetzung. Beiträge zum Symposium 2007 und 2008 der Forschungsstelle Glücksspiel. 2009.

Band 4 Tilman Becker: Glücksspielsucht in Deutschland. Prävalenz bei verschiedenen Glücksspielformen. 2009.

Band 5 Tilman Becker: Werbung für Produkte mit einem Suchtgefährdungspotential. Tabak-, Alkohol- und Glücksspielwerbung aus rechtlicher, ökonomischer und psychologischer Sicht. 2010.

Band 6 Tilman Becker (Hrsg.): Glücksspiel im Internet. Beiträge zum Symposium 2009 der Forschungsstelle Glücksspiel. 2011.

Band 7 Tilman Becker: Soziale Kosten des Glücksspiels in Deutschland. 2011.

Band 8 Tilman Becker Hrsg.): Zwischenbilanz zum Glücksspielstaatsvertrag für Lotterien und Sportwetten. Beiträge zum Symposium 2010 der Forschungsstelle Glücksspiel. 2011.

www.peterlang.de

FSC
www.fsc.org
MIX
Papier | Fördert gute Waldnutzung
FSC® C083411

Kolibri 360 GmbH
Ferdinand-Jühlke-Straße 7
99095 Erfurt, Deutschland
produktsicherheit@kolibri360.de